LA FEMME LA PLUS FORTE

*

最強の女

ニーチェ、サン＝テグジュペリ、ダリ…
天才たちを虜《とりこ》にした5人の女神《ミューズ》

鹿島茂

SHIGERU KASHIMA

SHODENSHA

LA FEMME LA PLUS FORTE

*

publisher by SHODENSHA
ISBN978-4-396-61619-9 C0095
Printed in Japan

最強の女

前口上

最強の女について書いてみたいと思う。

だが、最強の女とはそもそも何を意味するのだろう？

現代的な基準だったら、案外、簡単である。美人で、スタイルがよくて、聡明で、仕事がバリバリできてetc. いろいろあるだろうが、私に言わせると、こういった現代的な条件には何かが決定的に欠けている。

　こう書くと、必ず次のような答えが出てくるはずだ。「わかった。男からモテなければいけない、でしょう」

　そう、たしかにそれはそうなのだが、私の考えでは、「男からモテる」だけでは「最強の女」とは言えない。たんにモテるだけでは、つまり、そこらへんのどうでもいい男にいくらモテても価値はないのである。価値があるのはその時代の最高の男にモテることである。それも、一人だけであってはいけない。その時代最高の複数の男たちから言い寄られ、しかも、そのうちの何人かとは深い関係になっていなくてはならないということだ。

すなわち、女の価値は、深い関係になった男たちの価値の「総和」による、という観点を導入してみたいのである。深く付き合った男たちがどんな価値の男たちであったか、それによって女の価値も決まるということだ。

もちろん、フェミニズム的観点からは、こうした価値の測り方それ自体が男性至上主義によるものだと非難されるかもしれない。男との関係なんか一切なくても女の価値は測れるのだという考え方である。

たしかに、それも一理ある。とりわけ、近い未来において女が完全に男と同権となり、同じように現実に立ち向かうような時代が来たのなら、この価値観のほうが正しいということになるだろう。

だが、男性至上主義がまかり通っていた過去においてはそうはいかない。というのも、そうした過去においては女の価値は「受け身」を前提にして測られていたからである。「自己主張しない」ことにプラス・ポイントが置かれていた点では、日本も欧米も変わりはない。女性は、結婚前も後も、「家庭の天使」として父親や夫を支えるのが理想だとされた。女性の自由が比較的許されていたフランスにおいてさえ、自らの意志において多くの男性と交際した女性は淫婦《いんぷ》扱いされた。

ところが、そうした風潮の真っ只中にあって、こうした価値観を断固として認めず、「わたしは付き合いたい男と付き合うの。そのことでだれからも文句は言わせないの」とばかりに、多くの男たちと交際し、そのなかから自分のお眼鏡《めがね》にかなった選《え》りすぐりのエリートだけを恋人・愛人、ないしは夫とした超例外的な女性が現実にいたのである。

とりわけ、サロン文化という伝統があったために、既婚の女性が男性と付き合うことが公的に認められていたフランスにおいては、こうした自分のイニシアティブで男を選択した女たちがすくなからず存在していたのだ。

そして、そうした「自主的基準で男を選ぶ女」のなかから、ときとして、恋人、愛人、夫の名前を並べるとその時代の有名人の名鑑ができあがるような「最強の女」が登場したのである。

と言っても、彼女たちは娼婦では決してない。「付き合った男たちの価値」を取り去ったとしても、言いかえると、彼女たちはいっさい男たちと付き合わなかったとしても十分に価値のある女、つまり、現代的な観点から見た場合にも、偉大な業績を残した価値ある女たちなのだ。

ひとことで言えば、彼女たちは、自らの価値において自立しているばかりではなく、その価値にほれ込んで次々に言い寄ってきた男たちの価値においても卓越している二重の意味でのスーパー・ウーマン、ようするに「最強の女」なのである。

だが、本当にそんな「最強の女」がいたのだろうか？

これがいたのである。それも一人ではなく、複数の「最強の女」が。

というわけで、本書では、単独でも「すごい」が、関係のあった男たちを並べるともっと「すごくなる」女たちを何人かとりあげて、その列伝を書いてみたいと思うのである。

鹿島　茂

CONTENTS

第五章 ガラ

装画・本文章扉イラスト　岸リューリ
本文写真　アマナイメージズ

第一章

ルイーズ・ド・ヴィルモラン

LOUISE DE VILMORIN

二十世紀前半 最強のミューズ

アントワーヌ・ド・サン＝テグジュペリ、アンドレ・マルロー、ジャン・コクトー。こう並べると、二十世紀フランス文学史の話でも始めるつもりかと言われるかもしれない。事実、この三人はプルースト亡き後のフランス文学を代表する最も偉大なる作家であった。

だが、私がこれから語ろうとする物語においては、三人の文学者は主役をもり立てるための脇役にすぎない。言い換えると、サン＝テグジュペリもマルローもコクトーも、ミューズたる惑星に引きつけられて周りをグルグルと回った「恋する三つの衛星」であって、主役はあくまで、例外的に強烈な拘引力《こういんりょく》をもった惑星のほうなのだ。

実際、この惑星が男たちを捕らえて衛星にしてしまうその拘引力はすさまじい。近くに寄ったら最後、どんな抵抗を示しても無駄

©INTERFOTO/amanaimages

Antoine Marie
Jean-Baptiste Roger,
comte de Saint-Exupéry

©Photo 12/amanaimages

André Malraux

で、気づいたときには脱出不可能な引力圏に取り込まれていて、ひたすら惑星のご機嫌を伺う衛星に成り果てているのである。

ためしに、三人以外にも衛星となった男たちの名前を挙げてみよう。

ガリマール書店社長ガストン・ガリマール、イギリスの有名な外交官でタレイランの伝記作者でもあるダフ・クーパー、ヴィクトル・ユゴーの曾孫《ひまご》で画家のジャン・ユゴー、名作『青い軽騎兵』を残した作家ロジェ・ニミエ、戦後の一時代を築いた詩の出版社セゲルス社社長ピエール・セゲルス、『市民ケーン』の監督オースン・ウェルズ。そして、正式に夫となった二人の大富豪、アメリカ人のヘンリー・リー＝ハントとハンガリー人のパウル・パルフィ。その他、多少とも名を知られた有象無象《うぞうむぞう》の男たち。まさに、二十世紀前半の著名文化人と社交人士総なめといった観がある。

では、いったい、無数の衛星を従えたこのミューズ惑星は、どうしようもない妖婦《ヴァンプ》であったのかというと、決してそんなことはない。写真で見る限り、知的で清純そうな美人というほうがふさわしく、いったい、この楚々《そそ》とした美女のどこが男たちの恋心を激しく揺り動かしたのか容易には測りかねるほどだ。だが、さまざまな写真を子細に観察すると、少しずつではあるが、謎《なぞ》が解けてくる。そして、それと同時に、写真であるにもかかわらず、思わず魅《ひ》きつけられそうになってハッとする。とはいえ、その魅力の淵源《えんげん》についてては

©Mary Evans/amanaimages

Jean Cocteau

いずれ解き明かすことにして、とりあえず、この「最強の女」に最もふさわしい惑星の名前を告げてみよう。

その名をルイーズ・ド・ヴィルモランという。

ヴィルモラン商会

フランス人のほとんどは、ルイーズ・ド・ヴィルモランの名を知らなくとも、ヴィルモランという苗字には反応するだろう。園芸好きならだれでも、十八世紀からパリのメジスリ河岸に店舗を構えていた老舗《しにせ》の育種業者ヴィルモラン商会のロゴを冠した種子の袋のお世話になったことがあるからだ。現在は買収されてEU系コングロマリットのリマグレイン・グループの一員となっているが、企業名としてはあいかわらず「ヴィルモラン株式会社」と旧社名を引き継いでいることからも明らかなように、ヴィルモランはヨーロッパでは最も通りのよい有名ブランドのひとつなのである。

ヴィルモラン商会が産声《うぶごえ》をあげたのはルイ十五世治下、場所はパリのメジスリ河岸においてである。ヴァンドーム公フランソワ・ド・ブルボンに仕《つか》える武人貴族であったギ・ルヴェスクの流れを汲《く》むフィリップ・ヴィクトワール・ルヴェック・ド・ヴィルモランがパリに上り、医学校に通うかたわら農業・林業用種子学に興味を寄せ、メジスリ河岸に種子店を持つピエール・アンドリューと知り合ってその娘のアデライードと一七七四年に結婚し、義父の家業の跡取りとなって、ヴィルモラン＝アンドリュー商会を興したことがそもそもの始まりである。

　この初代ヴィルモラン＝アンドリュー商会の当主については、当時フランスでは食用に供されていなかったジャガイモを庶民の食卓に載せるため、農学者のパルマンティエと協力してルイ十六世とマリ・アントワネット妃にジャガイモ料理を試食してもらったときのエピソードが知られている。民衆にジャガイモは毒ではないことを示すため、国王はジャガイモの花をボタンホールに刺し、マリ・アントワネットはコサージュにジャガイモの花束をあしらって食卓についたと言われる。

　以来、ジャガイモはフランス料理になくてはならない穀類野菜のひとつとなった。大革命の食糧危機をフランスが乗り切れたのもジャガイモのおかげだと言われるが、それ以外の農業分野でもヴィルモラン一族の活躍はめざましく、種子学や農芸化学の専門家を次々に輩出して、農業アカデミーの議場の壁には九人のヴィルモランの名前が刻まれているという。

　一九〇二年、我らがヒロイン、ルイーズ・ド・ヴィルモランはヴィルモラン本家五代目当主フィリップ・ルヴェック・ド・ヴィルモランとメラニー・ド・ゴドフリディ・ド・ドルタンとの間に生まれた。

ルイーズの上には一歳違いの姉のマリ＝ピエール＝アデライード＝ジャンヌ＝メラニー（通称マピー）が、下には年子の四人の弟、アンリ、オリヴィエ、ロジェ、アンドレがいた。つまり、母のメラニーは一九〇〇年にフィリップと結婚するや一九〇一年から六年間、毎年一人ずつ子供を産んだ計算になる。

こう書くと、メラニーは子沢山の、日本でいう「糠味噌《ぬかみそ》くさい女房」と思う読者がいるかもしれないが、事実はまったく逆である。

ヴィルモラン家のように貴族階級から事業家に転じた家系では、一族で事業を固めて「王朝（ディナスティ）」をかたちづくることが多かったので、本家の長男に嫁いだ嫁は若くて健康的なうちにできる限りたくさんの子供をつくることが至上命令とされていた。そのためにメラニーは六人も続けざまに出産したのだ。

しかし、ひとたびその「義務」を果たし終えたあとは、本家の嫁はそれに見合うだけの「権利」を有するとされていた。では、その権利とは何か？　パリの社交界で「サロン」を開く権利である。

だが、なぜ権利なのか？　サロンの主催者たる既婚の女性は、サロンに出入りする男たちを、夫の許可なしに「選ぶことができる」という不文律が存在していたからである。

これがサロン文化のない日本ではなかなか理解しにくい点であり、バルザックやフロベールの恋愛小説がなにゆえにすべて不倫小説なのかという肝心なところを説明できない理由でもある。文化のほとんどは不文律から成り、外側からはいくら不可解に思えても、中に入っている人間には当たり前のことだから、説明は不要とされるのだ。というわけで、メラニーも出産の義務を履行したあとは、当然の権利行使として華やかなサロンを開いた。

両親不在の上流階級

「メラニーには積極性もユーモアも欠けてはいなかった。社交界から強《し》いられたわけではなく、気づいたときには社交界にいたのである。当時の偉大なデザイナーであるワースの店で誂《あつら》えた衣装をまとった彼女は、金泥《きんでい》塗りの天井のもとで人がどのように振る舞うかを先刻承知しており、警句のひねり方も知っていたし、お愛想や悪口を適当にふりまき、どんなゲームでも表面を損なうことなく針を抜き取るすべを心得ていた。ようするに、彼女は社交人士の理想となったのである。メラニーは成功に値したのだ。ルイーズもいずれそうした才能を受け継ぐことになるだろう」（ジャン・ボトレル『ルイーズ　あるいはルイーズ・ド・ヴィルモランの生涯』拙訳、グラッセ社）

このような記述を読むと、現代の読者は「子供はどうしたんだ。これが六人も子供のいる母親のすることなのか」と眉《まゆ》をひそめるかもしれないが、当時はまったくそんなことは問題とはならなかった。上流階級においては、子供を産むことと育てることは別のことだったからである。

　すなわち、子供は生まれるとすぐに住み込みの乳母《うば》に預けられ、言葉がしゃべれるようになると専任の養育係がつくというのが伝統であり、両親は育児や教育には関知しないのが普通だった。だからこそ、六人の子供を産み終えたメラニーは水を得た魚のように、子供のことなど一切考えることなく、サロンの女王という役柄を引き受けることができたのである。

　もちろん、ヴィルモラン家だけが例外だったわけではなく、裕福な階級に属する家庭はどこも似たりよったりだった。だが、親は同じように振る舞っても、子供は一人一人違った反応を示す。親から見捨てられたと感じとる繊細な神経の子供も存在していたからである。

　そこから、上流階級の子供の悲劇が生まれる。逆に言えば、社交生活に明け暮れて子供を顧みない母親が多くの文学作品を生み出す酵母となったのである。プルーストが『失われた時を求めて』の冒頭に置いた「就眠の儀式」のエピソードはそうした文化的背景をよく物語っているのではなかろうか？

　ヴィルモラン家でも事情はまったく同じだった。パリ十六区の高級住宅街ボワシエール通りの自宅の三階に子供専用のフロアーがあったが、子供たちがそこで母親の姿を見かけることはきわめてまれで、子供たちは母親に会わない日がどれくらい続くのかを数えておもしろがった。メラニーは頻繁に旅行に出掛け、パリにいるときには社交生活でスケジュールが塞《ふさ》がっていたため、子供たちのことを気にかけている暇はなかったのである。

両親不在の家庭で、養育係をつとめたのはティスネ神父だった。ティスネ神父は毎朝ミサが終わると、巨大なオランダ製の机のまわりに子供たちを集め、読書、作文、歴史、地理といった初級の学科を教え、男の子たちが大きくなるとギリシャ語とラテン語の手ほどきをした。子供たちは中流階級の子女のような学校教育は受けなかったのである。

ルイーズはティスネ神父のお気に入りの生徒だったが、こうした自宅学習者の多くと同じように、その知識には大きな片寄りがあった。好きなことには熱中するが、嫌いなことには見向きもしないという傾向である。その結果、ルイーズは、同じ年頃の子供たちと比べて、ある分野では進んでいたが、別の分野ではひどく遅れることになる。

ルイーズがとりわけ打ち込んだのは読書だった。バンジャマン・ラビエの漫画風の挿絵本から始まって、ジョッブの挿絵の入ったモントルグーユの歴史ものへと進んでいった。こうした読書好きの傾向は、ルイーズの夢見がちな性格をいっそう助長した。ジャン・ボトレルはこうした夢想と身の回りのオブジェとの関係を次のように巧みに表現している。

「感受性が強くロマネスクなルイーズの場合、オブジェは孤独の友であり、いつでも憂鬱《ゆううつ》をやわらげてくれる特権的なパートナーだった。ごく幼いときから、彼女は古いオブジェに対する好みをもつようになる。というのも思い出の影がからみつくとしたら、それは古いオブジェしかないからだ。いずれ、こうした古いオブジェは彼女の小説や詩に登場して世界を満たすことになるだろう。苦しいときの心の支えとなり、眠れぬ夜には絵本の代わりとなるのだ」（同書）

こうしたオブジェのなかでもルイーズの偏愛の対象となったのは、リリという金髪の人形だった。おそらく、リリィという名前は、児童書出版のパイオニアであるP・J・エッツェルが自分の娘をモデルにして書いた『マドモアゼル・リリ』シリーズの絵本（挿絵はロレンツ・フルーリッヒ）から来ているのだろう。ルイーズは、このシリーズを読み、人形にヒロインの名前を与えることで自己の分身としたのだ。どこへ行くにも、どんなことをするにもルイーズはリリと一緒だった。

母との葛藤

ところが、ルイーズ九歳のとき、悲劇が起きる。母親のメラニーが自宅を訪れた貧しい娘にリリを与えてしまったのである。ルイーズにとって、リリは本物の姉妹や友達以上の存在であったから、リリを無理やり奪われたことは回復不能なトラウマとなって残った。

「それは彼女の最初の大きな悲しみであっただけではない。抑圧しても、いずれ目印、痕《こん》跡となって残るあの苦い思い出の一つとなり、人生が盛りを迎えたときに、人はその隠された影響を探そうと試みることになるのだ。

　母親がこのような軽率で意地悪で無関心な振る舞いに出るとは、ルイーズとこの母親のあいだに何が起こっていたのだろうか？　二人ともお互いに対する嫌悪にとりつかれていたのだろうか？　母と娘の間にあったのは、失敗した出会いだけであった」(同書)

　まことに不思議なことだが、文明が進化し、生活が豊かになり、女性が家事から解放されるようになると必ず現われてくるのが、この母と娘の抜き差しならぬ対立と相互憎悪である。それは、現代日本の文芸雑誌にのる女性小説家の作品を読めばわかる。母親への憎悪とアンヴィヴァレントな愛情。この意味では、時代に先駆けた家庭環境に身をおいたルイーズは時代に先行するかたちで母娘関係の葛藤《かっとう》に苦しまなければならなかったのだ。

　想像するに、ルイーズと母親との複雑な関係は、最初に生まれたのが女の子だったこととかかわりをもっている。母親は、跡継ぎの男の子を産まなくてはというプレッシャーを受けていたので、二番目に生まれたのがまた女の子だったことから、愛情を注《そそ》げなかったのだろう。長女にはミドル・ネームがたくさん与えられ、そのひとつが母親と同じメラニーだったのに対し、ルイーズにはミドル・ネームなしのルイーズだけ。この事実ひとつをもってしても、母親の愛がルイーズにはむかわなかったことをよく示している。

　では、ルイーズと父親との関係はどうだったのだろう？

言うまでもなく、ルイーズは聡明な女の子によくあるように、典型的な「お父さん子」だった。幼いときから歴史や地理に興味を示したルイーズを父親は大人扱いして、植物の標本採取の旅先から、娘の夢をかきたてるような文面とともに絵葉書を送ってよこした。一九一一年に世界一周旅行に出た父親から受け取った絵葉書には娘に対する愛情が溢《あふ》れている。社交的な母と相いれなかった分、ルイーズは父親を深く愛していたのである。

二人の父を失う

一九一四年に第一次世界大戦が始まっても、ルイーズから父親が奪われる恐れはなかった。若き日に受けた徴兵検査で不合格となっていたし、六人の子持ちということで動員の対象からも外《はず》されていたからである。

ところが、一九一五年六月二十九日、思わぬ悲報が留守宅にもたらされる。イギリス軍の通訳としてベルギー戦線に志願していた父親が過労のせいで帰らぬ人となったのである。

兄弟姉妹の中で父親から一番愛されていたルイーズにとって、一三歳で父親を失ったことは人生最大の悲劇となった。

一九一八年の十一月に長かった戦争が終わったが、それと前後して大流行を見せていたスペイン風邪に感染し、父親代わりだった養育係のティスネ神父も帰らぬ人となってしまった。ルイーズは大戦によって一挙に二人の父親を失ったのである。

あとに残された母と六人の子供は、ボワシエール通りの広すぎる邸宅を離れ、七区のシエーズ通りとグルネル通りの角にある十八世紀の邸宅に移ったが、生活のレベルが落ちたわけではない。引っ越しは、むしろ、未亡人となって「自由」を得たメラニーの社交生活の便利のために行なわれたと見たほうがいい。

アプレ・ゲールの解放感の中で、女盛りを迎えた美しいメアリー・ウィドー（陽気な未亡人）は社交界の女王の一人となり、その家業と有名なデパートにからめて「ベル・ジャルディニエール（美しい女庭師）」と呼ばれた。求愛者はひきもきらず、モンパンシエ公爵のような王侯貴族もその列に加わった。ある日、メアリーはサロンで次のように告白したという。「夫を裏切ったことは一度もないわ。王様を勘定にいれなければね」

しかし、当然ながら、一段と家庭を顧みなくなった母親に対して子供たちは厳しい目を向けた。とりわけ、相いれない関係にあったルイーズは奔放《ほんぽう》な母親を激しく憎み、行き場を失ったその愛情を弟たちに注いだ。

この時点では、いかに慧眼《けいがん》の持ち主でも、ルイーズの中に将来の「最強の女」の萌芽《ほうが》を認めることはできなかったに違いない。社交界に生きる奔放な母親はルイーズには反面教師の最悪のモデルにすぎなかったし、また、弟たちとのアンティームな生活は、社交生活に不可欠な男あしらいを学ぶ場としては最低の環境であった。しかも、なお悪いことに、もともと病弱だったルイーズは、この頃、股関節と腰部の結核性関節炎に冒されて寝たきりの状態になり、ヴィルモラン家がサン＝ジャン＝ド・リューズに所有していたヴィラ《マイタガリア》で三年間の療養生活に入ることになる。

ところが、まことに面妖なことに、こうしたマイナスの総和は、どこかで逆転してプラスの総和となり、「最強の女ルイーズ・ド・ヴィルモラン」を生み出すきっかけとなったのである。人生はわからないものである。

そして、その大転換は一人の若者がサン＝ジャン＝ド・リューズに姿をあらわすことによって始まるのである。

結核療養のベッドの上で

一九一九年、一七歳のルイーズ・ド・ヴィルモランは結核性関節炎のためにサン＝ジャン＝ド・リューズに転地療養を余儀なくされた。ルイ十四世がスペイン王女マリア・テレサ（マリ・テレーズ）と結婚式を挙げたことで知られるスペイン国境のこの保養地にヴィルモラン家は大きな海浜別荘《マイタガリア》を所有していたので、ルイーズは澄《す》んだ空気の中で、移動式ベッドに横たわりながら治療を続けることができたのである。

滞在は三年に及んだが、退屈はしなかった。「コレージュ・ボシュエ」に在籍している弟たちが友人たちを伴《ともな》って入れ替わりで訪れてきたからである。彼らは円卓の騎士を気取ってG・B（グループ・ボシュエの略）を名乗り、先を争うように女王ルイーズの前にかしずいた。

パリでは社交界の花形である母親の陰に霞《かす》んでいたルイーズも、サン＝ジャン＝ド・リューズでは、G・Bという臣下を得て専横的な女王として振る舞うことができた。G・Bの青年たちはルイーズを一目見るなり、次々に恋に落ちたからである。

だが、なにゆえにルイーズはかくも容易に青年たちの心を摑《つか》み取ることができたのだろう。ジャン・ボトレルは次のようにルイーズの態度を描写している。

「ルイーズは、憂げな態度を見せたかと思うと急に陽気になり、謎めいた叡知《えいち》を示しては青年たちに身持ちの良さを信じさせて強く魅了するのだった。無邪気な表情の下に虚栄心を隠し、右や左に微笑をふりまきながら他愛ない話を語ってみせては一同を笑わせた。（中略）ベッドの上でじっと動かずにいるはずなのに捕らえどころがなく、押さえておくことも留め置くことも不可能だった」（同書）

はしゃぎ回りと塞ぎ込みを交互に繰り返すこうした思春期の女の子特有の心の動きは、精神分析学者メラニー・クラインによって躁鬱《そううつ》的ポジションと命名されている。幼年期に母親との関係をうまく作れなかった子供に特有の反応だといわれる。

要するに、一七歳のルイーズは典型的な躁鬱的ポジションを示していたわけだが、しかし、これは、いまでいうアイドル・タレントの「天然ぶり」に一脈通じるところがあり、振り回される男たちにとってまたとない魅力と映ったようである。

しかし、それ以上に強く青年たちを魅了したのは、じつは、ルイーズが結核性関節炎のために移動式ベッドに寝たきりになっていたことである。

この心理的メカニズムは、『新世紀エヴァンゲリオン』で、最初、EVAに乗るのに躊《ちゅう》躇《ちょ》を感じているシンジが綾波《あやなみ》レイの痛々しい包帯姿を目にしたとたん戦士としての使命に目覚めるシーンからアナロジーを働かせれば容易に理解できるだろう。病床にあってヴァルネラビリティ（脆弱性《ぜいじゃくせい》）を強烈に発散している美少女というのは、逞《たくま》しい戦士であらんと願いながら惑いの中にある青年に不思議な影響力を及ぼすものなのだ。

こうして病床のルイーズに曰《いわ》く言い難い「萌《も》え」を感じた「未来の戦士」の一人に、ヴィルモラン家の遠い親戚で、幼少期からの幼なじみだった一人の青年がいた。

その名をアントワーヌ・ド・サン＝テグジュペリ。もちろん、あの『星の王子さま』のサン＝テグジュペリである。彼はルイーズとの別離から二十数年後、つまり死の直前に亡命地のアメリカからルイーズに宛てて、こんな手紙をしたためている。

「親愛なるルルー、あなたのことを初めてこう呼んだのはちょうど四十年前のことです。あなたはまだぼくのことを覚えていらっしゃいますか？　ぼくはといえば、あなたと再会したときのことを昨日のことのように覚えています。あなたはシャリオ（移動式ベッド）の上にいて、恋を運命づけられた女特有のあの表情をすでに浮かべていましたね」（同書）

もし手紙にあるようにサン＝テグジュペリの記憶が正しければ、最初に二人が出会ったのはサン＝テグジュペリ四歳、ルイーズ二歳のときということになる。遠い親戚同士で、ともに名家の出身であるから、二人の子供がどこかで一緒に遊んだという可能性は十分に考えられる。しかし、そんなことよりも重要なのは、シャリオに横たわったルイーズが「恋を運命づけられた女特有のあの表情」を浮かべていたというサン＝テグジュペリの記憶である。それは、サン＝テグジュペリがほかでもない「ヴァルネラビリティとファム・ファタール性の結合」によりハートを鷲摑《わしづか》みにされてしまったということを意味しているのだ。

では、問題の「恋を運命づけられた女特有のあの表情」というのはいったいどんなものだったのだろう。

気晴らしとしての恋愛ゲーム

ジャン・ボトレルはこの表情を、男の中に喚起する恋心そのものにはほとんど関心がないくせに、なんでもいいから恋心を引き起こしてみたいと思うファム・ファタル特有の欲望からくるものと分析して次のように断定している。

「自分が征服した男たちから見ると残酷で理解不可能なルイーズは、自分だけが秘密の鍵を握る曖昧《あいまい》なゲーム、自ら《魂の姿勢》と名付けたこのゲームの中に引きこもっていた。ゲームに一瞬魅了されるが、しかし、魅力は生まれたと同時に消えてしまう。彼女は人生というものをでっちあげ、人の心というものを試してみる。愛もなく、欲望もなく、曖昧さもなく、ただゲームの楽しみのためにだけ」（同書）

ボトレルがここで言わんとしていることがわかるだろうか？　おそらく、念頭におかれているのはパスカルの「気晴らし」という概念である。

パスカル曰く、人間の営為は、労働も創作も、恋愛もゲームも、すべてこれ、無為と倦《けん》怠《たい》の時間を潰すための気晴らしにすぎず、この気晴らしさえ十分にできていれば、ほかはどうでもいいことになる、と。なぜなら、気晴らしなしで部屋の中に引きこもっていると人は死すべき運命にあることを思い知らされてしまうからだ、と。

ルイーズがサン＝ジャン＝ド・リューズを訪れる青年たちを片端から誘惑して、彼らの恋心を弄《もてあそ》んでみたのは、まさにこのパスカルの言う「気晴らし」のためであったのだ。もしかすると自分はシャリオの上で寝たきりの一生を過ごさねばならないかもしれない。それなら、なにかしらの気晴らしがあってもいいではないか？

幸い、弟たちの友人が入れかわり立ちかわり現われてはみんな自分に注目している。それならば、この男たちと恋愛という名のゲームを楽しんで気晴らししてみたらどうだろう？

　ゲームの規則は、恋をしたものが負けで、恋させたほうが勝ちという単純なものである。自分は恋などするはずがないのだから、絶対に負けるはずがない。

　事実、ルイーズは連戦連勝、向かうところ敵なしだった。そのたびに、ルイーズは心の中で叫んだにちがいない。

「ドーダ、凄《すご》いでしょう、わたしは！　また、勝ったのよ！　みんな、わたしを褒《ほ》めて！」

　ひとことで言えば、サン＝ジャン＝ド・リューズにおける恋愛はルイーズにとって自己愛の満足のための恋愛、私流の言葉でいえば「ドーダとしての恋愛」、パスカル風なら「気晴らしとしての恋愛」だったのである。

　そして、不幸なことに、この「ドーダとしての恋愛」「気晴らしとしての恋愛」はルイーズに一生ついてまわることになるのである。

　とはいえ、そんなルイーズにとって想定外だったのは、ワン・オブ・ゼムの恋愛ゲームの相手だったはずのサン＝テグジュペリが意外に手ごわいとわかったことだった。

サン＝テグジュペリの愛

ルイーズよりも二年早く、一九〇〇年六月にリヨンに生まれたアントワーヌ・ド・サン＝テグジュペリは十字軍の時代に溯《さかのぼ》る古い家系であるといわれるが、父親にも祖父にも爵位はないから、実際には「ド」という貴族名だけを有する貧しい地方貴族だったようである。父親のジャンはリヨンで保険会社に勤務していたが、その父親もサン＝テグジュペリが四歳のときに脳卒中で帰らぬ人となる。以後、一家はサン＝モーリス・ド・レマンスの母方の親戚の城館で暮らす。

ルイ十六世時代の城館で女たちに囲まれて幼年時代を過ごすうち、サン＝テグジュペリは夢見がちな少年に成長する。一九〇九年に一家がル・マンに引っ越したのに伴って、コレージュ・サント・クロワで中等教育を受けるが、一九一二年にサン・モーリスで夏休みを過ごしていたときに決定的な体験をする。ポーランド人のウロブレスキー兄弟の操縦する飛行機に乗せてもらい、「空の洗礼」を受けたのだ。このときからサン＝テグジュペリは飛行機に取りつかれた「空を耕す人」の一生を送ることになる。

第一次大戦には間に合わず、海軍兵学校の受験にも失敗したが、兵役で航空隊を志願すると、地上要員だったにもかかわらず飛行学校で訓練を受け、軍用機操縦士となってモロッコのタンジールの基地に赴任する。そして、二二歳で士官候補生としてパリへ戻ったときに友人のベルトラン・ド・ソシーヌに連れられてシェーズ通りのヴィルモラン邸を訪れ、ルイーズに一目惚《ぼ》れし、その後は、サン＝ジャン＝ド・リューズの別荘に入り浸りになったのである。

サン＝テグジュペリの伝記作者であるステイシー・シフは二人の出会いについて、こう書いている。

「サン＝テグジュペリの恋は、大半が同じ相手に憧れていただけに、友人たちにとってごく当然のものと思われた。驚いたのはむしろ、その恋が相思相愛になったことである。ルイーズ・ド・ヴィルモランのなみいる求婚者の中で、彼が一番魅力的だとはどうしても思えなかったのだ」（『サン＝テグジュペリの生涯』　檜垣嗣子《ひがきつぎこ》訳　新潮社）

ではいったい、ルイーズはサン＝テグジュペリのどこに魅力を感じたのだろうか？

『赤と黒』でジュリアン・ソレルに恋した令嬢マチルドのように、社交界の求愛者の凡庸《ぼんよう》さにうんざりしていたときに突如現われた、詩人の魂をもつ夢想的な青年に度肝を抜かれたのだろう。ゲームのベテラン・プレイヤーは常に目新しいゲームに飢え、予想外の強敵に出会うことを夢見ているものだが、若くして恋愛ゲームの名人となっていたルイーズにとって、サン＝テグジュペリは夢見ていた「意外な強敵」であったにちがいない。二人の出会いから二二年後、ルイーズは次のように書いている。

「あの人は青春時代にあらわれた魔法使いでした。かすかな霊感にも力を得る、詩人で、騎士で、高貴な魔術師、謎を秘めた子供だったのです。彼は快活でまじめで、どこか近くにある、それなのに地図のどこにも見あたらないような国、そんな国の習慣や言葉のアクセントや価値観や話し方を披露してくれました」(同書)

ようするに、父親のいない家庭で夢想を糧として成長してきたルイーズとサン＝テグジュペリにとって、お互いが探し求めていたアルテル・エゴ(もうひとつの自分)だったのである。この意味で二人の出会いは、またとない自己発見だったといえる。一九二二年の秋、サン＝テグジュペリはルイーズに結婚を申し込み、承諾の返事をもらう。ルイーズの母親はサン＝テグジュペリが飛行士であり、財産もないという理由で結婚に猛反対するが、ルイーズは母を憎んでいたから、反対されればされるほど結婚に向かって突き進んでいったのではないだろうか?

だが、一九二三年の五月には早くも、ルイーズも母親の考えが正しかったのではないかと思うようになる。五月一日、同乗者とル・ブールジェ空港を飛び立ったサン＝テグジュペリが高度九十メートルから落下し、全身打撲の大ケガを負ったからである。同乗の少尉は頭蓋骨骨折の重傷だった。

二週間後、療養中のサン＝テグジュペリのもとにルイーズの姉のマリ＝ピエールが訪れ、飛行機の操縦をやめない限り、婚約は破棄するというルイーズの意志を伝えた。サン＝テグジュペリは条件を呑《の》み、六月に除隊したあと、ヴィシーで鉱泉治療に専念しながら職探しをすると宣言する。

ルイーズは、もうこのころには歩けるようになっていたらしく、ヴィシーにサン＝テグジュペリを訪ねると、互いの愛を確認し、八月にスイスでデートすることを約束した後、家庭教師のベテルマン嬢とスイスに保養に出掛けた際に、一瞬の隙《すき》をついて逃げ出し、サン＝テグジュペリと甘い時間を過ごしたのである。つかの間の逢い引きのことをルイーズは後にこう回想している。

「私たちはこっそり逃げ出し、わずかなお金で小さな列車に乗りました。（中略）離れ離れになる恋人たちは駅でためらわずにキスするものですが、機関車の警笛が抱擁の合図となり、別れる前に強く抱き合うのです」（同書）

夏休みが終わり、パリに帰ったサン＝テグジュペリはルイーズ一家の要請を容《い》れ、フォーブール・サン・トノレ通りにあるボワロン・タイル会社に就職し、会計係として働くことにする。

ところが十月に入ると、にわかに雲行きが怪しくなる。パリに戻ったルイーズから、体調不良を理由に十一月一日に予定していた結婚式を延期してほしい旨《むね》の手紙が届いたのである。

ルイーズの保養先のビアリッツから新たに送られた婚約破棄の手紙を受け取ったサン＝テグジュペリはあわててビアリッツに向かったが、決定は覆らなかったようだ。

「はたして彼は、愛の恨みによって出発し、わたしたちの知るような操縦士になったのだろうか？　はっきりと明言はしていないが、しばしばルイーズへの手紙の中でそう匂わせている」（ジャン・ボトレル　前掲書）

サン＝テグジュペリが『星の王子さま』に託した想い

この失恋体験から生まれたのがサン＝テグジュペリの処女小説『南方郵便機』であるが、より意味深な投影は『星の王子さま』におけるバラとの別れのエピソードの中に見出すことができる。

たとえば、バラの嘘を疑って別れを決意した星の王子さまに向かってバラが放った言葉を拾ってみると、ある事実が明らかになってくる。

「わたしが馬鹿でした。許してちょうだい。どうかお幸せに」「ええ、そうなのよ。わたし、あなたのこと好きだったのよ」「あなた、そんなこと全然気づかなかったでしょう。わたしが悪いのよ。でもいいわ、許してあげる。あなただって、わたしに負けず劣らず馬鹿だったんだから」「さあ、ぐずぐずしていないで、早く行きなさい。もう決めたんでしょう。さあ、早く行って」（拙訳）

このバラの言葉から察するに、現実に別れを言い出したのはルイーズだとしても、別れの根本原因は別のところにあったような気がするのである。つまり、サン＝テグジュペリのほうにも結婚を躊躇《ちゅうちょ》するような強い心の動きがあったのではないかということだ。

それはズバリ言って、サン＝テグジュペリが飛行機を諦めて、タイル会社の会計係となるのは絶対に無理だと感じ、そのことをそれとなくルイーズに伝えていたのではないかということである。「ドーダとしての恋愛」「気晴らしとしての恋愛」を放棄して貞淑《ていしゅく》な妻となることが不可能であるとルイーズが感じていたのと同じように、サン＝テグジュペリも飛行機と大空への夢を諦めることはむずかしいと自覚していたのである。そして、相手の心理を読むことにかけてはサン＝テグジュペリより一日の長があったルイーズは、相手の不可能性を自分の不可能性にすり替えるかたちで、「大人として」自分のほうから婚約破棄を申し出たのではないだろうか？　後に、サン＝テグジュペリはルイーズに宛てて次のように書いている。

「ぼくは子供でした。でも、あなたはもう女でした。あなたはぼくのほうに身を傾けてくれました。それは本当に素晴らしかった。でも長続きはしなかったのです。ぼくは、しばしば、あの頃の自分の手紙を読み返すことがあります。そして、なんという子供っぽさと呆《あき》れ返ります。ぼくは、あなたに幻惑された一人のガキにすぎませんでした。きっと、それがあなたを満足させられなかった原因だったのでしょう」（ステイシー・シフ　前掲書）

こうして、サン＝テグジュペリとルイーズという似た者同士の恋は終わりを告げる。伝記作者が言うように、ルイーズは「気晴らしとしての恋愛」としてサン＝テグジュペリと婚約し、あげくの果てにあっさりと捨てたのかもしれないが、しかし、それでもやはり、この婚約破棄で深く傷ついてはいたのである。

その証拠に、ルイーズは婚約破棄から一年もたたないうちに、一六歳年上のアメリカ人の大富豪と衝動的に婚約し、一九二五年三月七日にパリのマドレーヌ寺院で結婚式を挙げたのである。

大富豪ヘンリー・リー＝ハントとの結婚

ルイーズの初婚の相手となったヘンリー・リー＝ハントは、数々の事業を手掛けた大富豪リー＝スミス＝ジェームズ・ハント（通称、ジェームズ・リー＝ハント）の長男として一八八六年に生まれた。父親はアイオワ州立大学の第三代学長を務めた後、シアトルでジャーナリズムに転じて「シアトル・ポスト・インテリジェンサー」という日刊紙で成功し、スーダンに綿花プランテーションを開発すると同時に朝鮮半島で貴金属鉱山の開発に着手した立志伝中の人物で、ラスヴェガスの最も古い開発者として歴史に名前を残している。

ヴィルモラン家とのかかわりは、一九〇四年にジェームズがパリを訪れたさい、共通の友人であるルイジ・ド・シャティヨンを介してルイーズの父親のフィリップ・ド・ヴィルモランと知り合ったことに始まる。両者はスーダンの綿花プランテーションの開発でパートナーとなり、家族ぐるみの付き合いをするようになったのだった。

だから、一九一七年に息子のヘンリーがアメリカ軍志願兵としてヨーロッパ戦線に出陣したとき、パリに立ち寄ると、当然のようにヴィルモラン家を訪問したのだ。

ヘンリーが最初に恋をしたのは、ルイーズではなく母親のメラニーだった。未亡人として女盛りを迎えていたメラニーは圧倒的な「女の魅力」を放っていたから、ヘンリーは簡単にその磁力に捉えられた。しかし、有名サロンのホステスであるメラニーにとって、ヘンリーはあまたいる大金持ちの求愛者の一人にすぎなかった。

そんなヘンリーの目が娘のルイーズに向かったのは、ブラジルで鉄道事業に従事していたときのこと。ヘンリーはブラジルでの仕事が一段落すると必ずリオ・デ・ジャネイロから大西洋横断汽船に乗り、リスボンから鉄道でヴィルモラン家の別荘のあるサン＝ジャン＝ド・リューズに駆けつけることにしていたが、このサン＝ジャン＝ド・リューズで転地療養していたルイーズの美しさに初めて目が行き、ただちに求婚者の群れに加わったのである。すると、驚くべきことに、ヘンリーの求婚はあっさりと受け入れられてしまう。結婚式は一九二五年の三月七日に決まった。

ボトレルはルイーズが大方の予想に反してヘンリーの求愛を受け入れて、結婚を決意したうらには次のような心理が働いていたと推測している。

「これまで彼女に求愛してきたのは成熟した男ではなく、青年にすぎなかった。アメリカのプロテスタントの伝統の中で育てられたヘンリーはもうこのときには四十歳に手の届く年齢だったから、ルイーズに求愛することを冗談の続きなどとは想像だにしない男だったのである。だが、それにもました大きな理由があった。ルイーズはヘンリーが母に惹かれていることを見抜いていたのではないだろうか？　ヘンリーとメラニーとともに形づくる三角関係の曖昧さに気づいていたのではなかろうか？」（ジャン・ボトレル　前掲書）

つまり、ルイーズは生まれたときから自分をないがしろにしてきた大嫌いな母親から求愛者を奪うという誘惑に抗しきれずにヘンリーの求愛を受け入れたというのである。

不可解な女心と言うほかはないが、私はむしろボトレルが挙げている最初の理由のほうに真実があるのではないかという気がする。

すなわち男たちをさんざんに弄んで、「気晴らしとしての恋愛」のベテランのように見えながら、肉体的にはルイーズは完全な処女であったということだ。性のモラルが今日とは比べ物にならないくらいに厳しかった当時の社会においては、未婚の娘の初体験は新婚初夜以外には考えられなかった。ブッキッシュな知識としてはセックスのことを知っていたとしても、ルイーズは性生活に大きな恐怖を感じていたにちがいない。結婚相手として猪突猛進型の青年ではなく、経験豊富なヘンリーを選んだのはこの恐怖心のなせるわざだったのではなかろうか？

マドレーヌ寺院での盛大な挙式のあと、シェーズ通りの自宅とヴェリエール＝ル＝ビュイッソンで開かれた披露宴に顔を出した新婚夫婦は上流階級の恒例にならってリッツ・ホテルで初夜を過ごし、翌日、大西洋横断客船の「シャプラン」号に乗船して、一路、ニューヨークを目指した。もうじき二三歳になろうとしていたルイーズは弟のアンドレに宛ててこんな手紙をしたためている。

「どうして十七歳のままでいることはできないのかしら？　あのころ、私はどんなに豊かなこころを持っていたのだろう？　あれほどに自由で、移り気で、いつも気もそぞろだったのに！　あれこそが本当の幸せだったんだわ。それなのにいま私は結婚して、もうじき二十三になろうとしている。これから私たちは互いに支えあい、貢ぎあい、もっと重々しく愛しあうことになるでしょう。つまり、私の病気は重くなり、治癒はもっと望めなくなるということ。そして、私は疲れきって、そう、こんなにも疲れたままでいることに」

（同書）

不幸なことに予感は的中する。

ルイーズは、新開地のラスヴェガスで囚《とら》われの姫君さながらの孤独な生活を送ることになるのである。

ラスヴェガスの孤独

一九二五年にルイーズとヘンリー・リー＝ハントが新居を構えたラスヴェガスは、モルモン教徒がソルトレイクシティーからカリフォルニアを目指す途中、ネヴァダ砂漠のオアシスとして発見した町である。ゴールド・ラッシュで賑《にぎ》わったあと、一九〇五年にユニオン・パシフィック鉄道の駅が設けられてから発展しはじめたが、今日のような巨大都市となるのは一九三一年に賭博《とばく》が合法化されるのを待たなければならない。一九二五年には人口約六〇〇〇人の埃《ほこり》っぽい田舎町《いなかまち》にすぎなかったが、ヘンリーの父親ジェームズは町の発展を見込んで先行投資のつもりで大邸宅を構えたのである。

ヘンリーのような慧眼な投資家はほかにもいたから、西部劇に出てくるようなカウボーイや坑夫が飲んだくれて闊歩《かっぽ》する粗野な雰囲気が市内に漂っている一方、郊外には新興成金の大邸宅が立ち並ぶ、格差の大きい町となっていた。

もちろん、リー＝ハント家の邸宅は超高級住宅地にあったが、ヘンリーはビジネスで忙しく、ニューヨーク、メキシコ、ブラジルと飛び回っていたので、夫の帰りをひたすら待つほかないルイーズが感じた孤独はいかばかりだったか？

幸い、舅《しゅうと》のジェームズは、この時代のアメリカ人には珍しく、洗練された社交人で、七五歳にしては驚くほど若々しく、美しい嫁の機嫌をとるためとあらば金に糸目はつけない金満家ぶりを示していた。ルイーズは弟のアンドレに宛てた一九二五年六月二十九日付けの手紙で「お父様はドル紙幣をプチパンのように配って歩くので、《そんなお金をドブに棄てるようなことはなさらないで。わたし、気が変になりそうですわ》と言ってやりました」と書き送っている。(フランソワーズ・ヴァシュネール『わたしは生まれつき、慰められない女なの　ルイーズ・ド・ヴィルモラン1902−1969』拙訳、アルバン・ミシェル書店)

ただし、ジェームズとその妻は敬虔《けいけん》なプロテスタントで、厳しい倫理観の持ち主だったから、われわれが下種《げす》な想像を働かせるようなことは起こらなかったようだ。

とはいえ、ラスヴェガスで新しく得たものとフランスを去ることで失ったものを秤《はかり》にかけると、失ったものが圧倒的に大きかったことは改めていうまでもない。

「なんでまた、こんなところに来てしまったのかしら？　どうしてまた、自分はヴェリエールの家、サン＝ジャン＝ド・リューズの入り江、版画や骨董品を売る商人たち、夕べの弟たちとの語らいを棄ててくることができたのだろう？」(ジャン・ボトレル　前掲書)

といっても、夫のヘンリーに不満があるわけではなかった。それどころか、外見は逞しく、内面は女性的なデリカシーを失わない男というルイーズの理想にぴったりの夫だった。だが、それでもルイーズはどうしても我慢できなかったのである。

なにが？

あまりにも大きすぎる自己愛を満たしてくれるようなものがラスヴェガスにはひとつも

なかったことである。

もちろん、ラスヴェガスにも大邸宅の住人たちからなる社交界のようなものは存在していたので、ルイーズがパリから持ってきた挑発的なドレスに身を包み、夫とともに夜会に顔を出すと、男たちの視線が一斉に集まった。ヘンリーもそうした視線を誇らしく思っていたようである。

だが、ルイーズが欲しかったのは、美しい女に対する「男一般」の欲望の視線などではなかった。そんなものは当たり前すぎて、うれしくもなんともない。欲しかったのは、自分をただ一人の女と信じて、どんな犠牲を払ってもいいと思い込む最高の男の熱い賛美の念だったのである。

かくて、ルイーズの自己愛は反転して自身の過去へと向かうこととなった。

「ルイーズは忘れられることを望まなかったが、何一つ忘れたくもなかった。自分自身を訪ねて、自分自身の仲間となること、つまり、自分の分身、大西洋の反対側に残されている見捨てられた自分の影を安心させる必要をたえず感じ続けていたのである」(同書)

退屈をまぎらすためにスケッチをしたり、ロサンゼルスの街でショッピングを楽しんだり、ハリウッドの映画スターが通うレストランで食事したり、つまり、いまでいうセレブの生活を送っていたのだが、そうした「気晴らし」は彼女の孤独感を忘れさせるにはいたらなかったのである。

ラスヴェガスで一〇カ月を過ごしたあと、腰痛のぶり返しを口実にサンタ・フェのサナトリウムで静養することにしたが、しかし、孤独はどこまでも彼女を追いかけてきた。

そんなときである。ルイーズが賛美者の一人だった批評家のエドモン・ジャルーから手紙を受け取り、何か書いてみないかと誘われたのは。聴罪司祭だった文人のミュニエ神父からも同じような手紙が届いた。

「いとしいわが子よ、きっとあなたは本を読んでいることでしょう。私はあなたが何か書いていると確信しています。あなたがこれまでに見てきたものとはあまりにも違うその砂漠は、コントラストによって、きっとあなたに短編小説なり、長編小説なりを書いてみようという動機を与えたにちがいありません」（フランソワーズ・ヴァシュネール　前掲書）

しかし、まだルイーズは書く気にはならなかった。一度も書いたことのない人の常として、自分の書くものが人の興味を引くとは思えなかったからである。だが、孤独の中での読書は確実に彼女の心にあるものをつくり出していった。ただ、それが具体的なかたちを取るには時間を必要としたのである。

それよりも、彼女の中で大きくなっていたのは「フランスに帰りたい」という望郷の念だった。妻の病状を心配したヘンリーは、フランスに里帰りすれば少しは気分が晴れるかもしれないと思い、一時帰国に賛成した。

パリへ 「失われた時」を探す

こうして、一九二七年の五月、ルイーズはフランスの土を踏み、「失われた時」を再発見することになる。パリは「狂乱の時代（レ・ザネ・フォル）」と呼ばれたバブルの頂点にあり、みんながボヘミアン的な仮装舞踏会や夜会に酔いしれていた。ヘンリーは律義に妻に同行し、不慣れな会話についていこうとつとめた。そして、妻の渇きが癒されたと信じて、ルイーズとともにニューヨーク行きの豪華客船上の人となった。

だが、ルイーズの「失われた時」への執着はすでに限度を超えていたのである。フランスを再発見したことで、ルイーズの心で何かがふっ切れてしまったのかもしれない。

というのも、ラスヴェガスに戻る前、ニューヨークに滞在していたとき、ルイーズは初めて不倫を経験したからである。相手はルイーズの父親とジェームズ・リー＝ハントを引き合わせて、子供同士の結婚のきっかけをつくったルイジ・ド・シャティヨンという人物だった。二人の関係はそれから四年ほど続いたようだが、詳しいことはわかっていない。

夫のヘンリーはルイーズの変化を見逃さなかった。これまで夫の海外出張に同行することを頑《かたく》なに拒否していた妻がなぜか南米行きに同意したからである。

一九二八年、ルイーズはサンパウロにいたときに妊娠した。ヘンリーは狂喜し、より一層妻を愛したが、ルイーズは出産を口実にしてパリに戻ることしか考えなかった。

一九二九年二月、ルイーズはヌイイのアメリカン・ホスピタルで娘ジェシーを出産した。以後、多産系の母親に似たのか、二年続けて妊娠し、一九三〇年には次女アレクサンドラ、一九三一年には三女ヘレナを産んだ。

この間、ヘンリーの生活にも大きな変化が訪れていた。一九二九年暮れのウォール街大暴落でビジネスが苦境に陥ったのである。ヘンリーはルイーズとの生活を立て直す必要も感じていたので、一九三〇年にファースト・ナショナル・シティ・バンクパリ支店の信託部長の職を得ると、一家でパリに赴任した。

だが、パリに戻っても、夫婦の危機は去らなかった。ヘンリーは跡取りを欲していたから、もし二人の間に男の子が生まれていれば、あるいは夫婦の絆《きずな》は再び固く結ばれたかもしれない。彼女自身、どうしても男の子が欲しかったが、神は夫妻の願いを聞き届けてはくれなかった。そこで、ルイーズは決意を固める。もう子供はいらない。あとは自分のために生きるのだ、と。

ヘンリーのことが嫌いになったわけではない。ただ、一緒にいることが次第に耐えがたくなってきていたのである。

「憎むべき理由がないのに、相手に対する愛情がさめてしまったとき、人は、細部まで公平な目で相手を眺めるようになる。（中略）夫の長所は短所に釣り合っているようには思えなかったのである」（ジャン・ボトレル　前掲書）

〝『失われた時を求めて』仮装舞踏会〟

三女を出産した後、ルイーズは積極的にパリの社交界に出掛けるようになる。この点、ルイーズは大嫌いな母親とよく似ていた。あいかわらずパリ社交界の女王の一人として君臨していた母親に対する対抗心がルイーズの心の中に働いていなかったとはいえない。つまり、結婚と出産という「義務」を果たしたあと、女としての自分の価値をもう一度、広く知らしめずにはいられなくなったのである。

果たせるかな、フォシニー＝リュサンジェ家で開かれた『失われた時を求めて』仮装舞踏会」でルイーズは劇的な出会いを経験する。すなわち、シャルリュス男爵に扮したポール・モーラン、ヴェルデュラン夫人になりきったスゾー大公夫人、ゲルマント大公妃オリアーヌに扮したロートシルト男爵夫人、それに、体の前半分には一九〇〇年風衣装、後半分には第二帝政風のクリノリンをつけてソドムとゴモラを表わした女性画家ヴァランティーヌ・ユゴーなどが優雅にダンスする中で、ルイーズはアレクサンドル（サッシャ）・ド・マルジアルリという男と知り合い、恋に落ちる。アレクサンドルは第一次世界大戦で受けた傷を克服し、社交界では優雅なダンディとして通っていた。背が高く、口ひげをはやした男性的な風貌だが、内面には女性的ともいえる感受性の強さを秘めたルイーズの好みのタイプだった。

　こうして、ルイーズは、夫公認とはいかぬまでも黙認の恋人をもつことになる。典型的な「パリの女」となったわけである。しかし、それはラスヴェガスにいたときに夢見ていた生活だっただろうか？　いや、違う、何か、まだ決定的な何かが欠けている。

「わたしは、女としての魅力しかない女、ようするに母親と同じような社交界の女ではいたくない。それなのに……」という自己認識が彼女の自己愛を傷つけたのである。

　では、どのような女になったら、自己愛は満足してくれるのだろうか？

　それがわからないからこそ苦しいのである。愛人を新しくつくったときには、一瞬、自己愛が満たされたと感じるが、次の瞬間には、自分の求めていたものはこれではないと思いはじめる。ラスヴェガスにいたときには、パリの社交界の喧噪《けんそう》の中にふたたび身を置きたいとひたすら思っていたが、「失われた時」を見出したいまは、それは指の間から砂のようにこぼれ落ちてしまう。この意味で、ルイーズはきわめてパスカル的だった。パスカルは次のように述べているからだ。

「わたしたちがどんな状態にいても、自然はわたしたちを不幸にするものである。わたしたちの願望が、もっと幸福な状態というものをわたしたちの心に描き出してみせるからだ」（パスカル『パンセ抄』拙訳、飛鳥新社）

　そんなことはルイーズにはわかっていたが、どうしても、「もっと幸福な状態」というものを夢見ずにはいられない。たとえ、そうした夢見こそが不幸を招くことがわかっていたとしても。

ようするに、ルイーズは『ボヴァリー夫人』のエンマと同じ状態にいたわけである。ただ、エンマと違って、ルイーズにはこうした「不幸な自分」を客観的に眺めるだけの自我があった。そればかりか、そうした自我の葛藤を表出する手段、つまり文章の力がラスヴェガスでの退屈な日々の間の読書でいつのまにか備わっていたのである。

自分を書くしかない

こうして、ラスヴェガスからパリに戻ったルイーズは、ようやく「書く」ことと向き合うことになる。

だが、なにを書けばいいのか？　自分を書くしかない。そう、現在という時間に安住することができず、未来が来るのが遅すぎると感じ、ときには時間の流れが早すぎると嘆いて過去を呼び戻そうと空《むな》しい努力を重ねる自分のことを。

かくて、後に『サント・ユヌフォワ』というタイトルで出版されることになる処女作の萌芽ができあがった。ルイーズは、自分の崇拝者の一人で、ヴィルモラン家に以前から出入りしていたシュルレアリスム系画家のピエール・ロワに見せた。ロワは驚いた。これまでに読んだことのない魅力を原稿の中に発見したからである。

ルイーズがロワに原稿を読ませたのは、小説が完成したらガリマール書店から出版したいという願望をもっていたからである。ジッド、コポー、リヴィエールなどの同人誌「N・R・F（ヌヴェル・ルヴュ・フランセーズ）」の版元として出発したガリマール書店は、同人が推薦する無名の新人を次々に世に送りだし、十九世紀文学とはまったく異なる新しい文学を生み出していた。その目録のラインナップを並べれば、ジッド、プルースト、サン＝テグジュペリ、アンドレ・マルロー、ドリュ・ラ・ロシェルというように、そのままフランス二十世紀文学ができあがるほどの壮観で、これらの作家の作品に親しんでいたルイーズとしては、自分の名前がガリマールの目録に並ぶことは最高の夢の実現に思えたのである。

ピエール・ロワは、自分がガリマールに紹介の労をとってもいいが、それよりも、原稿の審査委員であるアンドレ・マルローに直接に電話をかけたほうが手っ取り早いのではないかと提案した。ルイーズはサン＝テグジュペリの年上の従姉《いとこ》イヴォヌ・レトランジェが開いているマラケ河岸のサロンに弟のアンドレとともに出掛けたことがあり、そこでジッドやジャン・ポーランと一緒にいるマルローと会い、顔見知りにはなっていたからだ。

弟のアンドレもマルローに電話するように勧めたので、ルイーズはついに決心した。アンドレが先にマルローを呼び出すと、ルイーズが代わって電話口に出て、アメリカ旅行中に原稿を書き上げる予定だから、完成したら目を通してほしい旨を伝えた。

その後で、ルイーズはすぐに娘たちだけをつれてアメリカに旅立った。生まれたばかりの三女をラスヴェガスの義父母に見せるというのが口実だったが、実際は、夫のいないところで執筆に集中したかったのかもしれない。

弟のアンドレからは励ましの手紙が毎日のように届き、マルローからもN・R・Fの作家の小説が二冊ほど送られてきた。マルローはルイーズの書いたものをまったく読んだことがなく、作品にも期待していなかったが、ルイーズの美貌と雰囲気には当然、強く魅了されていたはずである。これだけでも、マルローが原稿を読む動機としては十分だった。

アンドレ・マルロー――「ルイーズ、それはひとつの病であった」

一九三三年四月二十九日、姉から送られてきた原稿を受け取ったアンドレはすぐにマルローに手渡した。

五月八日、判定が下った。マルローはアンドレに「非常におもしろい」と好意的な意見を伝えてからルイーズに直接手紙を書いた。

「とても満足しています。あなたには本物の才能があります。まず、斜め読みしてから少したためらいました。書き方に関してはいろいろと言うべきことがあると感じたからです。それから、全部を読んでみました。最初の印象は完全な誤りだということがわかりました。（中略）印象というのはまったく当てにならないものです。まちがいなく、独自の世界がここにはあります。いや、素晴らしい。最初のところを活字に組んでみようと思っています。校正刷りを見れば、あなた自身にもおわかりになると思います。もちろん、不可欠な句読点を付け加えたあとのものです。ドリュにも読ませてみましたが、私と同じように素晴らしいと言っています。（あなたの許可が出るまでは）お名前を完全に伏せたうえで、ジッドにも読ませてみようと思っています。くれぐれも、筋に辻褄《つじつま》を合わせようとして、頭を悩ませたりしないように。思うに、この作品は、こうした一種の散漫なスタイルでしか存在しえないもののようです。帰国されたときに、実際的な注意点はもうしあげますが、差し当たって重要なのは次の点です。あなたが言わなければならないと感じていることが見つけられるとはお考えにならないように。言うべきことは必ず言われるのです。前もって言おうとしないという条件を守りさえするならば。泳ぐときと同じように、自分自身を信じることが必要です……」（ジャン・ボトレル　前掲書）

こんな手紙をマルローから受け取ったら、どんな人間だろうと「万歳！　万歳！　わーい、わーい！」と叫ばずにはいられないだろう。事実、ルイーズは後に、弟のアンドレに宛てた手紙の中で、「たとえ、作品が出版されたとしても、これ以上幸せな気持ちになれたとは思いません」（ボトレル　前掲書）と伝えている。ルイーズの原稿はジッドに渡されて高く評価された。ジャン・ポーランも同意見だった。

六月十三日にパリに戻ったルイーズはN・R・Fにマルローを訪ね、『サント・ユヌフォワ』の出版について話し合った。マルローは『人間の条件』を出版した直後で、反ヒトラー戦線構築のために奔走していたこともあって、多忙を極めていたが、それでも打ち合わせの間隙《かんげき》をついてルイーズを口説くのを忘れなかった。『サント・ユヌフォワ』の出版はマルローの胸先三寸に掛かっているのだから、明らかにセクハラだが、ルイーズはそんなことを侮辱と感じるような女ではなかった。それどころか、思う壺《つぼ》と感じたかもしれない。

というのも、マルローはこのころ、文学史に残る傑作を書き上げたという自負からか、全身に自信が漲《みなぎ》り、大きな瞳からは人を一瞬で魅了するような強烈な光が放たれていたからだ。ひとことでいえば、当代ナンバー・ワンの男だったのである。

いっぽう、ルイーズのほうもある種の「女盛り」を迎えていた。有夫の身でありながら、この時期には愛人が複数いて、入れかわり立ちかわりルイーズとベッドをともにしていたのだ。

一人はまだ関係が続いていたサッシャ・ド・マルジアルリ。もう一人は、かつての「グループ・ボシュエ」の一員で、ルイーズが原稿を抱《かか》えてニューヨークに立ち寄ったさいに愛人の一人となったラウル・ド・ルシ・ド・サル。三人目は、ドイツ人作家で『神はフランス人か?』を出したばかりのフリードリッヒ・ジーブルク。ジーブルクは「フランクフルター・ツァイトゥング」の特派員としてリッツ・ホテルに滞在していた。

マルローはまさか自分が四番目の男だとは気づかずにルイーズに言い寄り、フランス亡命中のトロツキーとの会見の合間を縫って「オテル・ポン・ロワイヤル」にルイーズを訪れ、八月の中旬についに思いを遂げた。あるいは、思いを達したのはルイーズのほうだったのかもしれない。

いずれにしろ、マルローとルイーズは、この時代において誰ひとり異議を差し挟むことのない「最高にして最強のカップル」であった。マルローはルイーズよりも一歳年長の三二歳。ルイーズが「自尊心」の充足のためにコレクションに加えた男の中でも最もブリリアントな一人であった。

だが、まさにそれゆえに、知人であるジーブルクがルイーズの愛人であることを知ったときのマルローの怒りはすさまじかった。自尊心の塊であったマルローにとって、心に受けた傷はとてつもなく深いものだったのである。

一九三三年十二月一日にマルローは『人間の条件』でゴンクール賞を受賞するが、その二週間ほど前にルイーズとジーブルクとの関係に気づき、説明を求めることもなくそのまま関係を断ったのである。

こうして「最高にして最強のカップル」はわずかに四カ月ほどで消滅した。一九七〇年代に、マルローはこのときのことを回想してこう告白している。

「ルイーズ、それはひとつの病であった」

続けて、マルローは、ルイーズにはポンパドゥール夫人に通じるようなエスプリ、諧《かい》謔《ぎやく》、知性、そして抗しがたい魅力とアンニュイがあり、ひとたび接するや身を引き離すのはひどく困難だったと言っている。ルイーズは、『ラルース百科事典』がファム・ファタルについて下している定義そのままに「恋心を感じた男を破滅させるために、運命が送りとどけてきたかのような魅力をもつ女」だったのである。人生の頂点にあったマルローを一瞬のうちに籠絡《ろうらく》し、絶望の淵に陥れてしまった「ファム・ファタル」ルイーズの力、おそるべし。

犠牲者はまだまだ続くのである。

マルローとの破局

ルイーズ・ド・ヴィルモランとアンドレ・マルローの愛が短期間のうちに破局を迎えてしまった原因については諸説あるが、中でも意外に説得力があるのが、ジャン・ボトレルの次のような説である。

「ルイーズはマルローのことを、しばしば、退屈で人をうんざりさせる男だと感じた。マルローはマルローでルイーズは教養のない女だと思った。ルイーズは弾けるようなエスプリで人を魅惑し、ゴシップが大好きで、人のことも自分のこともよく笑った。一方、マルローは神々や死者たちやイデオロギーについて議論し、一歩退いて見せるなどということはできず、自分自身をユーモアをもって扱うなどという芸当は不可能だった」（ジャン・ボトレル　前掲書）

たぶん、その通りだろうと思う。所詮《しょせん》、二人は価値観の違う世界の住人だったのである。ルイーズは高いインテリジェンスと詩才を有していたが、やはり社交界に育った女で、男の真面目《まじめ》さが生む「退屈」が耐え難かったのだ。だから、神々や死者やイデオロギーについて熱弁を奮《ふる》うマルローの情熱的な風貌に最初こそ強く魅了されたものの、やがてその「ドーダ」にうんざりしはじめた。社交界では、「ドーダ」はソフィスティケイトされたかたちでのみ許されるという不文律があるのだが、野人マルローにはそうした配慮がまるっきり欠けており、「ドーダ、ドーダ、ドーダ」で押しまくったのである。マルローには、男が後天的に努力で獲得するに至ったもの、つまり財産、金力、思想等々は、女の愛にとって必要条件であっても十分条件ではないということがわかっていなかったのだ。

社交界の女であるルイーズに不可欠なのは、自尊心をくすぐりあいながら相手の痛いところを衝く会話、あるいは野暮ったい人間を容赦なく切りさいなむ意地悪な者同士の連帯感、さらには批判対象に自分も含めてみせる軽い自虐などであったが、こうした社交的会話はマルローからすると「時間の無駄」としか映らなかったのである。

これに対し、フリードリッヒ・ジーブルクはこの種の軽い会話の才には恵まれていたし、女好きのする優しさがあったので、ルイーズはジーブルクと別れられぬままマルローとの逢瀬を重ねていたのだが、こうしたパリ社交界的軽薄さがマルローを激怒させることになるとは予想だにしていなかった。だから、マルローに去られたことで、ルイーズは立ち直れないほどのショックを受けたのである。「男としての格」から見たら、マルローとジーブルクでは比較にならなかった。失ったものはあまりにも大きかった。ルイーズは自分の軽率さを悔いると同時に、二股をかけていたことをマルローに教えたのがだれであるか犯人捜しにとりかかる。

その結果、浮上してきたのが、なんと、サン＝テグジュペリの妻コンスエロだったのである。コンスエロはこのころジーブルクと愛人関係にあり、ルイーズへの嫉妬《しっと》から、ルイーズの二股をジーブルクとマルローに暴露したのだろう、とルイーズは推測したのである。

「わたしのことをフリードリッヒに悪く言ったのは絶対にコンスエロですし、同じようにマルローに私の悪口を吹き込んだのもまちがいなくあの女です。フリードリッヒはよく彼女と会っていました。わたしがマルローと寝ていること、それはフリードリッヒを厄介ばらいしたがっているからだなどと告げ口したのはコンスエロ以外にありえません。わたしとしては、なんとしてももう一度マルローと会いたいと思っています」（一九三四年五月四

日の弟アンドレ宛ての手紙　フランソワーズ・ヴァシュネール　前掲書）

ルイーズがマルローに突然去られたことに強いショックを受けたのは、『サント・ユヌフォワ』の出版の可否を握っているのがマルローであるからではなかった。また、狙《ねら》った男に逃げられて自尊心が傷つけられたからでもない。相手の偉大さを理解できるような精神的能力が自分に欠けていたと思って激しく落ち込んだのである。

「わたしは人生でよく目がみえるようになりたいと思っています。それなのに、自分を失い、悪い瞑想《めいそう》に陥っています。なぜなら、判断力が足りないのでうまく考えることができないからです」（同じ手紙の続き）

ルイーズはマルローとの別離のあと軽い鬱状態になり、『サント・ユヌフォワ』の出版も遅れたが、それでも一九三四年の九月、彼女の処女作はガリマール書店の美しいフランス装丁に飾られて書店に並んだ。

パリ文壇の反応は冷たかった。ガリマール書店が出版したという事実だけで、今日の用語でいえば「査読あり」という保証がついていたわけだから、もっと書評の対象になってもよさそうだったが、実際には、ガブリエル・マルセル、エドモン・ジャルー、ラモン・フェルナンデスといった社交界におけるルイーズの「追っかけ」たちの称賛記事が紙面を飾ったにすぎず、心待ちにしていたような理解の行き届いた書評は現われなかった。その代わり、社交界の花形が小説を書き、ガリマールから出版されたという「話題」だけがマスコミで取り沙汰《ざた》された。処女作を世に問うた作家の多くと同じく、ルイーズも一夜にして文学的栄光に包まれるのではないかという幻影を抱いていたが、幻影は幻影として終わりそうな気配になってきた。

そんなときである。未知の人からの短い手紙が届いたのは。

「まさか、あなたが天才だったとは気づきませんでした。大好きです」

末尾にはただ、「コクトー」とだけしるされていた。

ジャン・コクトーからの熱烈な手紙

キツネにつままれたようになったルイーズのもとに、四日後、もう少し長い、熱烈な手紙がジャン・コクトーというフルネームの署名入りで届けられた。

「ぐっすりと眠り、すっかり元気になりました。あなたのおかげです。あなたのことを思い、あなたのことを夢見ています……。あなたに恋してしまうのではないかと恐れています……。ようするに、あなたがいなくなったら、わたしは死んでしまうでしょう」（ジャン・ボトレル　前掲書　以下、引用は同書による）

実際、コクトーは滞在していたスイスで『サント・ユヌフォワ』を読み、二、三の新聞に載っているルイーズの写真を見ただけで、すっかりのぼせ上がってしまったのである。

もちろん、ジャン・コクトーはホモセクシュアルであったが、一九三二年にはロマノフ家の公女ナタリー・パレ（アレクサンドル二世の第六皇子パーヴェル大公とオリガ・パーレイの娘で、一九〇五年にパリに生まれた）と関係をもったことから、女性ともセックスできるという自信を深めていた。コクトーは、ナタリーが自分の子を妊娠したと思い込んでいたが、実際は妊娠などしていなかったのだ。なのに、ナタリーが中絶したと信じ、恨んでいたのである。そんなとき『サント・ユヌフォワ』を読んだため、一度も会ったことのないルイーズに熱烈な恋心を感じて、ラブレターを送り続けたのである。

「わたしの心は丸くなってあなたのお腹の中に入ってしまいました……。わが一度限り（ユヌ・フォワ）の妹よ、（中略）わたしは際限もなく落ち込み、恐ろしいまでの孤独を感じ、悪夢にうなされる夜を過ごすかと思えば、それよりもなお悪い目覚めを迎えていましたが、あなたが舞台に登場してくれたおかげで、ようやく脱出のチャンスをつかみかけています。どうかそのチャンスをわたしから奪わないでください。（中略）お願いです、この世で一人ぼっちのわたしを見捨てないでください。どんなに奇妙に思えても、わたしの言っていることは全部本当のことなのです」

続けて、コクトーは自分のいるスイスのコルシエ＝シュル＝ヴヴェの家に来ないかと誘ったが、さすがにルイーズもこの招きには応じずに沈黙を守った。文壇最高の才人コクトーからこれだけ熱烈な賛辞を浴びせられたら、ルイーズも悪い気はしなかっただろうが、やはり、多少の怯《おび》えは感じたにちがいない。

しかし、コクトーの恋情はこうした無視にかえって燃えあがったようだ。そのあげく、十一月二十二日付けの手紙で、ついにはっきりと告白するにいたる。

「ああ、わたしがお金持ちだったら！　あなたの前にひざまずき、どうかわたしを受け入れてくださいと懇願し、結婚し、一緒に住みたいと申し出ることでしょう。どうか笑わないでください。馬鹿にしないでください」

十二月末、コクトーはスイスからパリに戻り、マドレーヌ・パラス・ホテルの一室でルイーズと対面する。ボトレルはこんなふうに二人の出会いを描いている。

「彼の燃えるような情熱はすぐに愛情あふれる友情に変わった。ルイーズに失望したからではない。その反対である。ファンタスティックな空中ハイキングをした後、地上に戻ってきたかのように我に返ったのである」

ようするに、空想の中ではルイーズと合体していたが、現実に生身の女としてのルイーズを目の前に見たとき、コクトーは想像と現実の違いを認識したということなのだろう。

数日後、「N・R・F」にコクトーの最上級の絶賛書評が掲載される。

「出版されたのではなく出現した本。そう、これは出版ではなく出現である。それまでは存在していなかったのに、突然、交霊術の回転テーブルの上に霊が現われるように、出現した本である」

この書評ひとつで、ルイーズは文壇に揺るぎなき地位を確立した。それればかりか、一九三〇年代最大のミューズとなったのである。

実際、ジャン・コクトーを紹介者として文壇や芸術に交際範囲は大きく広がっていった。パリ社交界という、同質な人間ばかりの世界から、まったく異質な人間たちがひしめいている文壇や芸術界に飛び込んだことで、ルイーズは人間にはさまざまなタイプがあるということに初めて気づいたのだ。

画家、ジャン・ユゴー

そんな一人にジャン・ユゴーという画家がいた。かのヴィクトル・ユゴーの曾孫で、曾《そう》祖父に似た野性的な男だったが、強烈な性欲も曾祖父からしっかりと受け継いでいた。ボトレルの描くジャン・ユゴーのポルトレはファザー・コンプレックスのルイーズがなぜ彼に惹《ひ》かれたのかを巧みに説明している。

「ようするに、ジャン・ユゴーは愛を生みだし、愛を長続きさせる天才だった。女たちを征服するとすぐに女たちから離れてゆくドン・ジュアンとは反対に、彼は愛人たちをいつまでも手元に置こうとした。なぜなら、彼は関係を断ち切ることができなかったからである。彼は三〇年間、女優マリー・ベルの愛人であり友人であったが、ルイーズとの関係もそうだった。彼は、アトリエのあるフルクで、たまたま知り合った女たちをごく自然にベッドに誘い、パリにやってくると、かつて愛したその女たちをかたはしから訪問した。彼の頑健な健康はルイーズを満たし、楽しませた。弟のアンドレや愛人のサッシャ・ド・マルジアルリと並んで、彼は、ルイーズが幸福なときも不幸なときも内心を吐露することのできる打ち明け相手となった」

ガストン・ガリマール

このように、ジャン・コクトーを介して広がった交際範囲の中から、ルイーズは好ましい相手を見つけることができたが、その間、夫のヘンリー・リー＝ハントとの仲は加速度的に冷めてゆき、一九三六年の暮れにはついに夫婦は別居して離婚訴訟の判決を待つまでになる。

そんな折り、ポリニャック公爵夫妻の邸宅で開かれた晩餐《ばんさん》会でルイーズは新たな出会いを経験する。といっても、未知の相手ではなかった。

『サント・ユヌフォワ』と新作小説『ヴィラヴィッド家の終焉《しゅうえん》』の版元ガリマール書店の店主ガストン・ガリマールである。ガストン・ガリマールは五五歳だが、まだ若々しく、男の精気を漲らせていた。

ルイーズは三五歳で三人の子供がいたが、離婚訴訟で子供の養育権を失おうとしていた。離婚が成立し、リー＝ハントが子供たちを連れてアメリカに去ると、一人ぼっちになったルイーズはファザコン少女へと退行していった。そんなこともあって、ルイーズはガストン・ガリマールの中に失われた父親の幻影をかいま見ていたのだろう。

一九三七年の一月、ルイーズは日記に次のように記す。

「ガストンは、幸いにもわたしを愛している。そして、この感覚がわたしの人生を素晴らしいものにしている」

だが、別れはあっけなくやってきた。ルイーズの悪い癖が出たのである。マルローと決裂した原因は、ルイーズがマルローと肉体関係を結んだ後もジーブルクとの付き合いを断たなかったことだったが、ガストン・ガリマールの場合もこれに似ていた。イタリアのヴィンチリアータで催されたパーティーに、まるでガリマールの嫉妬をかきたてるためであるかのように、サッシャ・ド・マルジアルリを同行したのである。ルイーズは旅行のあいだ貞潔を貫いたのだから、罪を犯したことにはならないと思っていたようだが、ガストン・ガリマールにはこの理屈は通らなかった。二人の関係にはひびが入り、日を追うごとに修復不可能なものになっていった。一九三七年七月半《なか》ばには、二人の仲はもう終わっていた。

フランス社交界には、新しく恋人となった者はお互いに、前の愛人ないしは夫（妻）を嫉妬なしに受け入れなければならないという不文律が存在するのだが、ガリマールにはそれが理解できなかったのである。しかし、そうした不文律をガリマールなら承知しているはずと思い込んだルイーズもうかつだった。社交界なれしているとはいえ、ガリマールも所詮は文壇人であり、社交界特有の倫理観は共有していなかったのである。

こうして、ルイーズ三五歳の夏は失意のうちに終わった。

二度目の結婚――伯爵家のパリィ・パルフィ

だが、ヴァカンスが明けて、社交シーズンが始まろうとしていた一九三七年十月十八日、訪仏したプレスブルク伯爵パウル・グラフ・パルフィ・デルドードの歓迎会で、ルイーズは人生でも最も大きな出会いを経験する。メイン・ゲストのパウル・パルフィと目を合わせたとたん、恋に落ちたのである。

では、いったい、このパウル・パルフィ、通称パリィとはいかなる人物だったのだろうか？

パウル・パルフィは一八九〇年、オーストリア＝ハンガリー二重帝国領内にあるカルパチアの都市プレスブルク（ブラティスラヴァ）郊外のプドメリス城館で生まれた。ブラティスラヴァは今日スロヴァキアの首都だが、当時はドイツ語でプレスブルクと呼ばれていた。プレスブルク伯爵家は代々、プファルツ選帝侯を七人も輩出しているハンガリーの名門貴族だが、第一次大戦後、伯爵領のある北ハンガリー（カルパチア）がチェコスロヴァキアに帰属したことから、パウル・パルフィの国籍はチェコスロヴァキアとなっていたのである。

伯爵家の嫡男であるパウル・パルフィはウィーンの社交界にデビューすると、その長身と気品で女性たちの人気を独り占めした。大の狩猟家であると同時に詩人で音楽家でもあり、晩餐会でピアノの弾き語りでロマンスを歌うと、女性たちはみな彼の周りに集まった。

パリにはベルリン経由で来ていたが、それはこの年、ベルリンで「世界狩猟博覧会」が開催されていたので、チェコスロヴァキアの組織委員であるパウル・パルフィは同じく狩猟好きのナチの宣伝相ゲッペルスに招かれてベルリンを訪れていたのだ。

ルイーズはガストン・ガリマールと別れた後、九月から日記を再開していたが、十月十八日とその翌日のページには次のような言葉を記している。

「十月十八日《今晩、パリィ・パルフィと知り合った》

十九日《わたしの心は震えている。なのに、彼に好感を持たれている印象がない。わたしの心はわたしの掌の上で完全に見え見えだった》」

翌二十日、ルイーズはパルフィと合流するために飛行機でいきなりウィーンに飛ぶ。翌日、美術館を見学したあとホテルに戻るとパルフィが夕食に迎えにきてくれていた。

その後のことは日記にこう書かれている。

「二十一日《八時、パリィ・パルフィが夕食に迎えにくる。魂を鷲摑みにされるほど美男子だった。わたしは彼を愛している。わたしたちは夕食をともにし、それからツィガーヌ音楽を聞きに行った後、朝の七時まで彼と一緒に夜を過ごした。わたしはもうわたしのものではない。これがすべてだ》

二十二日《今夜、パリィは九時半に帰った。わたしはすっかり変わってしまった。まったく別の女になったのだ。初めて大人の女になったように感じる。気が変になるほどにパリィを愛している。怖いほどだ」

十月二十三日にウィーンを発ってル・ブールジェ空港に到着したルイーズは出迎えた弟のアンドレから母の死去を知らされたが何の動揺も受けない。一年以上も顔を合わせていなかったのである。

二十四日にはパルフィがパリにやってきて、ルイーズは生涯でも最も幸せな日々を過ごす。

そして、一九三七年十二月にはブラティスラヴァでルイーズとパルフィは内々で結婚式を挙げたのである。ルイーズにとっては二度目の、パルフィにとっては五度目の結婚だった。

新婚の二人は、パルフィの居城であるプドメリスに向かった。プドメリスの居城は一八八九年に建設された建物で、優美さには欠けたが、パルフィの二人の前妻がともにアメリカ人だったので、暖房や浴槽などのアメニティは最新の設備を備えていた。城から七キロのゾルナという町には、パリィの伯父《おじ》のヴィツィ伯爵が作らせた私用の駅があり、オリエント急行が停車したので、新婚夫婦はこの駅で下車して、待機していた四頭立てのソリに乗り換えた。

ゾルナからソリで行く七キロの街道はルイーズにとってまるで夢を見ているような幻想的な雪景色に覆われていた。ルイーズは弟のアンドレに宛てた手紙でこう報告している。

「パリィとの出会いは雷撃のような一目惚れでしたが、その衝撃に比べられるものとしては昨日、わたしが駅からわたしたちの家に行くまでに感じた幸せしかありません。（中略）風景のつくりだす超自然的な美しさに陶然となり、言葉を発することもできませんでした。わたしたちが通りすぎると、いたるところから、野ウサギ、シカ、イノシシ、野生のヤギなどが姿を現しては、静かな好奇心でわたしたちを見つめているのです。そして、頭上にはヤマウズラの群れが！」（フランソワーズ・ヴァシュネール　前掲書）

一面の銀世界、リンダウのカシの森、少しずつ姿を現わしてくる大きな城、なにもかもが、『アナと雪の女王』の世界だった。そして、ルイーズはほかでもない、その銀世界の王妃だったのである。

相思相愛の夫と二人だけで雪の中の城にとじこもっていたこの新婚の数カ月こそ、ルイーズが人生で味わった最高に幸せな日々だった。ボトレルが次に描くように、すべての女の子が抱く「王子さまとの結婚」という「夢」の実現だったからである。

「わたしたちはだれでも、自分の奥底にひとつの愚かしい夢を持ち続けている。理性はそれを抑圧するのだが、想像力がそれを呼び戻すのではなかろうか？　ルイーズは、相思相愛の情熱的恋愛に背中を押され、紋切り型表現そのままの意味での《城の生活》を自らに与えることで、いまこの夢を実現したところだったのである」（ジャン・ボトレル　前掲書）

世界大戦の激化と冷めてゆく愛

だが、ルイーズがパリィとカルパチアの山奥の城で隔絶された新婚生活を送っていた一九三八年の春、世界は激しく動いていた。

すなわち、この年の三月にオーストリアを併合したナチス・ドイツは次にチェコスロヴァキアに侵略の矛先《ほこさき》を向け、ドイツ系住民の多いズデーテン地方の独立とドイツ編入を要求するに至ったのである。同時に、カルパチアはハンガリーが領土回復を叫んでいたので、チェコスロヴァキアは一気に国家解体の危機にさらされた。

そうしたチェコスロヴァキアの未来を予感したのだろうか、パルフィは新妻をつれてカルパチア各地への巡礼の旅に出る。失われてしまう前に故郷を妻に見せておきたいと思ったのかもしれない。

ルイーズは国境でドイツ憲兵と出会ってもまだ迫り来る危機を実感できぬままでいた。その証拠に、城に帰還すると弟のアンドレに宛てて次のように書いている。

「わたしは若いときよりも美しくなったのかもしれません。だって、たったの一撃で隣近所の人たちを征服したからです。なんだか心配になってきたわ、こんな幸せがこのまま続くのかしら？　もう仕事はしてません。幸せすぎるから」（フランソワーズ・ヴァシュネール前掲書）

ルイーズの手紙の特徴として、こうした「自分は幸せだ」という自己暗示的な表現が出てきたときには要注意である。心に忍び寄る倦怠を打ち消そうとして、「自分は幸せだ、幸せだ」と言い出すのである。

果たせるかな、ルイーズは手紙にパリに帰りたくなってきたと書くようになる。そうした妻の気持ちを察したのか、クリスマスの後、パルフィは妻を伴いパリの東駅に到着する。ルイーズは書き溜めた詩を一冊にまとめてガリマールから『戯れの婚約』として一九三九年二月に出版したが、パリの文壇には、こうした恋愛遊戯的な詩集に論評を加えている余裕はすでになくなっていた。

一九三九年三月十五日、ドイツはミュンヘン協定を破棄してボヘミアに侵入し、チェコスロヴァキア共和国は解体されたのである。夫婦はすぐにプドメリスに戻ったが、カルパチアはヒットラーの後ろ盾を得て、スロヴァキアとして独立していた。

そして、弟のアンドレとオリヴィエがプドメリスの城を訪れたちょうどその日、つまり一九三九年九月一日にドイツがポーランドを侵略して第二次世界大戦が開始されたのである。

二人の弟は翌日すぐにパリ行きの汽車に飛び乗った。

ルイーズは夫がスロヴァキアの少数民族であるハンガリー人に属していたこともあって国外には出られず、ペタンの臨時政府がナチスと休戦条約を結ぶまで、フランス軍に動員された四人の弟とは音信不通の状態となった。

夫妻はブダ＝ペストのリッツ・ホテルに移り住んで、この地で社交生活を送り始めたが、浮気者のパリィ・パルフィに新しい愛人ができたこともあって、二人の愛情は大戦の激化とともに冷めていった。戦争がパウル・パルフィの周囲に漂っていたオーラを消し去ったように思えたのである。

一九四一年の初め、ようやくフランス行きのヴィザが下りたルイーズは『天蓋《てんがい》つきの寝台』の草稿を抱えてパリに着いた。動員を解除された三人の弟たちとはヴェリエールで再会することができたが、一番下の弟のアンリはド・ゴールの「自由フランス」に加わっており、会うことはできなかった。

フランス滞在は三週間で、ルイーズはジャン・コクトー、ガストン・ガリマール、エドモン・ジャルー、ラモン・フェルナンデス、ジャン・ユゴー、ポリニャック夫妻などのかつての愛人や崇拝者たちをヴェリエールに招いて夜会を催し、パリに出ては社交仲間と話し合ったが、もはやパリには戦前の華やいだ雰囲気は感じられず、どこも占領下の重苦しい空気に包まれていた。

ブダ＝ペストに戻って書きあげた『天蓋つきの寝台』はガリマール書店から出版され、好評をもって迎えられ、売れ行きも好調だった。ジャン・マレー主演、シャルル・スパーク脚本、ロラン・テュアル監督で映画化されることが決まった。ジャン・コクトーが演技指導したわりには出来はあまりよくなかったが客の入りはよかった。

その間、ルイーズはブダ＝ペストで新たな恋愛を経験していたのである。

相手は、夫パルフィの前妻エティの再婚相手トミー・エステルハージだった。パルフィは大金持ちのプレイボーイによくあるように別れた妻や愛人たちと別離後も友人関係を保っていることが自慢だったが、エティとの離婚は珍しくこじれたため、ブダ＝ペストの社交界では、エステルハージ夫妻とパルフィ夫妻が顔を合わせないように配慮していたのだ。そのため、ルイーズはトミーとは顔を合わせたことがなかったのである。

だが、一九四二年二月九日、パルフィが領地に出掛けて孤閨をかこつていたルイーズは、友人のマリッツア・リヒテンシュタインに夕食に招かれた夜、これまた妻がローマにいて一人だったトミー・エステルハージと出会い、意気投合したのである。ルイーズが帰宅したあと、トミーから電話がかかってきて長電話となり、そのあげく押しかけてきたトミーとその夜を過ごしたのだ。

ルイーズより二歳年上のトミー・エステルハージはパルフィと同じく大資産家ではあったが、パルフィよりもロマンティックで繊細な気質の持ち主だったので、恋に落ちると、ルイーズとの関係も真剣に考えるようになった。ローマから帰った妻のエティは夫の変化を察知し、夫がルイーズから受け取った手紙の束を戸棚の中に探しあてるや、これをパルフィのもとに送り届けたのである。

トミーはエティとの離婚手続きに取りかかり、パルフィも新しい恋人が別に出来ていたこともあってルイーズとの離婚に同意した。ルイーズとトミーは両者の離婚が成立し次第、フランスに旅立つことにしていた。

ところが、一九四三年、歴史は急転回する。ロシア戦線とアフリカ戦線の敗北で危機感を募らせたナチ指導部が占領地への締めつけを強化したため、二人はハンガリーを出国できなくなってしまったのだ。離婚が成立していたルイーズは一九四四年一月にヴィザが下り、離婚訴訟継続中のトミーを置いてパリに発つ。まさかこれが運命の別れ道になるとは二人とも思っていなかった。

一九四四年六月、ノルマンディーに上陸した連合軍は進撃を続け、八月二十四日、ドイツ軍守備隊との激戦の末、パリを解放。翌日、ルイーズはルクレール将軍率いる自由フランス軍の戦車がオルレアン街道を通過するのをヴェリエールで目撃した。

この間、ルイーズは、ロッキード偵察機に乗って地中海で七月三十一日に消息を絶った最初の恋人アントワーヌ・ド・サン＝テグジュペリに対する追悼文を週刊誌「カルフール」に寄稿し、「アントワーヌはわたしたちの青春の魔法使いでした」と述懐している。ルイーズはこのとき四二歳、遠く過ぎ去った青春の日々が心に蘇《よみがえ》ったかもしれない。

しかし、ナチ撤退とともに始まった対独協力者狩りのフィーバーはルイーズをそうした感傷に浸らしておいてはくれなかった。対独協力した上流階級の人間たちと親しかったこともあり、ルイーズは厳しい疑惑の目にさらされたのだ。連続して三日間、共産党系の粛清委員会による事情聴取を受けた末、容疑不十分で解放された。

トミー・エステルハージは一九四五年十二月にパリに到着したが、そのときには財産のすべてを失っていた。ソ連に占領されたハンガリーで共産主義政権が成立し、ドイツに協力的だった貴族やブルジョワの財産を没収したからである。

「トミーは、その世紀に忠実であったようにルイーズへの愛にも忠実で、あいかわらずルイーズを愛していた。

ルイーズはというと、もはやトミーを愛してはいなかった。この間、パリはルイーズを取り戻すべく、無数の機会を提供しており、彼女はその申し出にすでに屈していたからで

ある」（ジャン・ボトレル　前掲書）

駐仏英国大使ダフ・クーパーとその妻と

その「無数の機会」のうちのひとつが、親友のマリ＝ブランシュ・ド・ポリニャックが新任の駐仏イギリス大使ダフ・クーパー卿を主賓に招いて一九四四年十月半ばに催した晩餐会だった。ダフ・クーパーは精神の自由と物腰のやわらかさを合わせ持つ教養人で、日本でも翻訳のある『タレイラン評伝』の著者として知られ、女性から非常にもてた。イギリスは戦勝国としてアメリカとともに戦後、ヨーロッパで大きな地位を占めることとなるが、サン・トノレ通りにあるボルゲーゼ館（イギリス大使館）は、このダフ・クーパー大使のおかげでヨーロッパ外交の中心、社交の中心として、戦後の一時期、まばゆい輝きを発することになるのである。

といっても、この夜のポリニャック邸での晩餐会でルイーズがダフ・クーパーといきなり恋に落ちたというわけではない。ジャン・ボトレルは、ルイーズは会話の機会を与えられなかったので、その魅力を発揮できなかったのだろうと推測している。ルイーズが人を魅了するのは、その美貌もさることながら、会話の妙だったからである。

彼女の魅力に最初に捉えられたのは妻のダイアナ・クーパーのほうだった。ダイアナはイギリス最高の家柄のエレガントな美人だったが、心底からの自由人だったこともあり、写真家のセシル・ビートンと会うためにボルゲーゼ館を訪ねてきたルイーズとたちまち意気投合した。

お返しにルイーズがクーパー夫妻をガストン・パレウスキと招いたとき、今度はダフ・クーパーがルイーズに強く魅了された。翌日、ダフ・クーパーから贈られてきたバラの花束には熱烈な恋の告白が添えられていた。

通常だったら、こうした夫の「浮気」に妻が激しくジェラシーを感じるはずだが、なんとも不思議なことに、妻のダイアナも夫の恋心を共有していたのである。二人は「同時に」しかも、「同じくらい」ルイーズを好きになったのである。

「ルイーズとダフとダイアナのあいだには、どんな試練にも耐えるような堅い絆が結ばれていた。この《トリオ》は人々の好奇心を刺激し、噂《うわさ》の的になった。（中略）一九四四年の十二月、ルイーズは気管支炎をこじらせて発熱し、夕食の後、大使館にそのまま泊まった。その後、何日間かベッドを離れられない状態が続いたが、クーパー夫妻はこの新しい状況をルイーズと同じように楽しく感じたので、ルイーズは回復後もボルゲーゼ館に部屋を持つことになったのである。そして、それは、一九四七年六月末にルイーズとダフが友情を損なうことなく、関係を冷静に清算するまで続くのである」（同書）

といっても、ルイーズがボルゲーゼ館に常住していたわけではない。この時期、最愛の弟アンドレがカリエスにかかり、ブルターニュ半島のシャトーブリアンのサナトリウムで療養していたため、パリとシャトーブリアンを往復していたからである。

戦後——パリ社交界の女王

しかし、そうした試練はあったものの、戦後に復活したジャーナリズムやモード業界はパリが最も輝いていた時代の社交界の女王に興味を集中し、ルイーズは「ヴォーグ」「カルフール」「シルエット」「ルヴュ・ド・パリ」などに記事を書きまくるようになる。友人のマリ＝ブランシュ・ド・ポリニャック（母親はジャンヌ・ランヴァン）が開いたランヴァンの店の一階ブティックのために、ベルトやセーターをデザインしたこともある。

「ルイーズは慌ただしい生活を送っていた。モードと外交と出版の交差点で、彼女は徐々にその固い扉を開きつつあった戦後の社交界を象徴していたのである。（中略）パリ社交界はもはや、内密の親しさに嫉妬深くこだわる人々だけの排他的な、閉じられた場ではなくなっていた。それは、イギリス風の《カフェ・ソサエティ》に似てきていた。すなわち、いたるところに顔を出し、ついにはそこにいるというだけで重きをなすにいたった人々からなるサークルと化したのである。パリ社交界は昔の自信を喪失していた。ファッション・デザイナーと香水デザイナーが貴族社会のエリートたちにとってかわっていたの

である」（同書）

二度、外国の大富豪と結婚したにもかかわらず、自分から離婚を申し立てたこともあってルイーズには財産と呼べるようなものはほとんど残っていなかった。また、ヴィルモラン商会は戦後、経営が傾き、実家として当てにできるような状態にはなかった。だから、現実には、ルイーズの生活費は雑誌の原稿料と小説の印税、およびセレブとして社交パーティーに出席する見返りとして提供される金品に拠っていたのだ。

にもかかわらず、戦後にルイーズがこうした「カフェ・ソサエティ」的な社交界で女王として君臨することができたのは、衰えることのない美貌とスタイルを十分に生かしたうえに、インテリたちから絶賛される女流作家・詩人というポジションを加えることで、戦後が追い求めるエレガントな「美魔女」のイメージを巧みに自己演出する術《すべ》を心得ていたからである。

「ルイーズはこうした社交界の変化を予感していた。そして、自分の名声を確固たるものにするには自分の立ち位置をどこに置けばいいかを知っていた。生前のルイーズの公的なイメージとなるものは、この一九四五年から一九四七年にかけての年月にかたちづくられたものなのである。理由はいくらでもあるが、いずれにしろルイーズは舞台を独り占めにした。その名前、多くの場合、その写真が、ルイーズを形容する言葉と同時にジャーナリズムに飽きることなく登場していた。いわく、美しい、エレガント、おもしろい、知的は

じけるようなエスプリと才能……」(同書)

たしかにジャン・ボトレルの指摘する通りかもしれない。ルイーズがマスコミの欲していた「偶像」を生きたことは確かである。だが、その偶像は、決して空虚な虚像ではなく、実像に近い偶像であったのだ。

幻となった、シャネルの回想録

しかし、一九四七年六月にダフ・クーパーと別れたとき、ルイーズはすでに四五歳になっていた。いまとは違って、人生六〇年の時代の四五歳である。さすがのルイーズも別離をきっかけに己の人生を見直してみようと考えたようだ。文学的な来歴を検討し、やり残したことを点検してみた結果、まだいくらでも書くべきことは残っていると総括したのである。やがて、ヴェリエールに隠棲《いんせい》し、精力的な執筆活動に打ち込むことになるのだが、しかし、その前に、実現せずに終わった大きな企画に触れないわけにはいられない。というのも、それは、二十世紀フランスの最強の女同士の交錯であったからだ。

一九四七年の夏、ダフ・クーパーと別れたルイーズはイギリス近衛師団《このえしだん》の将校で大使館付き武官であったルーファス・クラークとイタリア旅行に出掛けたが、新しい恋人の凡庸さにすぐに愛想がつき、途中から別行動を取った。そして、友人のエリザベット・ド・ブ

©Boris Lipnitzki / Roger-Viollet/amanaimage

戦後、パリ社交界の象徴となったルイーズ

ルトゥイユ（シャヴシャヴァゼ大公女）がパラッツォ・ポリニャックに所有するフラットを訪れるためヴェネツィアにまで足を延ばしたとき、偶然、ガブリエル・シャネルと出会い、回想録の代筆を依頼されたのである。戦後、対独協力を疑われ、流謫《るたく》の身にあったシャネルは回想録をアメリカの出版社に売り込もうと考えていたのだが、そのときにルイーズと出会い、社交界の女王とのコラボということなら、回想録は話題を呼び、ひいてはパリのモード界でも劇的な復活を遂げられるのではないかと踏んだのである。

ルイーズのほうでも、ダフ・クーパーと別れて以来、恒常的に懐《ふところ》が寂しい状態が続いていたから、回想録の代作は渡りに船の申し出だった。

かくて、ホテルの一室にシャネルを訪ねての聞き取りが始まったが、執筆は思いのほか難渋《なんじゅう》した。隠したいことと露出したいことがシャネルの心の中で複雑に絡《から》み合っていたため、ルイーズが表面的な語りを超えて真実に迫ろうとするたびにストップがかかったからだ。

それでもシャネルはルイーズが仕上げた原稿の一部を抱えてアメリカに飛んだが、ニューヨークの知人から、シャネルはアメリカのエージェントとの交渉の失敗をルイーズの原稿のせいにしているという知らせが届いた。ルイーズはその場で企《くわだ》ての流産を確信した。アメリカから戻ったシャネルから何の連絡もないので、ルイーズは辛辣《しんらつ》な手紙を書いて、自分のほうから回想録への協力を断ったのである。

こうして、二十世紀を象徴する二人の最強の女のコラボは不発に終わったが、たしかに、あまりに対照的な人生の軌跡を描いてきた二人の女の曲線がうまく交わるはずはなかったのである。とはいえ、ルイーズの手になるシャネルの回想録を読んでみたかったと思うのは私だけだろうか？　残念である。

一九四八年は、実際、ルイーズにとって御難続きの一年だった。シャネルの回想録の失敗に始まり、久々にぶり返した腰の痛み、フェミナ賞に新作『エリカの帰還』がノミネートされながら落選するなど、繰り返し打ちのめされ、ルイーズは鬱に沈みがちだった。

そうしたルイーズにとって、大きな慰めになったのは、ジャン・ユゴー、サッシャ・ド・マルジアルリ、ダフ・クーパーなどの「かつての愛人」に宛てて手紙を書くことだった。

ルイーズにとって、肉体関係がなくなったあとも男友達として付き合うことのできる男こそが最高の男である。セックスという煩《わずら》わしいものがなくなった分、より生の人間に触れることができるからだ。ルイーズは「ベッドに行くのは、わたしがちっとも重要ではないと思うものを得ようとする男を失いたくないから」と言っていたが、本音だろう。

もうひとつは、ヨーロッパ各地の男女の友人たちが所有する別荘に滞在することだった。ルイーズは会話が絶妙で、一緒にいるだけで楽しくなるから、だれからも、どこでも大歓迎され、そこに社交界がなくとも社交生活を送ることができたのである。これはまことに得難い資質である。

そうした旅行の合間にルイーズは鬱を克服してヴェリエールや、友人たちから提供された別荘などで、小説や詩の執筆に専念した。

かくて、文学者としての輝かしい後期のキャリアが始まる。今日もルイーズの代表作のひとつと見なされている中編集『マダム・ド…』、長編『ジュリエッタ』、それにアクロバティックな技法を駆使した詩集『告白たちのアルファベット』などである。なかでも、一九五一年の夏にグラッセ書店から出版された『マダム・ド…』は批評家やジュリアン・グリーンやポール・レオトーから大絶賛されたばかりか、ベストセラーの上位にも躍り出た。『ジュリエッタ』も読書界にこれに劣らぬ熱狂を引き起こした。ルイーズはスランプを脱して代表作を書きあげたのである。どちらも映画化されたが、ルイーズの作品の映画化はむずかしいのか、いまひとつの出来である。

これらの作品を今日読み返してみるとわかるのは、『クレーヴの奥方』以来フランスの伝統になっている端正なクラシシスム（古典主義）である。人間にとって根源的な不安要因である「倦怠」を題材にしながら、ロマン主義者のように自己の苦しみに溺れることなく、突き放した他者の目で苦悩を見つめること、これがあるからこそ、時代の流行がすべて過ぎ去った今日でも、ルイーズの作品は古典として味わうことができるのだ。二十一世紀に入って、ルイーズの作品の再刊があいついでいるのもむべなるかなである。

　こうして、ルイーズは社交界の女王の手慰みなどとは誰にも言わせない立派な作品を書きあげ、理想とする自己イメージに現実の自分を近づけることができたわけだが、そうした自信が女としての魅力を蘇らせたのだろうか、ふたたび魅力的な男たちがルイーズに言い寄ってくる。

若き作家ロジェ・ニミエと映画監督オースン・ウェルズ

　一人は『青い軽騎兵』で知られる作家のロジェ・ニミエ。もう一人はかのオースン・ウェルズだった。

　ニミエとの付き合いは、保守系の総合雑誌「ターヴル・ロンド」でニミエが『ジュリエッタ』を激賞すると同時に熱烈な手紙を送りつけてきたことに始まる。当時ニミエは二六歳。数年後に日本で登場する石原慎太郎《いしはらしんたろう》のような右翼っぽい不良少年で、ガッシリとした体育会系の肉体に少年のはにかみを湛《たた》えた新世代のヒーローだった。

　ルイーズはあと数カ月で五〇歳だったが、だれが見ても三〇歳にしか見えなかった。豪華版の月刊誌「プレジール・ド・フランス」はルイーズを特集し、ウージェーヌ・リュバン撮影の写真でグラビア・ページを飾ったが、その美しさはほとんど淫《みだ》らなまでに輝いていた。マザコン気味の甘ったれの若者ニミエがこの美魔女にほれ込んだとしても無理はなかった。

オースン・ウェルズとはジャン・コクトーの紹介で一九四九年の十二月には出会っていたようだ。ルイーズは一九五〇年一月二日付けのダイアナ・クーパー宛ての手紙で、『市民ケーン』の有名な「ローズ・バッド」を取り上げ、小さいときに母親に取り上げられた人形リリを思い出すとオースン・ウェルズに語ったと告げているからだ。

オースン・ウェルズは一九五一年九月に開かれたヴェネツィア・ビエンナーレの舞踏会でルイーズに再会すると、熱烈な手紙や電報を毎日のように送りつづけた。

「オースン・ウェルズは三八歳、ルイーズは五一歳。女好きのウェルズにとって、ルイーズは唯一の女、ただ一人の本物の女であり、一心同体になるしかない女だった」(同書)

だが、それにしても、かくも多くの男を蠱惑《こわく》せずにはおかないルイーズの魅力というのはいったいどこにあるのだろうか?

どうも、ルイーズには、これはと狙いをつけた男の情熱を燃え上がらせることに自己愛的喜びを感じる「誘惑者」の気質というものがあったように思える。誘惑に成功した男の価値を定規にして自分の価値を計っていたような節が窺《うかが》える。つまり、ある意味、誘惑依存症であったのだ。

だからといって、世の誘惑者のように誘惑に成功すると、そのとたんに相手に冷たくなるということはなかった。とはいえ、ルイーズが欲しいのは恋心を感じることであり、愛することではなかったようだ。

「ルイーズはウェルズを愛していたのだろうか？　おそらくそうだろう。というのも、ルイーズにとって、愛することは、すでに恋していることを意味してはいなかったからだ」(同書)

思うに、ルイーズにとって、セックスは人生において重要な要素ではなかったのだろう。男たちがなぜあれほどセックスにこだわるのか、どうしても理解できなかったにちがいない。ルイーズにとって一番不可解な言葉は、「君はあの男と寝たのか？」だった。そんなことは、心を奪われることに比べれば、どうでもいいことだったのである。

この意味で、ルイーズが心の底から愛したのは、あるいはダフ・クーパーただ一人だったかもしれない。妻のダイアナとルイーズとの《トリオ》の生活を敢然《かんぜん》として「生きる」ことのできたダフ・クーパーだけが、肉体の所有という「些事《さじ》」にこだわらないでいられるただ一人の男だったのだ。

青のサロンと相次ぐ褒賞

そのダフ・クーパーが一九五四年の一月一日にスペイン沖の客船「コロンビア」で急死した。ルイーズはしばらくショックから立ち直れなかった。

ルイーズはヴェリエールに引きこもり、ごくたまにしか旅に出なくなったが、しかし、かえってそのことが「究極の誘惑者」ルイーズの幻影を生み出すことになる。ルイーズがヴェリエールに設けた「青のサロン」は、この類い稀《まれ》なセイレーンに誘惑されたいと願う男や女たちの詣でる神殿と化したからである。

「一九五五年、ルイーズは五三歳。あいかわらず、その美しさのすべてにおいて輝いていた。体調が万全なときには、メーヌ公爵夫人からマダム・ド・ブフレールに至る十八世紀の伊達女たちと同様に、征服し、誘惑することは、《一つの自然な欲求》になっていたのである。ただ、以前と違っていたのは、こうした誘惑と執筆とをごく自然なかたちで同調させていたことである」(同書)

では、なぜ、ルイーズはこの時期に恋と仕事を同時にこなすことができたのだろうか？

それは、一九五五年に受賞や受勲があいついだからである。すなわち、四月にレニエ三世が制定した文学賞である「モナコ賞」を受賞すると、次には有名人の蠟《ろう》人形を並べたグレヴァン美術館の「名声の殿堂入り」を果たし、五月にはレジオン・ドヌール勲章を受勲したのだ。ルイーズはこうした「公的な名声の認定」をこころから喜んだ。その理由をダイアナ・クーパー宛ての手紙で次のように書いている。

「グレヴァン美術館、モナコ賞、レジオン・ドヌール勲章、どれもつまらないものじゃないか、と人はいうでしょう。でも、わたしは自分の作品に本当に価値があるのかどうかなかなか信じられないのです。そのことをよく知っているあなたには、こうしたとるに足らない褒賞でも、おかげで、わたしは失った自信を取り戻し、もはや持ちえない勇気を再び自分に与えることができたのだ、とはっきりということができます」

なるほど、この気持ちはよくわかる。少し説明してみよう。

人間はドーダに生きる動物である。つまり、自分のメリットをなんらかの形で他者に認知してもらわなければ喜びがフィード・バックされないのだ。

ルイーズの場合、その場で目についた「最高の男」を誘惑し、征服したいという欲望が起きるのは、女としての自分の価値を相手に認知してもらいたいからである。だが、それだけでは足りないのだ。次には、その成果をある意味、公的に（すなわち、他者の理性によって）承認してもらわなければ喜びは完結しないのである。ルイーズが「征服」をかならず手紙で親しい人に報告しているのは、この二重の認知欲動の表われにほかならない。

しかし、ルイーズの場合、こうした「女」としての誘惑力の承認だけではドーダ心が満たされないのである。社交界の女王として、男たちにかしずかれているだけでは、大嫌いな母親と同じではないかという思いがあったからだ。自分は母親とは違うのだ。では、どこが違うのか？　少なくとも、表現者としてなんらかの価値を新たに生み出したはずだ、そう思いたい。だが、自分の作品が本当に価値あるものなのかは、なかなかわからない。周囲にいる崇拝者たちはみな激賞する。また、マスコミも称賛しているし、ときにベストセラーになることもある。だが、それでも確信がもてないのだ。みんな、そろってウソをついているかもしれないではないか？　社交界の女王としての権威と権力のせいで、裸の王様になっているとは言えないか？　こんな疑惑に囚われたら最後、どんな表現者でも無限の自信喪失地獄に陥ってしまうのだ。

こんなときに「効く」のが受賞、受勲なのである。というのも、それは直接的な利害とは無関係なところから来る「理性による承認」だからである。「とるに足らない褒賞でも、おかげで、わたしは失った自信を取り戻し、もはや持ちえない勇気を再び自分に与えることができた」のだ。

その結果、愛情生活における「征服」と文学生活における「仕事の完遂」とが見事に連動してくるというわけだ。

実際、一九五五年から一九六〇年に至る年月の作品的充実ぶりは目を見張らせるものがある。名監督マックス・オフュールスによる『ペーターと幽霊』の映画化はオフュールスの死で挫折したが、『愛すること』『タクシーの中の手紙』『偏頭痛』『クレモナのヴァイオリン』をあいついで出版し、ルイ・マルのために『恋人たち』の脚本を書き、コール・ポーターの『キス・ミー・ケイト』の翻案を手掛けるという具合である。

いっぽう、「誘惑」と「征服」のほうも決しておろそかにしなかった。繁雑になるので、名前と肩書だけをあげると、まず、作家でアカデミー・フランセーズの終身書記のモーリス・ドリュオン、前記の映画監督ルイ・マル、大富豪のジャン・フランソワ・ルフェーヴル・ボンタリス、詩人で出版も手掛けたピエール・セゲルス。「今日の詩人双書」で世界の詩人たちを網羅したセゲルスはその一冊に「ルイーズ・ド・ヴィルモラン」の巻を加えることになる。

しかし、「誘惑」と「征服」、および文学的価値の承認の両方、われわれの言い方なら「女ドーダ」と「表現者ドーダ」の両方を同時に達成させてくれる相手としては、ただ一人しかいなかった。

アンドレ・マルローである。

二十世紀最高のカップルと永遠の別れ

アンドレ・マルローがヴェリエールを訪れるようになったのは一九六三年の春である。それ以前にも、二人は手紙を交わしてはいた。また一九六一年にはヴェリエール以外の場所で何度か会っていたようである。だが、二人だけの時間をヴェリエールで持つようになったのはこれが最初である。マルローはド・ゴール政権が誕生して以来、その右腕として文化大臣をつとめていたが、この頃からようやくプライベートな時間を持つことができるようになり、ヴェリエールを頻繁に訪れるようになったのだ。

じつは、ルイーズもマルローを再び迎え入れるような心境になっていた。一九六二年以来、親しい人たちの死があいついだのである。

一九六一年の九月に弟のアンリが長患いの末に世を去った。一九六二年二月には、今度は弟のオリヴィエが死去。すると、その葬儀の帰り道に親友のエリザベット・ド・ブルトゥイユ（シャヴシャヴァゼ大公女）がその夫とともに交通事故で死亡。六カ月後には、ロジェ・ニミエがガール・フレンドを乗せたアストン・マーチンで事故死。ニミエはまだ三七歳だった。ロジェ・ニミエの若すぎる死はルイーズには相当にこたえたようだ。若さという鏡に映ると自分も若く見えたからである。

一九六三年十月にはジャン・コクトーが世を去った。

こうした多くの死がルイーズをマルローに再び強く結びつけたのかもしれない。一九六四年一月、二人は真剣に結婚を考えるようになる。三月には、弟のアンドレにその発表の方法を考慮中であると書き送るまでになり、四月には結婚はもはや問題とされなくなっていた。二人のあいだに何があったのかはわからない。

だが、完全に切れたと思われた仲が劇的に復活した。一九六七年一月のことだった。二人は毎日のように手紙を交換しあい、春の終わり頃には、ヴェリエールで一緒の時間を過ごした。ルイーズとマルローがヴェリエールの小道を並んで歩く姿が写真に撮られたのはこの時期のことである。

一九六八年五月の学生反乱に始まった革命騒動が終焉し、ド・ゴールが大統領を辞任すると、マルローはヴェルサイユのアパルトマンを出て一九六九年七月からヴェリエールに落ち着いた。こうして、一九三三年に別れて以来、三六年の歳月を経て、二人は共同生活に入ったのである。

だが、長い漂流のあとに収まるべきところに収まった二十世紀最高のカップルの幸福は半年もたたないうちにあっけなく結末を迎える。

十二月二十六日、悪性のインフルエンザをこじらせたルイーズがマルローに看取られながら心臓発作のために息を引き取ったのである。享年六七。

二十世紀最強の女が二十世紀最強の男と出会い、別れ、そして再会し、つかの間の幸福を生きたあと、永遠に別れを告げた。

ルイーズとマルローの場合、こう言い切ってもいいのではないだろうか？

第二章

リー・ミラー

LEE MILLER

二十一世紀の女性たちのロール・モデル

現代の日本の男女の「いかに生きるべきか」を一言で表現すると、「男は趣味、女は仕事」ということになるのではないか？　つまり、二十一世紀の日本の男はすでに仕事を通して自己実現してゆくという考えを失って、趣味に生きようと考えているのに対し、女は仕事こそ自己実現への道とかたく信じているのである。よって、日本の二十一世紀はまちがいなく「女の世紀」になるはずなのだ。

だが、女が仕事を介して自己実現するにはロール・モデルが必要となる。すなわち、まず自分が真になすべき仕事を見出し、困難を乗り越え、道を切り開いていくには、先人の辿《たど》った足跡を追い、自己を投影して、ひとつの規範とすることのできるロール・モデルが不可欠ということだ。

©Everett Collection/amanaimages

Man Ray

©ZUMAPRESS/amanaimages

Roland Penrose

しかし、いくら自己実現といっても、仕事だけの人生というのはあまりに空しすぎる。自分の中の「女」を捨てて、人生のすべてを仕事に賭けていいものかという疑いが心をよぎらない女はいまだに少ないだろう。露骨に言ってしまえば、「仕事もしたいが、身を焦がすような恋もしたいし、たくさんの男に言い寄られたい」ということになる。仕事も恋もどっちも欲しい、どちらか一方を捨てたくない、というのが偽らざる本音なのだろう。

おおいに結構、ぜひとも二兎《にと》を追うべし、である。

しかし、そうなると、当然、ロール・モデルは非常に限られてくることになる。仕事と恋という二兎を追って、どちらでも勝ち抜いて、どちらにおいても自己の設定した目標を実現した女性となると、そう簡単にはロール・モデルは見つからないからである。

だが、探してはみるもの、というのが歴史の教える法則である。

ルイーズ・ド・ヴィルモランはまさにその一人だが、ルイーズに「女としての自己実現」を可能にさせた「社交界」というものは残念ながら日本には存在しないので、参考にならない。今日の日本の現実により近いロール・モデルは存在しないのかという疑問が当然のように湧いてくるだろう。

それでは紹介しよう。ある意味、フランスよりも自己投影しやすいアメリカンなロール・モデルを。

その名をリー・ミラーという。「ヴォーグ」のファッション・モデルとして出発し、パリでシュールレアリストの写真家マン・レイの助手となり、一九二〇年代のパリで多くの恋を経験し、アメリカ帰国後は写真家として大成功しながら、ある日、突然、すべてを捨ててエジプト人の大富豪と結婚してエジプトに渡り、砂漠のシュールな写真を撮りまくったかと思うと、第二次世界大戦開始とともに従軍カメラマンに志願して戦場に赴き、ユダヤ人強制収容所を撮影して全世界に最初に衝撃をあたえたが、戦後は、一転してイギリス・サセックスの田舎に年下の写真家のローランド・ペンローズと引きこもって子育てに専念したかと思えば、晩年には、料理コンテストで上位を独占する料理研究家となる……。

ようするに、自分がやりたいと思ったことはすべてやり、そのすべてにおいて自己実現を完璧に成し遂げた、文字通りの「二十一世紀の女の理想」なのである。

そう、リー・ミラーもまた「最強の女」の「ホール・オブ・フェイム（名声の殿堂）」に加えられるべき一人にほかならない。さっそく、その人生を概観してみよう。

愛称はリーリ

一九〇七年、リー・ミラー、本名エリザベス・ミラーはシオドア・ミラーとフローレンス・ミラー（旧姓マクドナルド）の長女としてアメリカ・ニューヨーク州ポキプシーで生まれた。リーという名前は愛称のリーリから来ている。二歳上には兄ジョン・マクドナルド、三歳下には弟エリックがいる五人家族だった。

父のシオドア・ミラーはアメリカ独立戦争のさいにイギリス植民地軍に雇われたドイツ傭兵《ようへい》の末裔《まつえい》。レンガ職人の息子として生まれ、機械工としてキャリアをスタートさせたが、通信教育で資格を得るとニューヨーク・ブルックリンの工場の職工長となり、ユチカの機械工場の総支配人に転じた。

そこで知り合ったのがスコットランド系アイルランド移民の娘で、聖ルカ病院で看護師をしていたフローレンス・マクドナルド。

シオドアはポキプシーの遠心分離機製造会社の工場長に出世すると、フローレンスと結婚し、三人の子供を儲《もう》けた。

シオドアは子供たちに自然を与えるために郊外の小さな農場に引っ越し、冒険心と好奇心を刺激するために水車や機関車などを据え付け、創意工夫してこれを子供たちの遊び道具とした。また、趣味の写真に打ち込んで子供たちの成長の過程をフィルムにおさめた。

夫妻はまた演劇も好きだったので、サラ・ベルナールがニューヨークで公演したときには、子供たちを連れて観劇に出掛けた。リー・ミラーはこのとき、同時に上映された「活動写真」で動く機関車を見て興奮したことを幼い日の思い出として語っている。

二つの不幸

だが、この幸せな一家に最悪の悲劇が起きる。

「七歳のとき、母親がしばらく病気をしていた間、リーはブルックリンに住む知人の家に預けられた。その家にはアメリカ海軍に勤務する若い息子がいて、リーの滞在中に休暇で帰っていた。この男とリーの間の出来事について、細かい事情や状況はわからないが、確かなことはリーが野蛮な性的いたずらの犠牲になったということである。家に戻ったリーは、性病に感染していたのだ。ペニシリンが発見される以前のことで、ただひとつの治療法は二塩化水銀を灌注《かんちゅう》することだった。この治療を行なうのは、看護師に指導されたフローレンスの仕事となった。これは両者どちらにも苦痛でしかなかった」（アントニー・ペンローズ『リー・ミラー　自分を愛したヴィーナス』松本淳《まつもとじゅん》訳　ＰＡＲＣＯ出版）

たしかに梅毒治療のための二塩化水銀の灌注は、想像を絶する苦痛を少女の肉体に与えただろうが、しかし、心に受けたトラウマの治療に比べたらいかほどのものでもなかった。それくらいトラウマからの回復は困難だったのだ。

そこで、一家は、リー・ミラーを精神分析医に通わせてセラピーを受けさせることにした。精神分析医は、セックスと心は別物であり、セックスは肉体的な行動だから、肉体の傷が癒えれば終わりであると少女に信じさせることにした。

療法は成功したかに見えた。しかし、トラウマは別のかたちでリー・ミラーの行動に大きな影響を及ぼすことになるのである。

ちなみに、引用したテクストの著者はリー・ミラーとローランド・ペンローズのあいだに一九四七年に生まれた息子アントニー・ペンローズ。アントニーもまた著名な写真家である。

時がたち、リー・ミラーは素晴らしく美しい少女に成長した。当然、男の子たちが放っておくはずはなく次々にデートを申し込んできた。その中に一人、ハンサムで冒険好きの愉快な少年がいた。二人はボートで湖に漕ぎ出したが、誤ってか、それとも冗談のつもりだったのか、少年は水の中に飛び込み、心臓麻痺《まひ》で即死した。この事件もまた、リー・ミラーの心に大きなトラウマを残すことになる。

こうした二重の不幸を負った娘を両親は腫れ物にさわるように甘やかしたが、しかし、学校では、例外扱いは認められなかったので、リー・ミラーは先生たちと激しくぶつかった。ときには服従するふりをして、巧妙な悪ふざけをしかけたので、何度も学校を退学させられた。転校するたびに、より躾《しつけ》の厳しい学校に行かされたが、最後の学校で、同級生に診断テスト用の青い染料を飲ませ、青い尿を出させるという悪質なイタズラをしたため、受け入れてくれる学校はもうどこにもなくなった。

こうして、リー・ミラーは晴れて「自宅学習」の身となったが、そこに思いもかけない救いの手がさしのべられたのである。

在籍したことのあるハイスクールでフランス語を教えていたポーランド出身の独身の女教師が、折から開かれているアール・デコ博を見学するために友人とパリを訪れるので同行しないかと誘ったのだ。

渡りに船の申し出だった。リー・ミラーは両親を説得してパリ行きを決めた。両親はリー・ミラーがどこかの花嫁修業的な学校に入って、洗練された文化と教養を身につけてくれることを期待して渡航に承諾を与えた。

一九二五年五月末、リー・ミラーは汽船ミネハハ号でニューヨークを発《た》ち、フランスのブーローニュに着いた。

一九二五年のパリ

ときに、リー・ミラー、一八歳。まさに娘盛りだったが、パリもまた二十世紀で最高といえる文化的な盛り上がりを示していた。四年続いた第一次世界大戦が終結するのを待ち侘《わ》びたかのように、ありとあらゆるジャンルの文化・芸術が一斉に花開くと同時に、アメリカから強いドルが大量に流れ込んだため、空前のバブル景気が起こり、世界中から集まった大富豪と美女、それに芸術家と文学者たちがモンパルナスやシャン・ゼリゼのカフェやキャバレーに群れつどって連日連夜の大饗宴《きょうえん》を繰り広げていたからである。

すなわち、モンパルナスでは、《ドーム》や《セレクト》にヘミングウェイ、スコットとゼルダのフィッツジェラルド夫妻、フォード・マドックス・フォードなど「ロスト・ジェネレーション」と呼ばれたアメリカやイギリスの文学者たちが集まり、《ロトンド》にはモジリアニ、フジタ、キスリング、パスキンなどの「エコール・ド・パリ」の画家や彫刻家が群がって大騒ぎしていた。また、グランブールヴァールの《セルタ》やサン・ジェルマン・デ・プレの《ドゥ・マーゴ》や《フロール》にはアンドレ・ブルトンを旗頭にするシュールレアリストたちが結集し、日夜スキャンダラスなイベントを企てていた。

モード業界も十九世紀の残滓《ざんし》を完全に払拭《ふっしょく》し、ポワレ、ヴィオネ、ランバン、それにシャネルたちがモダンでエレガントなアール・デコのデザインで妍《けん》を競っていたし、ファッション・ジャーナリズムの世界ではリュシアン・ヴォージェル編集の豪華モード誌「ガゼット・デュ・ボン・トン」を中心にして、ジョルジュ・バルビエ、ジョルジュ・ルパップ、シャルル・マルタン、A・E・マルティなどのイラストレーターたちがデザイナーたちにイラストを提供するばかりか、独自のモードとスタイルを創り出していた。

このような沸騰するローリング・トゥエンティーズ（フランス語ではレ・ザネ・フォル）の真っ只中に一八歳の野心的なアメリカの乙女が飛び込んだのだから、大興奮しないほうがおかしい。

「初めて見るパリに、リーは陶酔してしまった。このような触媒がリーには必要だったのだ。両親が望んでいたような洗練された教養とはほど遠かったが、リーが無意識のうちに待ち望んでいた世界との初めての出会いだったのだ。リーは街に慣れるまで付添いのふたりを我慢した。そして、逃げ出した」(同書)

といっても、リー・ミラーがそのままパリの英米人のたまり場である《ドーム》や《セレクト》に飛び込んだわけではない。いくら「学校の不良少女」とはいえ、まだ一八歳の娘である。気後《きおく》れが先に立ったにちがいない。そこで、両親には画家になる勉強をしたいからと言って、セーヴル通りに新設されたメジエス演劇技術学校の入学費用を送ってほしいと頼んだ。

願いは聞き届けられ、とりあえず、学校に登録することはできたが、リー・ミラーにとって、通学はあくまでパリを楽しむ時間を引き延ばす口実にすぎなかった。

「十八歳のリーは、すぐに仲間をつくる才能に恵まれ、当時の流行そのままの途方もない美貌に恵まれ、正規の学業よりも新たに手に入れた自由を謳歌《おうか》するのに忙しかった。リーが教室の外で学んだのは、他人に左右されない自由な女になるとはどういうことかということだった。(中略)リーが自分自身の自由を求めるのに、これ以上の時代があり得ただろうか」(同書)

まさにその通りというほかない。一八歳で一九二五年のパリに居た!

リー・ミラーという、有り得べからざる存在を生み出したのは、まさにこの例外的な環境だったのだ。

「ヴォーグ」のモデルに

しかし、父親は、娘があまりに自由を享受することを心配し、一九二六年の冬にパリにやってきてポキプシーへと連れ戻すが、ひとたび自由を知ってしまったリー・ミラーを鎖につないでおくことは不可能だった。かくて、両者の間で妥協が成立し、リー・ミラーはニューヨークのアート・スチューデンツ・リーグに入学して舞台デザインと照明を勉強することになる。アパルトマンを借りて一人暮らしを始め、通学のかたわらダンスを習い、端役《はやく》として舞台も踏む。

しかし、このニューヨーク時代で特筆すべきは、週末を自宅で過ごしたときに、カメラ・マニアの父親シオドアのためにヌードのモデルとなったことだろう。若き日には、いずれ妻となるべきフローレンスをモデルにヌードを撮っていたシオドアにとって、だれよりもフォトジェニックな一九歳の娘の裸体を撮影せずにいることは不可能だったのだ。常人にはなかなか想像がつかないが、一本の強い絆がこの例外的な父と娘をつないでいたことだけは確かである。

とはいえ、いかにニューヨークが急激にモダン・シティに変貌していたとしても、一九二〇年代のパリのようなワクワクするような日常は味わうことはできなかった。退屈と倦怠がリー・ミラーの心を蝕《むしば》みはじめていた。

そんなある日のことである。

パリでみんながやっていたように横断歩道でないところを横切ろうとしたとき、猛スピードで突進してくる車が目の前に現われた。その瞬間、リー・ミラーは一人の男に引き留められ、間一髪のところで事故を免れた。

彼女を腕の中に抱き締めて命を救った男はコンデ・ナストと名乗った。裸一貫から叩《たた》き上げて、いまや女性向け高級モード誌「ヴォーグ」でジャーナリズムの頂点に上ろうとしている男だった。

コンデ・ナストはリー・ミラーが恐怖のあまりフランス語を口走ったのを耳にし、パリから戻ったばかりだと知ると興味を示し、「ヴォーグ」のモデルになってみないかともちかけた。

そのころ、ポール・ポワレの創造したポワレ・ドレスの登場により、胴をコルセットで締め上げて胸とヒップを強調するファッションが一気に時代遅れになっていた。にもかかわらず、モデルたちはみなフェミニンな肉体で、新しい時代のドレスを着こなすには不向きだったので、コンデ・ナストは新しいモデルを探していたのである。ボーイッシュなルックスとダンスで鍛えた腹筋の持ち主であるリー・ミラーを腕に抱いたとたん、「これだ！」とひらめいたにちがいない。

劇的な出会いとはこういうものを指すのだろう。もし脚本家がこんな脚本を書いたら、どんなにフェイクなハリウッド映画だろうとあまりにウソ臭くて絶対に採用されないだろうが、事実は小説よりも奇なりの伝で、これをきっかけにリー・ミラーは「ヴォーグ」の売れっ子モデルとなったのである。そして、一九二七年三月号では、モード・イラストレーションの帝王ジョルジュ・ルパップがリー・ミラーをモデルにして描いた青いトック帽の女が正面からこちらを挑戦的に見つめるあの有名なイラストが「ヴォーグ」の表紙を飾ることになる。

「天使みたいだった。なかみは悪魔だったけど」

「ヴォーグ」の写真家の中でモデルとしてのリー・ミラーの卓抜さを見抜いたのはルクセンブルク生まれのアメリカの写真家エドワード・スタイケンだった。スタイケンはアルフレッド・スティーグリッツとともにフォト・セセッションを形成し、ニューヨークの291ギャラリーの開設に協力した「現代写真の父」の一人だが、一九一〇年代にはパリに渡り、リュシアン・ヴォージェル創刊の「アール・エ・デコラシオン」でポール・ポワレの

「ポワレ・ドレス」を邸宅の内部でくつろぐモデルに着せて撮影し、モダン・ファッション写真の先駆けとなった。第一次世界大戦勃発《ぼつぱつ》とともにアメリカに戻り、リー・ミラーがコンデ・ナストの「ヴォーグ」のモデルとなったときには、同誌の専属カメラマンとして働いていたのである。

「スタイケンにとって、一九二〇年代半ばのファッション写真のモデルとして、リーは理想的だった。背が高く、姿勢が良く、力強い顔立ちと繊細なブロンドの髪は、スタイケンの明瞭《めいりよう》でエレガントな作風にぴたりとはまったのだ。超然としたところがあって、非常に写真うつりがよかった。スタイケンの撮ったリーは、実際の年齢をはるかにこえた洗練された趣味を感じさせる。その雰囲気は、ベル・エポックの残党を一掃しつつあったのびのびとくつろいだ姿に非常に似合っていた。ずっと後にこの時代を回想して、リーはこんなふうに言っている。『わたしは可愛《かわい》かった。ほんとうに可愛かった。天使みたいだった。なかみは悪魔だったけれど』」(同書)

素晴らしい！　なんという的確な自己把握力だろうか！

時代のトレンドにぴたりと一致した自分の肉体に一目惚《ぼ》れした天才写真家たちが次々にやってきてポートレートを撮りたがっている。だが、心の中にはデーモンがいすわって、写真に撮られている自分は本当の自分ではないと叫んでいる。むしろ、本当なら自分はファインダーの向こう側にいて、いまの美しい自分を撮ってみたいと思っているのだ。泉に映った自分の影に恋したナルシスのような究極の自己愛だが、問題は、リー・ミラーが尾を噛《か》む蛇に似た自己言及性の魔に捉えられていたことだ。そう、それはたしかに自己愛ではあるのだが、「私は私を入れるようなクラブには入りたくない」とグルーチョ・マルクスが喝破したような、青春特有の強い自己嫌悪を裏側に持っているため、背中合わせになった自己愛と自己嫌悪がメビウスの輪のようにいつまでも堂々巡りを繰り広げて、ときに強い鬱状態を引き起こすのである。

その自己言及の「魔」はスタイケンと違ってリー・ミラーをロマンティックな可憐な少女として撮りたがるソフトフォーカスの大家アーノルド・ゲンスのモデルになっているときも消えることはなかった。たとえ、七〇歳を越えた長老写真家であるゲンスが、少年のような恋心をこめてファインダーをのぞいている瞬間でも、心に自己同一性の魔が宿って叫び声を上げていたのである。私は私から自由になりたい、と。

唯一の例外は父親のシオドアのためにヌードのポーズをとっているときだった。自己愛と自己嫌悪のアマルガムとなった自分は消えうせ、父親の胸で無心に眠る一人の少女に戻ることができたからだ。一九二八年七月、シオドアが撮ったリー・ミラーのヌードの中には、いつにない落ち着いたリー・ミラーが写っている。

もちろん、同年配のボーイフレンドは掃いて捨てるほどいたし、その圧倒的な美しさに惹かれる金満紳士はひきもきらなかった。

コンデ・ナストは、まるでそんなリー・ミラーの魅力を試すかのように、彼女の登場をハイライトにしたパーティーをしばしば催した。そうしたパーティーにリー・ミラーは学校のクラスメートだった親友のタニヤ・ラムと一緒に出席した。タニヤは、リー・ミラーとは正反対の、これまた絶世の黒髪の美女だった。

「ナストは、絵画の巨匠がパレットで色をつくるように、招待客のリストをつくった。上流社会、実業界、芸能界、さまざまな人々が注意深く混ぜ合わされ、ナストの雑誌の一ページがそこに現われたようなファッショナブルなパーティーができあがる。さらにリーやタニヤのような若く美しい娘が加えられ、華やかさを増すのだった」(同書)

スキャンダル。そして、ふたたびのパリへ

だが、ニューヨークでの日々がいかに充実していても、自己言及の「魔」に捉えられたリー・ミラーは次第に鬱屈をつのらせていった。

そして、ついにそれが爆発する瞬間がやってくる。スタイケンの撮った写真がコーテックス生理用品の広告に使われ、全国のファッション雑誌に掲載されたことからくるスキャンダルである。リー・ミラーは、内心では「全国のとりすました淑女《しゅくじょ》どもをへこましてやったことを誇りに思うようになっていた」が、恋人のアルフレッド・ド・リアーグルが

この事件を問題視したこともあり、スタイケンにパリに移りたいと打ち明けたのだ。

スタイケンはパリにいる友人のマン・レイに紹介状を書いてくれた。コンデ・ナストもパリ版「ヴォーグ」のスタジオ責任者ジョージ・ホイニンゲン＝ヒューネを紹介してくれた。さらに、あるファッション・デザイナーからルネッサンス絵画に使われている服飾品を調べてきてほしいという依頼を受けたので、これ幸いと、リー・ミラーは一九二九年、タニヤを道連れにニューヨークを去ってパリに向かった。

ときに、二二歳。少年のようなボーイッシュな美しさが一皮むけて、「つれなき美女」の妖艶《ようえん》さが漂い始めたころだった。

マン・レイ

一九二九年の夏、マン・レイ宛てのエドワード・スタイケンの手紙を懐にニューヨークを離れたリー・ミラーは親友のタニヤ・ラムと一緒にフィレンツェに向かった。ニューヨークのファッション・デザイナーからルネッサンス時代の服飾品（バックル、リボン、レース）などの細部をスケッチして送るよう頼まれていたからだ。このとき、リー・ミラーはコダックの折り畳み式カメラを使ってみることにした。カメラはかなり初心者向きで光量も十分に採れなかったが、そうした困難を乗り越えようと工夫しているうちに、写真を撮ることのおもしろさに目覚めたのである。機械いじり好きと創意工夫の精神が父親からの遺伝として血の中に流れていたのかもしれない。

ドイツに向かうタニヤとローマで分かれたリーは、パリのリヨン駅に着いた。コンデ・ナストがフランス版「ヴォーグ」への紹介状を書いてくれたので、モデルで生活費は稼げそうだが、しかし、いまや、彼女の野心はモデルになることではなくなっていた。

そう、パリで写真家になるのだ！

そのために成すべきことはひとつしかない。マン・レイの弟子にしてもらうのである！

マン・レイの写真スタジオはモンパルナス大通りからモンパルナス墓地に斜めに入るカンパーニュ・プルミニール通り三一番地にあった。リー・ミラーはパリのリヨン駅に降りたったその足でスタジオを訪れたが、門番から、マン・レイさんはビアリッツにヴァカンスに出掛けてしまって留守ですと告げられて落胆する。思い立ったら即刻実行しなければ気が済まないリーにとって、ヴァカンス明けの秋まで待つのは長すぎる。せっかく写真への情熱が昂《たかぶ》っているのだから、いまのうちになんとかしなければならない。

諦めきれないリー・ミラーは、一縷《いちる》の希望にすがってオデオン広場の「バトー・イーヴル（酔いどれ船）」というバーに向かった。別の人から、その店にはマン・レイがよく行くということを聞いていたからだ。「バトー・イーヴル」は当時流行の豪華客船のインテリアを模した内装で、一階にバーがあり、そこからニッケル製の回り階段を上って二階に行くような構造になっていた。リーは落胆をまぎらすためにこの二階でペルノーを飲んでいた。

「すると、彼［マン・レイ］がまるで地中から出現するように螺旋《らせん》階段の上に現われた。上半身は逞しく、真っ黒な眉に焦げ茶の髪で、雄牛を思わせた。私は大胆にも、先生の新しい弟子ですと名乗った。私は弟子など取らん、どの道、これからヴァカンスでパリを離れるところだとマン・レイは答えた。そのことなら知っています、一緒に行きますと私は言った。私はその通りにした。というわけで、私たちは三年間、一緒に住んだのだ。私はマダム・マン・レイとして通っていた。それがフレンチ・スタイルなのだ」（キャロライン・バーク『リー・ミラー　ある人生』拙訳、二〇〇五年、ロンドン）

リー・ミラーの回想では、すんなり「マダム・マン・レイ」になったように書かれているが、現実は違った。というのも、すでに「マダム・マン・レイ」はいたからである。「モンパルナスの女王キキ」である。

モンパルナスのキキ

一九二一年にパリのサン・ラザール駅についたマン・レイはデュシャンの導きでダダのグループと出会い、たちまちシュルレアリスト・グループの専属写真家になるが、それと同時に絵画、映画、オブジェ制作など八面六臂《はちめんろっぴ》の活躍を開始した。そんなマン・レイにとって大きなインスピレーションの元になったのがモンパルナスのカフェ《ロトンド》で知り合ったキキ（本名、アリス・プラン）だった。

マン・レイはキキをモデルにしたシュルレアリスム写真の代表的な作品を撮影したが、全裸で目の前に横たわるキキに「男」として無関心でいることはできなかった。

「まもなく彼女は着物を脱ぎ、その間わたしは写真機をまえにしてベッドのへりに腰掛けていた。彼女が仕切りのかげから出てくると、こっちへ来て坐《すわ》るように合図した。彼女の身体に手をまわすと、彼女も同じようにした。（中略）こうして、六年間つづくことになる関係がはじまった」（マン・レイ『マン・レイ自伝　セルフ・ポートレイト』千葉成夫《ちばしげお》訳　文遊《ぶんゆう》社）

マン・レイはカンパーニュ・プルミエール通りのスタジオに引っ越したとき、浴室や寝室を改造したので、別のアパルトマンを借りてプライヴェートな生活はそちらに移すことにした。

他の画家のためにモデルに立たなくなって暇を持て余したキキは、絵筆を執って画家になり、個展も大成功を収めたが、元々、飽きっぽい性格だったために、すぐに別のことがやりたくなって、ナイト・クラブ「ジョッキー」で歌手としてデビューした。こうして、「モンパルナスの女王キキ」の伝説が生まれたが、しかし、主観的にはキキは夫マン・レイの「妻」であり、「専業主婦」のつもりでいた。

そんなこともあり、マン・レイの女性関係には神経質で嫉妬深かった。カンパーニュ・プルミエール通りにスタジオを移したときの新居披露パーティーで起こった「事件」をマン・レイはこう回想している。

「わたしは二人の若い女性にとくべつ親切にした。二人は著名な将軍の娘で、将来のモデルか顧客として当てにしていた。突然、頭の側面をピシャと音が響くほど張られたので振り向くと、怒りでめらめら燃える眼をしたキキがいて、二人の女性とわたしに罵詈雑言《ばりぞうごん》の雨を浴びせた」（同書）

こんなキキだから、マン・レイがリー・ミラーを助手として採用し、当然のように愛人とすると、激しく嫉妬して何度か修羅場を演じた。しかし、マン・レイの気持ちが動かしがたいと知るやいさぎよく諦め、リー・ミラーとは仲の良い友達となった。

こうして一九二九年から三一年まで、リー・ミラーは「マダム・マン・レイ」としてパリ時代を生きたわけだが、しかし、その関係は平穏無事からはほど遠かった。原因の多くはリー・ミラーのほうにあった。

自由恋愛

「リーとマン・レイは、実り多いパートナーとなった。リーはマン・レイの被写体となり、マン・レイはリーの教師となった。ふたりはひとつの屋根の下で愛し合ったが、波風立たずというわけにはいかなかった。シュルレアリスムの権化にとってさえ、自由恋愛の教条を、独占欲や嫉妬といった本能とうまく折り合わせるのは至難の業だったろう。しかし、あたりまえのシュルレアリストに比べ、リーはよっぽどこの原則を保持できた。リーは、現在の恋人に対する貞操と自分の性欲が矛盾するようなとき、貞操を優先するようなことはまずなかった。リーの主張はこんな具合だ。自分は寝ようと思ったら誰とでも寝る。でも、それは愛する人に関係ないことでしょ」(アントニー・ペンローズ　前掲書)

このリー・ミラーの「原則」の根源は、おそらく、少女時代のレイプ体験を治療した精神分析医の暗示に起因しているにちがいない。つまり、分析医の言葉通りに、肉体と精神はまったく無関係だから、下半身が他の男性を求めたとしても上半身の貞操は揺るがないと信じていたのである。

だが、自由恋愛信奉者のシュルレアリストではあっても、煩悩多き男であるマン・レイにとって、このリー・ミラーの信念は大いなる苦悩を引き起こさざるをえなかった。残されているリー・ミラー宛てのマン・レイの手紙には、泣かせるものが多い。

「あなたのことは、あやしいまでに愛してきた。嫉妬に苦しむまでに愛してきた。あなたに愛を注ぐあまり、ほかのものにはまるで情熱が注げなくなった。そのかわり、あなたがやりたいと望むことはなんでも、私の力の及ぶ限り、やらせてあげようとした。そうすることで、うしろめたさから逃れようとした。あなたが才能を示せば示すほど、私の愛が正しかったということになり、自分自身の仕事が水泡に帰したことを後悔する気持ちがなくなる。それどころか、そういった成果のほうが、私には、いっそう満足のできるものなのだ」(同書)

マン・レイは、気が変になるほど激越な嫉妬を味わったベッシ＝ブラント伯爵夫妻の仮装舞踏会での体験を『マン・レイ自伝　セルフ・ポートレイト』の中で次のように語っている。

すなわち、「白い衣装」というテーマで行なわれたその仮装舞踏会に撮影者として招かれたとき、自身もドレス・コードを守って白背広で参加したが、助手のリー・ミラーはというと、有名なデザイナーがデザインした女子テニス・プレーヤーの服装で会場に現われ、当然のように、みんなの注目を浴びたのである。

「ほっそりとした体軀《たいく》、金髪、すばらしい脚の彼女はひっきりなしに踊りに連れ出され、残されたわたしは一人ぼっちで写真に専念した。彼女が好評を博していることは嬉《うれ》しかったが、同時に苛立《いらだ》たしくもあった。一人だと仕事が増えたからではなくて、嫉妬ゆえだった。わたしは彼女に恋をしていたのである。（中略）リーはときおり踊りの合間にひょっこりやってきて、なんてたのしいのでしょう、男の方たちはみんなとても優しいわ、というのだった。彼女にとって、フランスの社交界に登場するのはこれがはじめてだった」

（マン・レイ　前掲書）

写真家リー・ミラーの誕生

このように、恋人、愛人として、リー・ミラーはマン・レイをさんざんに翻弄《ほんろう》し続けたが、では、カメラマン助手ないしは研修生としてのリー・ミラーはどうだったのだろう？

このうえなく優秀な助手であり、研修生だった。

理由の第一は、この師と弟子に共通する、差異を生じるすべてのものに対する飽くなき好奇心だった。なぜ、これとこれが違って、これとこれは同じなのか、結果から溯って原因を技術的・科学的に突き止めなければ気が済まない探究心をリー・ミラーはマン・レイと完全に共有していたのだ。その好奇心、探究心を支えるのは、細部に対する観察眼と、もうひとつ、センス・オブ・ワンダー、すなわち、驚異への憧れだった。この二つを兼ね備えた人間にとって、「師マン・レイ」の環境は最高だったのである。

「リーの上達は早かった。写真の技術的な面をのみこむのに困難はなかった。骨の折れる

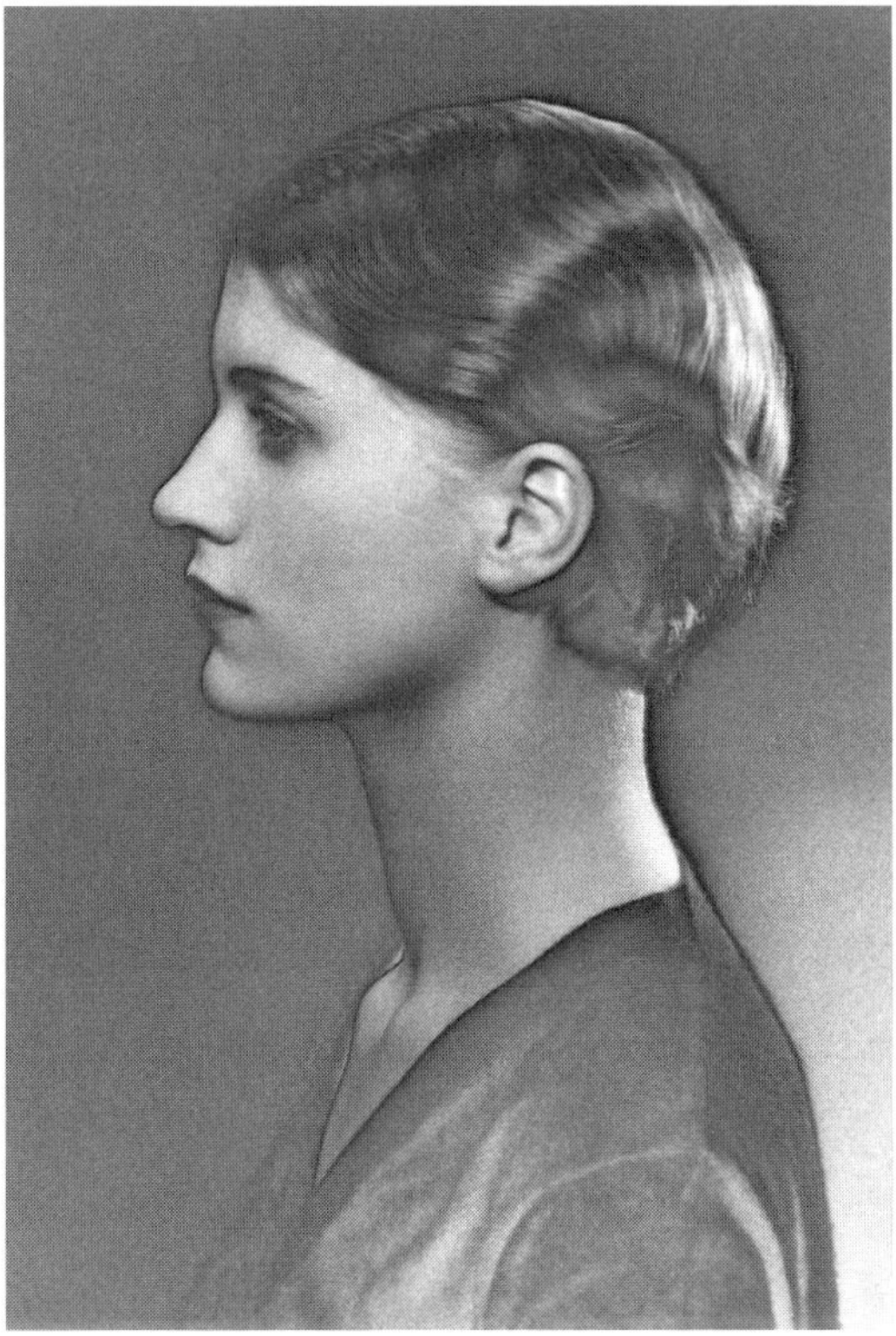

マン・レイが撮影したリー・ミラー。
ソラリゼーション技法を使った作品（1929年）

お決まりの暗室作業は、リーにとって、単調な労働ではなく挑戦だった。しかし、それ以上に重要なのは、自分の目に対する自信、そしてシュルレアリストたちと接触する機会をマン・レイによって与えられたことだった。マン・レイの友人であるシュルレアリストは、リーの想像力を刺激した」（アントニー・ペンローズ　前掲書）

写真家としてのリー・ミラーにとって幸いだったのは、マン・レイの助手であると同時にそのモデルともなり、また、定期的に他の写真家たちのモデルもつとめたことだった。というのも、マン・レイの弟子という身分だけだったとしたら、マン・レイのすべてを受け継ぐことはできても、「差異」を見出すことができないので、師匠を越えることは難しいが、フランス版「ヴォーグ」の売れっ子モデルでもあったため、他の個性の強い写真家を逆の側から観察することができたからである。

そんな写真家の一人に、白系ロシア人の写真家、ジョージ・ホイニンゲン＝ヒューネがいた。ホイニンゲン＝ヒューネはモデルを威嚇する悪癖があったが、リー・ミラーとは初めから気が合ったのか、友好的な雰囲気のうちに仕事を進めたようだ。リーがモデルをしながら吸収したホイニンゲン＝ヒューネの技術のひとつはライティングの使い方だった。モデルに話しかけながら、役割を理解させるコツも一流だった。

「ホイニンゲン＝ヒューネの撮影にモデルとして参加することは、個人授業を受けるようなものだった。写される側にまわり、また同時に写す側にまわり、経験を積むことができ

たのだった」(同書)

当時、ホイニンゲン＝ヒューネの助手をつとめていたのは、筋骨逞しい美男のドイツ人、ホルスト・P・ホルストだった。ホイニンゲン＝ヒューネはリー・ミラーとホルストをモデルにしてイゾド社の水着を撮影したが、それを見ると、ホイニンゲン＝ヒューネが二人の若者にアンドロギュノス的な美を認めていたことがわかる。とくに、ヨランダがデザインしたデニム地のサロペットを着て、後ろ向きのポーズを取ったリー・ミラーの写真は、その事実を雄弁に物語っている。

ホルストはリー・ミラーをモデルにしてポートフォリオをつくったが、ドイツスズランを手にしたリーを写したプリントを見せたところ、リーがふざけて「わあ、ひどい」と叫んだのを真面目に取って立腹し、二度と彼女をモデルとして起用すまいと決意したという。ホルストの写したリー・ミラーをもっと見たかった写真ファンとしては残念な誤解というほかない。

このように、リー・ミラーはホイニンゲン＝ヒューネやホルストの写真技術から多くを学んだが、しかし、最高の影響を受けたのはやはりマン・レイからだった。いや、それは影響というよりもコラボレーションといったほうが正しかったかもしれない。事実、この時期のマン・レイの写真の中には、共同作業であることを示しているのだろうか、マン・レイのサインの入っていないプリントもある。

中でも、マン・レイの発明品として知られているソラリゼーション発見のエピソードは、ある意味、「コラボレーション」の典型かもしれない。リー・ミラーはマリオ・アマヤのインタビューに答えて、ソラリゼーションの発見についてこんな偶然を語っている。

「暗室の中で何かが私の足を這うように感じたので、私は叫び声をあげ、ランプをつけた。それが何だったのはいまとなってはわからない。ネズミだったのか、何かほかのものだったのかもしれない。すぐに、私はフィルムが完全に感光してしまっていることに気づいた。現像タンクの中にはほとんど現像が終わっていた黒を背景にしたヌードのネガが入っていた。マン・レイはネガを摑むとすぐに定着液に入れ、状態を調べた。彼は私を怒鳴る気持ちさえなくしていた。それほどに私の落ち込み方はひどかったのだ。調べてみると、ネガの感光していない部分、つまり背景の黒が、突然の激しい露光によって感光してしまっていた。そして、その結果、ヌードの白い体の縁がその露光した部分に囲まれていた。だが、背景とヌードの画像は融合してはいなかった。間に一本の線が残っていたのである。マン・レイはそれをソラリゼーションと命名したのだ」（マーク・ハワース＝ブース『リー・ミラー』拙訳、アザン書店、二〇〇八年）

独立とコクトーの『詩人の血』

やがて、リー・ミラーはマン・レイから独立を認められたので、一九三〇年の初めにカンパーニュ・プルミエール通りから十分ほど離れたヴィクトール・コンシデラン通り十二番地にスタジオを構えることにした。小さなスタジオだったので撮影機材をすべて備えておくことはできず、足りないものはマン・レイのスタジオに借りに行った。顧客は次々にやってきた。

「自分のスタジオを持ったことで、リーは望んでいた独立を得ることができた。マン・レイは、たいてい夜をリーのスタジオで過ごしたが、ふたりとも独自の生活を営み、それぞれに友人をもっていた」（アントニー・ペンローズ　前掲書）

リー・ミラーの友人の中には、マン・レイのシュルレアリスト仲間と対立している文学者や芸術家もいた。

たとえばジャン・コクトーである。リーは、ジャン・コクトーが映画『詩人の血』を撮影するに当たって、ナイト・クラブ「ル・ブフ・シュル・ル・トワ」で、だれか彫像の役を演じてくれる女優はいないかと声をかけたとき、「私がやります！」と名乗り出たが、これがマン・レイにとってははなはだおもしろくなかったのである。マン・レイはジャン・コクトーをライバル視して、自分でもシュルレアリスト映画を撮影していたからである。だが、リーはマン・レイの反対など歯牙《しが》にもかけずに、『詩人の血』に出演し、石膏《せっこう》の女神を見事に演じ切った。

だが、リーの映画出演はこれ一本だけで、それ以後、映画に出演することはなかった。アントニー・ペンローズは「おそらく、演技はあまりにもリー天性の行動であったため、他人に注文されて演技することがかえって難しかったということが真相に近いのではないだろうか」と推測している。

いずれにしろ、リー・ミラーはパリで写真家として頭角を現わし、ファッション写真では、ジャン・パトゥ、スキャパレリ、シャネルといったデザイナーに起用されるようになった。もちろん、ときにはモデルとしてカメラの前にも立ったが、写真家として撮影に立ち会う機会のほうがしだいに多くなっていったのである。

アジズ、そして父シオドア

そんなとき、親友のタニヤ・ラムから、アジズ・エルイ・ベイという大富豪のエジプト人を紹介された。彼の妻のニメットはチェルケス系の絶世の美人で、マン・レイもホイニンゲン＝ヒューネも彼女をモデルにして写真を撮っていたが、リーもニメットを撮影することになったのである。ところが、そのために、サン・モリッツのアジズの別荘でチャップリンらの招待客とともに遊んだときに、リーはアジズと恋に落ちたのである。

だが、なにゆえに二〇歳も年上の物静かなこのエジプト人にリーは恋してしまったのだろうか？

それはやはり、彼女の強いファザー・コンプレックスのなせるわざとしか考えられない。父親のシオドアが一九三〇年の十二月にスウェーデン旅行の途中、パリに立ち寄ったとき、娘を旅行に誘い、クリスマスをストックホルムのホテルで過ごしたが、そのときには、いつものように娘のヌードをステレオスコープの最新式カメラに収めている。シオドアはパリに戻るとマン・レイとも会ったが、二人はカメラ・オタク、メカ・オタクとしてすっかり意気投合した。マン・レイはこのとき、シオドアとリーの写真を撮影しているが、それに対してリーの息子のアントニー・ペンローズはこんなコメントを加えている。

「けれど、このときのエピソードで最も強い印象を残すのは、シオドアとマン・レイの気が合ったことではない。それは、リーの心のなかに占めるシオドアの揺るぎない地位である。シオドアの肩に頭をもたせかけたリーの写真は、リーの人生における最愛の男性は父親に相違ないという事実を確信させてくれる。眠りに落ちた仔犬のように体中の力を抜いて父親の肩に頭を休めている姿を見ると、リーが最も安らげる場所、最も幸せを感じる場所はここにちがいないという気がする。恋人との間に安定した関係を築くことに関しては、リーには生涯その能力が欠けたままだった。リーが恋人との関係を長続きさせたいと願ったことは一度や二度ではない。けれど、いつも説明のできない感情が頭をもたげ、完全に満足した関係を維持することを妨げるのだ」(同書)
リーとアジズ・エルイ・ベイが恋に落ちたため、マン・レイは嫉妬に狂い、ピストル自殺の危険にまで追いやられた。この時期のマン・レイのセルフ・ポートレートには首に縄をかけ、手にピストルを構えてうつろな表情で宙を見つめているものがあるが、これは狂言ではなく、かなり現実を反映していたのである。
二人の恋はアジズ・エルイ・ベイの妻のニメットにも強い影響をおよぼさずにはおかなかった。
「イスラム教における夫の権威をかさにきて、しかもイスラム法本来の離婚に関わる儀礼を完全に無視して、アジズはニメットとの絆を断ち切った。取り乱したニメットはブルゴーニュ・モンタナ・ホテルに宿を取り、ロシアの友人から酒を手に入れて数週間飲み続け、死に至った」(同書)
リー・ミラーが受けた衝撃は大きかった。アジズを本当に愛していたのだろうか？　自分にもわからなかった。マン・レイを好きだったことは確かだが、愛していたかと問われると、とたんに自信がなくなった。
二人以外にも、言い寄ってくる男はたくさんいたが、どれも、自分の自由を縛ろうとする面倒くさい男ばかりだった。

リー・ミラー・スタジオの開設

　そんなとき、ニューヨークのコンデナスト社の新任美術監督メフフェメド・フェフミ・アグハが自分の写真に興味をもっていると語っていたことを思い出した。さらに、「ヴァニティ・フェア」の編集長アーノルド・フリーマンからも好意ある言葉が伝えられていた。こうして、リーはニューヨークに戻って自分のスタジオを設けることを考えるようになった。即断即決が彼女の信条である。

　かくて、一九三二年十一月、リー・ミラーは三年余り滞在したパリを離れてニューヨークに向かったのである。

　残されたマン・レイの嘆き方は尋常一様ではなかった。しかし、さすがは一流の芸術家だけあって、この大きな悲しみを見事な作品へと昇華した。マン・レイの代表作のひとつに数えられる巨大な油彩「天文台の時刻、恋人たち　一九三二年〜三四年」である。リュクサンブール公園の南にあるオプセルヴァトワール（天文台）の上空に巨大な唇が浮かんでいるというシュールな絵柄だが、この唇こそ、リー・ミラーの薄い、だがきわめて官能的なあの唇だったのである。

　一九三二年十一月、パリを去ったリー・ミラーはニューヨークの港で下船するとすぐに写真スタジオの設立準備に取り掛かった。

ウォール街大暴落以来、恐慌は深刻さの度合いを増し、フーバー大統領が企てるどんな打開策も功を奏しなかった。ひとことで言えば、ニューヨークで写真スタジオを開設するには最悪なタイミングだったが、写真のおもしろさに夢中になって独立の夢にとりつかれたリー・ミラーは実現不可能な企てだとはいささかも感じていなかったのである。

幸い、コンデ・ナストの人脈で、パトロンになってもいいという男が二人あらわれた。一人はフライシュマン・イースト財閥の相続人で株式仲買人の修業をしていたクリスチャン・ホームズ。もう一人はウェスタン・ユニオン財閥の後継者の一人でプレイボーイとして勇名を馳せていたクリフ・スミス。どちらも、リーの美貌にひかれてパトロン希望者として手を上げたのである。

リーは二人の出資した一万ドルでラジオ・シティ・ミュージックホールから一ブロック南に下ったイースト四八番地八号のビルの三階にアパルトマンを二つ借りて「リー・ミラー・スタジオ」を開設した。

アシスタントとして週百ドルで雇ったのは弟のエリック・ミラーだった。エリックはドイツ人写真家のトニ・フォン・ホルンのもとで修業を積んでいたが、カメラマン助手として非常に優秀で、父親譲りの創意工夫の才を遺憾なく発揮して姉を助けた。たとえば、低感度フィルム使用の大型カメラのためには太い電線を張り巡らさねばならなかったが、エリックは電線が見えないように巧みにカムフラージュを施した。ポーズをとる顧客にはリラックスしてもらう必要があったので、このカムフラージュは非常に役立ったのである。

エリックは暗室管理を任され、プリント技術にも精通していくが、そのとき姉の偉大さにあらためて気づくことになる。

「初めはつらかった。最高の画質でなければリーが絶対に首を縦に振らなかったからだ。リーが暗室に入ってプリントを点検するときは、ほんの少しでも欠点のようなものを見つけると、そのプリントの隅を破いておくのだ。プリントのどこがいけないのかを的確につかむ様子には、ただただ驚くよりほかなかった。私ならまるで気づかないようなところもあったが、そこをなおすと確実にプリント全体の質が向上するのだ」（同書）

この年の十二月から翌一九三三年の一月までリー・ミラーはニューヨークのジュリアン・レヴィ画廊で二度目の展覧会を開いた。一度目は他の写真家との合同展で、まだパリにいた一九三二年の二月から三月にかけて開催されたものである。一方、今回の展覧会は、画家のチャールズ・ハワードとの共同展で、会場の半分をリーの写真が占めていた。展覧会は好評だったが、写真の売れ行きはさっぱりだった。ジュリアン・レヴィの懸命の努力にもかかわらず、写真はいまだ芸術作品として認知されてはいなかったからである。

では、商業写真なら注文はあったかといえば、こちらも最初は大苦戦だった。しかし、カラー写真のパイオニア、ニコラス・マーレイが仕事を回してくれたので、香水や靴、アクセサリーなどの「ブツ撮り」でしのぐうち、一九三三年の半ば過ぎから、ポートレート撮影の注文が入るようになった。
ブロードウェイ女優のセレナ・ロイヤル、イギリス人女優リリアン・ハーヴェイ、同じくイギリス人女優ガートルード・ローレンス。イギリス人女優が多かったのは、出来栄えのいいポートレイトがあればハリウッドへの売り込みに成功する確率が高かったからだ。リー・ミラーのポートレートはこれらの顧客を大満足させたので、注文は次々に入ってきた。

小麦相場で当てたが大恐慌で一文なしになっていたジョン・ハウスマンの果した役割は大きかった。ハウスマンはリーのポーカー仲間だったが、アメリカ経済が多少上向きになると、シュルレアリスト・オペラ『三幕の四聖者行伝』の製作で一山当てたため、リーの好意を得ようと、セレブな客を次々に紹介するようになったからである。いつしかニューヨークの社交界ではリー・ミラーのスタジオでポートレートを撮ってもらったという事実がセレブの証明書となっていたのである。

こうして、スタジオがうまく稼働しはじめたので、エリックは婚約者のマフィーと結婚し、ロングアイランドから地下鉄で通勤することにした。そんな矢先の一九三四年七月、青天の霹靂《へきれき》の如き知らせが新婚夫婦を襲う。

アジズとの結婚とエジプトでの生活

リー・ミラーは、商談のためニューヨークを訪れていた元恋人のエジプト人アジズと再会したが、ある日、母親に電話をかけてきて、結婚したのでフォト・スタジオを売却してカイロに移住すると告げたのだ。

「どうしてリーにこんなことができたのだろう。これは、リーという人間の核心に関わる問いである。つまり、リーにとっては常に結果よりも経過が重要なのだ」

と、息子のペンローズは母親の不可解な決断の真意について想像を巡らした後、次のように結論する。

「新たな計画を始めることはリーの心を奮い立たせる。着実に一歩を進めつつある間は――新しいものを学び、組み立て、新境地に足を踏み入れている間は――リーは一心不乱に打ち込む。変化、つまり次々に現れる目標が、新しい技術を身に付けることが、リーを刺激してゆく。けれど、いったんスタジオが設立され、動き始めると、もう探るべき未開地はない。同じ仕事をいつまでも続けること、一流写真家であり続けることがひとつの偉業であるという感覚はリーにはない。（中略）そしてリーの重大な決断というのは、完全な直観のもとに下された。前後を考えてのことではない。さらに、心の奥底に、自分のことは自分で決めたいという欲望が横たわっていて、リーをつき動かすのだった」（同書）

かくて、一年半余りのリー・ミラーのニューヨーク時代は唐突に終わりを告げる。一九三四年の夏、ナイアガラ瀑布《ばくふ》に新婚旅行に出た後、リー・ミラーは家族を捨て、スタジオを捨て、約束された名声を捨て、アジズとともにエジプトに旅立ったのである。

アジズはエジプト鉄道・電信・電話公社の幹部で、最高の上流階級に属していたから、アメニティ（生活の便利さ）は保証されていたし、英米人の多くいるカイロ社交界との付き合いもうまくいっていた。それに、エジプトの生活は、砂漠やナイルの氾濫などリーの大好きなセンス・オブ・ワンダーに満ちていたし、リーが内心では欲してやまない「克服すべき困難」も少なくなかった。たとえば、旅先で物凄い蚊に悩まされたり、砂漠を旅するために乗馬の練習をしなければならないなど、未体験の難事にも遭遇したが、それはそれで新しい体験としてリーの心を捉えたのである。リーは快適さだけを愛する普通のアメリカ人ではなかったのだ。

だが、そうした環境の変化にも慣れてしまうと、リーにとって最大の「敵」である「退屈」が心を蝕むようになる。

アジズは、一九三五年の夏にリーの両親に宛てた手紙の中で、自分たちの日常を報告したあと、こんなことを告白している。

「ともかくも、リーはしあわせです。もちろん、リーは活動的なひとですから、当然すんなり落ち着くということは簡単ではありません。たしかに、ときどき反作用が起きるようです。急にふさぎこむとか、そんな些細なことですが、つまり、リーにはもう仕事がないので、自分の時間を使うために頭を使う必要があるわけです。こんな反作用はそんなにいつも起こるわけではありませんし、長く続くものでもありません。ニューヨークでの奮闘の疲れが癒えたら、きっとよくなるでしょう。私もリーを大事にしていこうと思っていますし」（同書）

アジズとリーにとって気がかりだったのは、フォト・スタジオを突然閉鎖してエジプトに来たので、新婚間もないエリック夫婦を路頭に迷わせてしまったことだった。そこで、アジズが転職してエジプト銀行系の会社の主席技術顧問となったのを機に、アジズの弟が経営している空調会社で働かないかとエリックを誘ったのである。エリックは誘いに応じて妻のマフィーとともにカイロにやってきた。

リーは喜び、エリック夫妻を案内して夫とともにしばしば砂漠の旅行に出掛けたりしたが、やがてこうした砂漠の旅がリーの中に眠っていた冒険的精神を再び刺激することになる。砂漠を旅するのは、男でもかなりの熟練者でなければできないことなのだが、冒険への情熱にとりつかれたリーは計画に熱中しはじめる。

「じっとしたままではいられない」不幸

こうしたリーの熱中ぶりを見ると、パスカルの翻訳者である筆者としては『パンセ抄』の中の次の言葉の正しさを確認せざるをえない。

「わたしは、人間のさまざまな行動や、人が宮廷や戦場で身をさらす危険や苦しみのことを考え、かくも多くの争いや情念、大胆で、時に邪悪なものにさえなる企てはいったいどこから生まれるのかと考察を巡らしたとき、人間のあらゆる不幸はたった一つのことから来ているという事実を発見してしまった。人は部屋の中にじっとしたままではいられないということだ。もし、生きるための十分な資産を持っている人が自分の家に喜んでとどまっていられたなら、その人はわざわざ大航海に出かけたり、要塞攻略に出撃したりすることはなかっただろう」(『パンセ抄』拙訳、飛鳥新社)

ひとことでいえば、リー・ミラーの不幸(あるいは幸福)は「部屋の中にじっとしたままではいられない」ことにあった。写真に熱中したのも、砂漠の冒険旅行に熱中したのも、あるいは、次々とパートナーを代えたのも、一カ所にじっとしていると心に退屈と倦怠の魔が忍び込んできて、「おまえはとるにたりない惨めな存在だ」と囁《ささや》くからだろう。

パスカルは続けて次のように言っている。

「自分は心の底から休息を欲していると思い込んでいるのだが、実際に求めているのは、興奮することなのだ。彼らには一つのひそかな本能があり、それが彼らをして、気晴らしと仕事を自宅の外に求めさせるのだが、それは自分たちの永遠に続く惨めな状態の予感から来ている」（同書）

そう、リー・ミラーはまさにパスカルのいう「永遠に続く惨めな状態の予感から」、果てしなく気晴らしを求める一人なのである。だから、砂漠の冒険旅行に最初は熱中していても、そのうちに、これにも飽きてくる。そんなとき、リーは自分を呼ぶ声を聞いたような気がしたのだ。パリが自分を呼ぶ声を。

パリへ戻る

一九三七年の初夏、リー・ミラーはエジプトを離れ、パリに戻った。アジズはパリで気分転換をしたいという妻の言い分を素直に聞いて、付き添いのメイドをつけてやった。ところが、ホテル・プリンス・オブ・ウェールズに投宿するや否《いな》や、リーは旧友に電話をかけ、デザイナーのロシャスの姉妹が開いていたシュルレアリストたちの仮装舞踏会に出掛けることにしたからと言って、メイドを部屋に置いたままホテルを出た。

パーティー会場には、髪を青く染めてホームレスの格好をしたマックス・エルンストがいた。ポール・エリュアール、ミシェル・レリスも同じように「物乞い」のような衣装だった。どうやら、仮装のテーマは「奇跡の庭（クール・デ・ミラークル）」と呼ばれた物乞いのユートピアのようだ。みんな、リーの姿を見ると大喜びし、こんなに長いあいだいったいどこに行っていたんだと責めた。もちろん、マン・レイとも再会したが、五年のうちにわだかまりも消えており、写真家としての連帯感だけが蘇ってきた。

久闊《きゅうかつ》を叙するのが一通り終わると、リーはパーティーの中で一人取り残された。そのとき、ジュリアン・レヴィにつれられた一人のイギリス人の「物乞い」が目の前にあらわれ、ローランド・ペンローズと名乗った。後に夫となる写真家ローランド・ペンローズである。このときの出会いをペンローズはこう語っている。

「ブロンドの髪、青い瞳、機知に富んだ彼女は、自身の優雅な服装と、スラムから出てきたような私のボロと、天地ほども隔たりのあるコントラストを楽しんでいるようだった。またもや一目惚れだった。翌早朝、シュルレアリストが敷居をまたぐことを断固として許さないロシャス氏がニューヨークから帰宅し、パーティーはおひらきになった。私はマックスに聞いてみた。リー・ミラーとかいう凄い美人を知っているかい。『もちろん』マックスは答えた。『あした、夕食に誘おうじゃないか』」（アントニー・ペンローズ　前掲書）

ローランド・ペンローズ

次の晩、マックス・エルンストのアトリエで開かれたデザイナーパーティーでリーはローランド・ペンローズと意気投合し、翌朝、目が覚めたときにはオテル・ド・ラ・ペの彼の部屋にいた。それから数週間、自分のホテルには戻らなかった。ペンローズの部屋に居続けたのである。さらに、ペンローズがマックス・エルンストとともにイギリスに出掛けると、二週間後にあとを追い、ローランドの弟がコーンウォールに借りていたジョージアン様式の邸宅「ラムクリーク」に向かった。そこにはポール・エリュアールとニュッシュ、マックス・エルンストとレオノラ・カリントンという有名なシュルレアリストのカップルもおり、他にもシュルレアリストたちが続々と到着するに及んで、「ラムクリーク」はオージー・パーティーの会場と化した。

「燃えるようなセックスにとどまるところを知らなかった。リーがこれほど快楽にふけりきって完全に満足したことは絶えてなかった」(同書)

リーはその様子をアジズに書き送ったが、アジズは寛容な夫らしく「楽しんでいらっしゃい。ただし、ほどほどに」と答えただけだった。

この「ラムクリーク」のメンバーは数週間後、ピカソの滞在する南仏ムジャンの「オテル・ヴァスト・オリゾン」に再結集した。パリで「ゲルニカ」を完成したばかりのピカソは、ここでリー・ミラーの肖像画を描いた。ペンローズは五〇ポンドでこの絵を買い取り、リーにプレゼントした。

リーがピカソの肖像画をトランクに入れてエジプトに戻ると、大喜びしたアジズはさっそくパーティーを催し、肖像画をホールの正面の壁に飾った。招待客の反応は予想されていたので、リーはちょっとしたイタズラを用意した。招待客たちが「あんな絵なら、私だって描ける」と囁くのを聞くと、絵の具と筆を置いてあるコーナーにつれていって、モデルに立ったのである。

しかし、刺激の乏しいカイロでの社交生活にリーはすぐに飽きた。そこで砂漠旅行の再開を決意し、タフで口の固い友人たちだけを厳選して同行させることにした。砂漠もまたオージー・パーティーの延長となることが予想されたからである。

砂漠旅行とシュルレアリスム風景写真

やがて、この砂漠の冒険旅行は、恋愛とセックス以外にも、大きな収穫をリー・ミラーにもたらすことになる。リーはふたたびカメラを手にとるようになり、砂漠の幻想的な光景をシュルレアリストの視点から切り取った傑作を次々に生み出したのである。

「シュルレアルな目で見た歪んだ詩情が常にそこにある。泥煉瓦《れんが》の村の屋根に生えた草が髪の毛となり、ワディ・ナツラムの修道院がそこに住む禁欲的な僧侶にとって皮肉なことに乳房以上に肉感的な曲線を描く。一見したところ建物を完璧に撮ったとしか見えない写真にも、鋭敏な感性とシンボリズムが隠されている」（同書）

シュルレアリスムの風景写真という新しい領野を開拓したという手ごたえを感じたのか、リーはペンローズからギリシャ旅行に誘われると二つ返事で同意して、ギリシャからブルガリアを経てルーマニアに入った。こうして、リー・ミラーの第二期をなす「シュルレアリスム風景写真」の東欧シリーズが撮影されたのである。

カイロに帰ったリーをアジズは三度優しく迎えた。しかし、二人の結婚生活がもとに戻ることはもうなかった。パートナーを代えながらリーは繰り返し砂漠の冒険撮影旅行に出たが、やがて、この究極の気晴らしも気晴らしにはならなくなってきたからである。

戦火のイギリス

一九三九年六月、リー・ミラーはついにエジプトを離れる決心をした。アジズは、リーに慰謝料の代わりに債権証書のいっぱいにつまった鞄を渡した。リーに対するアジズの愛はおおいなる海原よりも深いもので、リーのどんな我がままな要求もかなえてやったのである。離別という要求でさえも。

ポートサイドでアジズと別れをつげたリーは、ペンローズの待つロンドンに向かった。

二人の恋人は迫り来る第二次大戦を忘れようとするようにイギリス中を車で回り、英仏海峡をフェリーで渡ってマックス・エルンストとレオノラ・カリントン夫妻をサン・マルタン・ダルデッシュに訪ね、アンティーヴでピカソとドラ・マール夫妻に合流したが、そこで驚愕のニュースを知った。

九月一日、ナチス・ドイツがポーランドに侵入を開始し、第二次世界大戦が勃発したのである。

リーとペンローズはとりあえずイギリスに戻ることにしたが、車はサン・マロで乗り捨てなければならなかった。車両運搬用フェリーが接収されたからである。

ロンドンに戻ると、郵便受けにはアメリカ合衆国大使館からの帰国勧告が届いていたが、リーはなんの躊躇もなく、手紙を破り捨てた。

マルクスが空想社会主義者と名付けたフランスの思想家シャルル・フーリエは、人間の高度な情念として、陰謀情念、移り気情念、熱狂情念の三つを挙げているが、リー・ミラーは移り気情念の人であると同時に熱狂情念の人である。

こうした熱狂情念の人にとって、戦争という非日常の瞬間ほど胸の高ぶりを覚えるときはない。

だが、女は戦場に出ることを禁じられている。

どうすればいいか？

やきもきしているうちに、ナチの爆撃機がロンドンを空襲しはじめた。

リー・ミラーはカメラを持って現場に繰り出した。戦争は最高のシュルレアリスムだったのである。

リー・ミラーはイギリス版「ヴォーグ」のスタジオで働き始めたが、最初の一年は、有名人のポートレートやモノ撮りばかりで少しもおもしろくない。例によって退屈の魔に心を蝕まれ始めたそのとき、リーはドイツ空軍の爆撃機がロンドンを襲う音を聞いたのである。

ローランド・ペンローズとリーはロンドン近郊ハムステッドのダウンシャーヒルの家に住んでいたが、空襲のたびに庭につくられた防空壕に退避せざるをえなかった。

普通の人間ならうんざりするはずの戦時下のこうした非日常に、リーの熱狂情念は強く反応した。防空壕から飛び出ると、いや防空壕に入るのさえ拒否をして、リーは爆撃で破壊された街を撮影して歩き、二人のアメリカ人の協力を得て、『灰色の栄光――戦火のイギリス写真集』と題した写真集にまとめた。

破壊されたレミントン・ポータブル、爆撃された礼拝堂から吐き出されたレンガの奔流、巨大な銀の卵のような阻塞《そさい》気球《ききゅう》の前で威嚇するように羽を広げる二羽のガチョウなど、どれもまぎれもない傑作だった。

「この時期、リーの創造性はひとつの頂点に達していた。これほどの洞察力が写真に表れたのは、三〇年代初めのパリやニューヨーク以来だった」（同書）

『灰色の栄光――戦火のイギリス写真集』はニューヨークのスクリブナーズ社からも出版され、世界中から注目を集めた。

一九四一年の暮れ頃からアメリカ人ジャーナリストたちが大挙してロンドンにやってきていた。彼らは羽振りがいいばかりか、さまざまな特権も享受していた。うらやましく思ったリーがアメリカ軍の従軍記者証を請求してみたところあっさり許可が出た。

この従軍記者証を使ってリーは「ライフ」記者のデイヴ・シャーマンと組み、連合軍の内部まで入りこんで取材をするようになったが、ドキュメンタリー写真はファッション写真とは文法が異なるので、どうしても解説記事が必要になる。ところが、リーが決定的瞬間をファインダーに真に収めたと思っても、デスクの凡庸なテクストがそれを台なしにしてしまうことが少なくなかった。そこで、テクストも自分で書いてみることにした。

少女時代からたいへんな読書家だったが、これまで自分の文章を活字にしようと思ったことは一度もなかった。トライしてみると、想像以上につらく孤独な作業だとわかったが、自分に課した困難を克服することに快楽を感じるたちだから、たちまちのうちに文章も上達し、味のあるフォトエッセイストとなった。リーはいまや写真ばかりか取材記事でも「ヴォーグ」の看板となりつつあったのである。

従軍カメラマンとしての充実の日々

Dデイ、すなわち一九四四年六月六日に、連合軍はノルマンディー上陸作戦を開始した。リーはDデイから六週間後、ダクラスDC－3に乗ってノルマンディーまで飛び、陸軍野戦病院を取材した。これを手始めに、リーの写真とレポートが毎号のように「ヴォーグ」を飾ることになるのである。

「いまやリーの才能は足かせを外され、過去の経験がすべて、ひとつの方向にふり向けられたかのようだった。それまでの心気症はあとかたもなく消えた。不満の鬱積症状にすぎなかったのだ。消え去ったのはそれだけではなかった。上品な外見も、食べ物、飲み物に対する洗練された好みも消え、しわだらけの野戦服を着て、携行口糧（Kレーション）、ときにはもっとひどいものさえ食べるようになった。トランプ、無駄口、写真、クロスワードパズル、手紙、外国旅行、飽くことなく求め続けてきた刺激、変幻自在の社交生活、鉄のような意志、はつらつとした天性、これらすべてがひとつの巨大な流れとなって創造的な捌《は》け口を見出したのだ。リーの心のなかにはこのときたったひとつのことしかなかった。前線に戻るのだ」（同書）

Dデイからドイツ降伏までのほぼ一年間、リーは生涯で最も充実した日々を送ることになる。熱狂情念の人にとって戦場こそは最高に生きがいを感じることのできるトポスだったのである。

従軍カメラマンとしての足跡を辿ってみると、まず、いったんロンドンに戻ってから、ドイツ軍との戦闘が続いているサン・マロに赴くため八月に上陸用舟艇でオマハビーチに上陸。ドイツ軍司令官アンドレアス・アウロック大佐が籠城中の要塞を攻略するアメリカ陸軍第八三歩兵師団に密着取材し、大佐の投降姿をカメラに収める。その取材記事の最後はこう締めくくられている。

「アメリカの旗が要塞の上にはためいていた。それで十分だった。サン・マロはもう戦場ではない。そしてわたしのいるべき所でもない」(同書)

パリ解放と、極限状態への渇き

こうして、リーは「わたしのいるべき所」を求めて進撃する連合軍と行動をともにすることになる。次は当然、連合軍のパリ入城である。パリ解放の日にこの第二の故郷に入ったリーの筆は躍っている。

「まばゆいばかりの若い娘が街にあふれていた。自転車に乗る娘。戦車の砲塔によじ登る娘。実用的で質素なイギリスのファッションに慣れたわたしは、そのシルエットに驚き、魅惑された。ゆったりとしたスカート、細くくびれたウエストライン。……GIはみな呆

気にとられた。目の前に天女の街が現れたのだ」（同書）

こうして解放の瞬間をカメラに収めたリーがその足で向かったのはパリに居残っていた旧友たちの住居である。オデオン広場近くでクリスチャン・ベラールとバレエ監督のボリス・コノフがすぐに見つかった。リーはコノフとともにピカソのアトリエを訪ねた。ピカソは「連合軍の兵隊は初めて見た。それがあなただとは！」と仰天した。次にコノフにつれられて訪れたのはポール・エリュアールだった。書店の奥で電話を掛けていたエリュアールはアメリカ軍の軍服を見て表情をこわばらせた。「わたしは黙って立っていた。彼の手が震えた」。

リーは連合軍記者の本部となったホテル・スクリーヴに一室を与えられ、パリの取材記事の執筆にとりかかったが、これが相当の重圧となったようである。

「締切りが近づくと、仕事のほかに片づけなければならない急用がいくらでも出てくるのだった。セックスをし、バーをうろついて飲んだくれ、議論し、眠り、悪態をつき、毒づき、泣き、ともかく記事にとりかかる以外のことならなんでもした。（中略）こんなふうにぐずぐず延ばすのは、自分にむち打つためだった。自分に欠けている意志の代わりに、リーは締切り前のプレッシャーに頼る。そして最後の瞬間に夜を徹してインスピレーションと膨大なコニャックに助けられ、一瞬も手を休めずに書き上げるのだ。産みの苦しみに反して、滑らかで軽快な文章が次々に生み出されていく。機知や洞察力に富み、大胆で斬

新な想像力に満ちた文章が、自らを責め苛《さいな》んだ末に生まれたのだということは信じがたいことである」（同書）

さすが、母親の姿を近くで見守ってきた息子だけあって、アントニー・ペンローズはリーの本質をよく捉えている。リーはとくに意志強固な人間ではないのだ。ただ、熱狂情念の人なので、熱狂し続けるために、常に自分から新しい対象にぶつかり、未知なるなにかが噴出している感覚を感じなければならない。いつまでも同じものしか出てこないのでは熱狂できないのである。

そのため、ときどき対象を変えなくてはならない。対象が新しく未知なものであれば、自分の中から新しく、未知なものも湧き出してくるかもしれない。ひとことでいえば、リーは熱狂情念の人であると同時に移り気情念の人でもあるわけだが、この移り気情念というのは、次から次へと対象を変えていくだけでは充足されない。新しく選びとった対象との格闘の過程で達成感が得られなければならないのだ。

しかし、達成へと至るには、自分の意志だけでは足りない。他者からの強制という外部要因、たとえば「締め切り」がどうしても必要になってくる。締め切りがあるからこそ、自分を追い込み、新しいもの、未知なものを噴出させることができるのである。

ところで、リーが自分を追い込むために使ったものとして、アントニー・ペンローズがセックスを挙げているのは興味深い。というのも、従軍記者だから、当然、夫のローランド・ペンローズは同行していなかったからである。

だれが相手となっていたのか？　ホテル・スクリーヴで隣室を使っていた「ライフ」のデイヴ・シャーマンだろう。デイヴは、リーの精神が不安定になると、セラピストとしてセックスの相手役を演じたのである。

このように、締め切りの重圧は苦しみと同時に達成感と喜びをもたらしたが、それは戦場にいるという緊張感があったからこそであり、パリが解放され、「日常」が戻ってくると、そうはいかなくなる。

すなわち、「ヴォーグ」の編集部からは、久しぶりに訪れた平和を享受しているモード業界を取材せよという指令が届いたし、フランス版「ヴォーグ」の編集長である旧友のミシェル・ド・ブリュノフ（『象のババール』シリーズの作者ジャン・ド・ブリュノフの弟）から雑誌再建の手伝いをしてくれと頼まれたので、雑用が倍加するだけで、緊張の糸はしだいに緩んでいったのである。

たしかに、解放後のパリのファッション業界は力強く復活しつつあった。リーは一九四四年秋のサロンを取材して記事の最後をこう締めくくっている。

「つまり、パリはゆっくりと目覚めつつある。この四年間を眠り続けた愛しい眠れる森の美女は、確実に悪夢から覚めつつある」（同書）

しかし、一度戦場カメラマンとなったリーの極限状態への渇きは、ファッション取材などではとうてい癒しきれるものではない。そこで、リーは「ヴォーグ」編集長のオードリー・ウィザーズに頼み込んで再び最前線に派遣してもらうことにした。

世界中に配信されたダッハウ強制収容所の報道写真

リーが「ライフ」のデイヴとともに赴いたのは、激戦が続いているアルザス地方、ソ連軍との先陣争いが行なわれているエルベ川河畔のトルガウ、それにパットン戦車軍団が進撃しているミュンヘンなどだった。パットンのアメリカ第三軍に二人が追いついたとき、かつて「ライフ」の記者だった広報担当官デック・ポラードから第四二歩兵師団のレインボー中隊がダッハウの強制収容所を解放するという情報を得た。リーとデイヴはジープを駆ってダッハウに直行した。

「それまでの経験から、リーには戦争の恐ろしさに対する感情的な免疫がある程度できていた。信じられない、それがリーの反応だった。あまりにも大規模な殺戮《さつりく》と野蛮な大虐殺を目の前にして、呆然と声を失い、ただただ目を疑うばかりだった。（中略）怒りの炎に燃えて、リーはシャッターを切った。『コレハ、シンジツダ、シンゼヨ』リーは、オードリー・ウィザーズに電報を打ち、この悪逆非道を世界に知らしめようとした」（同書）

こうして、リーの戦場カメラマンとしてのキャリアの頂点を成すダッハウの報道写真が世界中に配信されたのである。

その夜、ミュンヘンでリーとデイヴは第四二師団司令部が接収したプリンツレーゲンテン広場二七番地の建物の部屋に投宿したが、なんとそこはヒトラー総統のアパルトマンだった。デイヴはヒトラーの浴槽で戦場の垢《あか》を落とすリーを撮影し、ヒトラーのベッドに横たわって『我が闘争』を読みながら野戦電話に向かって話しているGIの写真を撮った。この写真は「ライフ」にフルページで紹介された。

リーとデイヴは同じく広報担当官デック・ポラードに教えられてヒトラーの別荘「鷲の巣」があるベルヒテスガーデン要塞の攻防戦の取材に向かった。

二人が到着したときには、難攻不落の要塞は守備隊のSS自身の手によって放火され、炎上している最中だった。二人は千年王国の終わりを象徴するようなこの光景をしっかりカメラに収めた。

数日後、ほど近いローゼンハイムの学校に設けられた報道班本部でタイプで原稿を打っているとき、リーは現われた一人の兵士の口からナチス・ドイツが降伏したという知らせを聞かされた。

暴れ狂う毒蛇

この和平のニュースは、戦場カメラマンにとって、ある意味、最悪の知らせだったかもしれない。ロンドンに戻ったリーはコンデナスト社主催の歓迎会で祝福されたが、いざローランドとの家庭に落ち着こうとすると、たちまち精神の安定を失った。リーは「わたしはシンデレラじゃない。ガラスの靴に足を合わせることなんてできない」と猛烈に反発し、心に巣くうデーモン、すなわち、アントニー・ペンローズが「羽のある毒蛇」と名付けた熱狂情念に誘われるまま、八月半ばには口論の末に家を飛び出すと、その足でパリに舞い戻った。

だが、パリで待っていたものはまたしても幻滅だった。平和が戻り、常態に回帰するパリにリーは耐えることができなかったのである。ホテルでは、元気を取り戻そうと覚醒剤を常用し、眠れないといっては睡眠剤を飲むという最悪の自虐行動が続いた。「黒い翼を持った毒蛇」が暴れ狂ったのである。

少し状態が落ち着いたときにローランドに宛てて書かれながら投函されなかったリーの手紙は、こうした心理状態を冷静に書き留めている。

「ヨーロッパ侵攻作戦が始まると——決意そのものが強烈な踏み切りとなりました——、わたしのエネルギーも、それまでに築いてきた信念も、すべてがいっしょに縄を解かれました。そしてわたしは首尾一貫していい仕事をしました。確信をもち、正直に仕事をしたと思います。そしていま、わたしは言語的な不能症みたいなものに陥っています。恐怖（わたしが空襲の間どんなに臆病だったか覚えてるでしょう）を抑える必要があるなら、わたしは恐怖を抑えることができるし、そうしました。けれど、いま目の前にあるのは幻滅しきった世界です。名誉も高潔さも恥も知らない悪党どもの世界に訪れた平和、そんな平和のために戦ってきたのではありません」

　この心理は、ベトナム戦争や湾岸戦争、アフガンやイラク戦争の帰還兵を悩ませている戦争後遺症そのものである。ゆえに、リーがこの「黒い翼を持った毒蛇」から解放されようとすれば、早くも別の戦争である「冷戦」が始まっていた東欧に出掛けるしかない。

戦争を求めて――ウィーン、ブダ＝ペスト、そしてルーマニアへ

　かくて、日本降伏の知らせが世界中を駆け巡った八月十五日、リーはデイヴが待つオーストリアに旅立つ決意をする。オーストリアはドイツと同じく四つの戦勝国によって分割統治されたため、社会的混乱が広がっていたのである。

　ザルツブルクに立ち寄り、多幸感に包まれていた音楽祭を取材して瓦礫の中でアリアを歌うローゼル・シュヴァイガーという地元の歌姫を撮影し、ヘルマン・アイヒェルの人形

劇一座の舞台をフィルムに収めた後、目的地であるウィーンに到着した。

ウィーンは、当時、キャロル・リードの名作『第三の男』に描かれたように、四カ国分割統治がうまく機能しなかった結果、飢えが深刻化し、伝染病が蔓延《まんえん》し、オースン・ウェルズ演じるハリー・ライムのような悪党が粗悪なペニシリンの密売で大儲けしていたのである。

リーは病院を取材し、衰弱して死んでいく赤ん坊の写真を撮り、怒りに震えながらホテルで記事を執筆したが、そうした日々の合間に、思いがけない出会いをする。ナチの精神病患者安楽死政策を逃れて隠れ家に身を隠していたヴァーツラフ・ニジンスキーが妻のロモラに付き添われてウィーンの街を散歩する光景を目撃し、その姿をカメラに収めたのだった。

ウィーンの次に向かったのは、ドイツ軍とソ連軍が激烈な戦いを繰り広げたために市街地の大半が破壊されたハンガリーのブダ＝ペストだった。リーは「ヴォーグ」のために「攻防の後の女性ファッション」という記事を送るという口実で、ブダ＝ペストの上流婦人から飢えに苦しむ農民の娘まで片端からフィルムに収めた。ハンガリー北東部の小さな町で取材中にソ連軍に逮捕されたこともあったし、ハンガリーのファシストで元首相のバールドッシ・ラースローが公開で銃殺される現場に立ち会い、処刑場面を撮影したこともあったが、いわば「危険中毒症」に陥っているリーにとっては、そんな体験も生ぬるい危険に思えたかもしれない。こうして、リーは次なる危険を求めて、一九四六年の一月には「ライフ」誌の記者ジョン・フィリップスとともにルーマニアに入ったのである。

ルーマニアでリーが取材したいと思っていたのは、ファシストたちから迫害を受けて消えようとしているロマ民族の熊使いたちだった。というのも、リウマチ性の疾患に苦しんでいたリーは、熊使いに仕込まれた熊の掌でマッサージを受けることが唯一の治療法だと信じていたからである。熊のマッサージは大成功でリーは背中の痛みから解放された。

次にリーたちが向かったのは、ブカレストの北にあるルーマニアの夏の首都シナイアである。この避暑地の宮殿でリーはミハイ国王陛下と王母ヘレンに拝謁し、ヘレンがだれもいない宮殿に威厳をもってたたずむ感動的な写真を撮影した。

情熱の終焉

しかし、「翼のある毒蛇」に急き立てられるようにして危険と興奮を追いかけてきたリーにとって、このシナイアが熱狂情念終焉の地だった。肉体的にも精神的にも疲労は極に達し、「ヴォーグ」の記事を書こうとしてもタイプを打つことができなくなっていたのだ。

「マン・レイから、アジズから、ローランドから、自分をつき放とうとするたびに、リーはプライドを滅茶苦茶に傷つけられなければ戻れないようなところまで自分を追い込んできた。そしていま、リーは敗れた。だから、再び誰かに寄りかかることになるはずだった。さらに悪いことに、ベルヒテスガーデン以来、自分の才能を奮い立たせるような興奮が何ひとつなかったことにリーは気づかざるを得なかった」(同書)

ローランド・ペンローズからは、この間、ずっと手紙が送られてきていたが、リーはほとんど返事を出さずにいた。シナイアで受け取った最後の手紙には、もし返事がなければ諦めるという旨がしたためられていた。長らく愛人関係にあったデイヴ・シャーマンからも「カエレ」という電報が届いた。リーは「リョウカイ」の電報を打ってパリに戻った。

伝説的な美貌を知っているパリの知人たちは、やつれ果てたリーの姿を見て驚いた。病苦と疲労で、リーは別人のようになっていたのだ。

ロンドンで再会を果たしたローランドとリーはすぐに和解した。ローランドは得意のマッサージで熊以上に巧みにリーの疲れた体と心を癒してやった。デイヴはあっさりと身を引いた。

「ヴォーグ」一九四六年五月号は、リーが取材したルーマニアの特集を組み一〇枚の写真を掲載した。

これが戦場カメラマン・リー・ミラーの熱狂情念が放った最後の光芒《こうぼう》だったのである。

戦後のイギリスは、ヘレーン・ハンフ『チャリング・クロス街84番地』に描かれたように、極端な物不足、とりわけ食糧難に悩んでいた。リー・ミラーとローランド・ペンローズが居を構えたロンドン郊外のダウンシャーヒルも例外ではなかった。

一九四六年の夏、ロンドンとニューヨークを結ぶ定期航空路が開設されたとき、二人がリーの両親に再会するという名目でイギリスを離れたのも、ロンドンでのこうした暮らしにくさが関係していたのかもしれない。戦後、アメリカは繁栄を謳歌し、モノが溢れかえっていたからである。

ペンローズは戦時中、空襲を恐れて、自分が描いたシュルレアリスム絵画や他の現代画家のコレクションの一部をミラー家に預かってもらっていた。そのため、リーの両親は、どんな凄い男が現われるのかと内心恐れていたのだが、ペンローズが典型的なイギリス紳士だったので一安心したようだ。

ニューヨークでは、アメリカ版「ヴォーグ」の主催でリーの歓迎会が開かれ、翌日からは歓迎会で知り合いになった人々からパーティーに誘われるというパーティー漬けの日々が続いたが、ペンローズにとって大きかったのは、ニューヨーク近代美術館を立ち上げたアルフレッド・バーと知り合いになったことである。ペンローズはいずれ自分のコレクションを中心として、ロンドンに現代美術研究所を設立したいと考えるようになった。

アメリカ各地には、大戦を逃れて、リーの知己の芸術家が多く暮らしていた。彼らを訪ねるのも今回の旅の目的のひとつだった。アリゾナで暮らすマックス・エルンストとドロテア・タニングのカップルに会ったとき、リーは巨人のエルンストに小人のタニングが立ち向かうという写真コラージュを制作したが、この写真について、アントニー・ペンローズは次のような批判的なコメントを付している。

「この写真は、リー自身の創造性がやがてたどる運命を予言しているように見える」（同書）

ロサンゼルスの空港に降りると、そこに出迎えていたのは、弟のエリックとマフィーの夫妻だった。リーがアジズのもとを去ってロンドンに向かったあと、エジプトに残された夫婦は不運のどん底にたたき落とされたが、一九四一年にエリックがロッキード社にカメラマンとして雇われてからようやく生活の安定を見たのだった。いまや、エリックは航空写真の分野の第一人者として名声を獲得しつつあった。

リーはロスでマン・レイと再会した後、ペンローズとともにさまざまなパーティーに出席して各界の有名人と知り合いになった。ロスにそのまま居残ることも考えたが、結局、ロンドンに戻ることにした。アメリカ人に戻るにはあまりにヨーロッパナイズしすぎていると感じたためである。

ペンローズとの結婚

一九四七年初頭にはイギリス版「ヴォーグ」に復帰し、サン・モリッツのスキー場に集う上流階級の人々についてフォト・レポートを書き上げたが、そのとき、思わぬ事実が明らかになる。妊娠していたのである。リーは一九〇七年生まれだから、四〇歳にしての初の妊娠である。高齢出産はいまでこそ珍しくないが、当時としては、思いもかけないアクシデントだった。

臨月が近づくにつれ、リーは法律上の父親の問題が気になりだした。というのも、法律的にはまだアジズと結婚していたからである。そこで、これまで何度も手紙をもらいながら開封もしなかったが、今度は、自分からアジズに手紙を書いて事情を知らせた。

アジズとしては、やれやれといったところだろう。というのも、離別にさいしてリーには最も重要な二つの事業の持ち株を与えていたのだが、この寛大な措置によって破産に追い込まれるはめになったからだ。すなわち、大戦の影響で株主総会が紛糾し、リーから委任状を得て持ち株を整理する必要が生まれたのだが、リーと連絡が取れぬままになっていたため、結局、株主総会で取締役を解任されて無一文となってしまっていたからである。

しかし、アジズはリーを恨むことなく、連絡を受けるとすぐにロンドンにやってきて離婚に同意するイスラムの儀式を行なった。

「床についたままのリーの傍らに立って、アジズは無表情に読み上げた。イスラム法では、これは男子の特権なのだ。『汝を離縁する、汝を離縁する、汝を離縁する』。こうして世にも不思議な一三年間の結婚が終わりを告げたのだ」（同書）

数日後、リーとペンローズはハムステッド登記所で結婚した。

一九四七年九月、リーは無事、男の子を出産した。後にリーの伝記作者となるアントニー・ウィリアム・ペンローズである。

リーは産院のベッドにいるうちは母親としての幸せを満喫したが、退院してダウンシャーヒルの自宅に戻ると、「母性本能はあっというまにどこかへ消えてしまった」(同書)。

つまり、出産は「非日常」だが、育児は「日常」であり、無限に続く赤ん坊の世話をしていると、自分の貴重な時間がどんどん失われていくように感じられたのである。そこで、赤ん坊の世話は知り合いの女性に任せることにして、「ヴォーグ」に復帰してヴェネチアに赴き、ビエンナーレの記事を書いた。

平和な日常が心を蝕む

いっぽう、ペンローズは一家の生活が安定すると、かねてより心に抱いていた夢を実現したくなった。それはロンドンからそう遠くないところに農場を買うことだった。もちろん、そこで晴耕雨読の理想生活を送るためだが、同時に広大な屋敷にコレクションを全部運びこんでミニ・ギャラリーを作り、友人たちを招待したいと考えたのである。二月のある寒い日にマドルズ・グリーンというサセックスの小さな村にあるファーリー・ファームを訪れたペンローズとリーは一目で気に入り、生活の拠点をここに移すことにした。

ペンローズは、ファーリー・ファームとロンドンを行き来しながら、設立した現代美術研究所の充実に力を注ぐと同時に、「現代美術の四〇年」展やアフリカの原始美術の影響を探った「現代美術の四万年」展などの展覧会を主催し、現代美術研究のオルガナイザーとして着々と地歩を築いていった。

対するに、リーは「ヴォーグ」への寄稿を続け、シチリアに取材したり、ファッション写真を撮影したりしていたが、次第にストレスを募らせるようになる。同じような仕事の連続に耐えられなくなってきたのだ。リーから相談を持ちかけられた医師のカール・H・ゴールドマンはこう答えたという。

「どこにも悪いところはない。君の憂鬱を晴らすためにだけいつまでも戦争を続けさせるわけにはいかないんだよ」(同書)

まさにその通りだろう。平和な時代の「終わりなき日常」がリーの「移り気情念」と衝突し、その心を蝕みつつあったのだ。

そこで、リーは気分転換として、旧知の芸術家や文学者たちを次々にファーリー・ファームに招待し、積極的にホステスの役目をつとめるようになった。なかでも、ピカソはファーリー・ファームが気に入り、息子のアントニーを孫のようにかわいがった。

リーは「ヴォーグ」に寄稿した記事で息子と戯れるピカソの姿をほほえましい筆致で描

いているが、しかし、「書く」という行為は、写真と違ってリーの天性のものではなかったらしく、大きな負荷を精神に与えていたようである。

「すでにリーは、精神をずたずたにしなければ書くことができなくなっていた。その結果としての不安定な状態はローランドまでも巻き込もうというほどになっていたのだ。ローランドはひそかにオードリー・ウィザーズに手紙を書いた。『お願いです。二度とリーに書くことを要求しないでください。リーが苦しむのも、まわりの人間が苦しむのも、もう到底耐えられません』」

アントニー・ペンローズは続けて、一九五五年には、リーは自殺を考えるほど底なしの精神的悪循環に陥っていたと明かす。

原因のひとつは、アントニーを出産した後、セックスに喜びを感じなくなったことにある。おそらく出産でホルモン・バランスが崩れてしまったのだろう。かつては、過剰な性欲をもてあましていたのだから、本人としても戸惑いが多かっただろう。

しかし、より深刻だったのは、いまでいう「アラ・フィフ」のリーを襲ったのは急激な美貌の衰えだった。

「優美だった顔はもはやなく、はれぼったい瞼《まぶた》、小皺や皺が目立つようになっていた。髪もパサついて量が減った。脂肪がつき始め、だぶっとした品のない体つきになった。追い打ちをかけるように、かつては『小粋なドレッサー』と形容された彼女だというのに、あっというまに野暮ったい女になってしまった。気取ったディナーパーティーにだらしない格好や似つかわしくない服装で現れることもあった」

息子だからここまで書けるのだが、しかし、それにしても、こうした容貌の衰えに一番つらい思いをしていたのは、リー本人だろう。原因が重度のニコチン中毒にあると思い定めると、突然、禁煙を宣言し、それを果敢に実行したはいいが、禁断症状からくる苦しみと苛立ちから逃れるため、周囲の者たちに当たりちらした。

息子への愛憎、夫への嫉妬

中でも一番被害を被ったのは、一〇歳になろうとしていた息子のアントニー（愛称トニー）だった。

「リーが気難しく短気になったのも取りたてて驚くことではない。そして直接身をさらす身近な人々がこの毒のある悪口の標的となった。激しい確執がリーとトニーの間に生まれた。互いに相手のどこを狙えば最大のダメージを負わせることができるか熟知していたので、攻撃の機会を逃すことはまずなかった。些細なことをめぐって攻撃と反撃が繰り返され、互いに知力を尽くして容赦なくつぼを攻めるのだった。その結果、当然、トニーはすべての愛情を養育係のパッツィーに求めた。大量のウィスキーはリーの抱える問題を悪化させ一層の悪循環に陥らせるだけだった。愛されていないことに悩むリーは酒に救いを求め、酒を飲むために愛されなくなった」（同書）

すさまじいとしか言えない母と息子の葛藤である。日本人では、いかに母親が芸術家気質の変人でもここまではいかないだろう。西洋人ならではの徹底ぶりだが、しかし、そんな中でもリーの「過激さ」は際限がなかった。

夫であるローランド・ペンローズにも苛立ちと憎悪は向けられた。落ち目になっていく自分に対して、夫が上昇気運に乗っていただけに、リーの「嫉妬」は一段と激しくなっていったのである。

「一方のローランドは、人生の転機にさしかかっていた。現代美術研究所の働きによって、イギリス現代美術の潮流が一変しようとしていた。成功に次ぐ成功のなかで、あらゆる方面から味方が現れつつあった。それに加えて皮肉なことに、ローランドの容貌は年齢の重みを加えて立派になっていった。（中略）

一九五四年には、ビクター・ゴランツという版元がローランドに『ピカソ――その生涯と作品』を書くように依頼してきた。これもリーにとってショックのひとつだった。『冗談。あなたに書けるわけ？』リーは言った。『生涯って字も知らないんじゃない』。けれど傷は深かった。リーが急速にかげっていく自分の才能に気づいていたからだ。パリのブリティッシュ・カウンシル芸術部長の地位をローランドが受けたことは、さらにひどくリー

を落ち込ませることになった」(同書)

夫婦の間にも嫉妬は存在する。リーが最初にペンローズと出会った頃、才能、名声、人間関係のいずれにおいても、リーのほうが「格上」だった。だから、周囲の人間はリーがペンローズを選んだことに意外な思いをしたのである。リーとしては、夫のペンローズに自分の精神と才能と生活を支える「支柱」になってほしかっただけなのに、その夫のペンローズのほうに世間の注目が集まり始めたことが許せなかったのである。才能ある人間同士のカップルにはよく起こる対立である。

しかし、リーにとってなによりも我慢ならなかったのは、ペンローズにダイアン・デリッツという空中ブランコ乗りの愛人ができたことだった。リーはセックス拒否症になって以来、ペンローズの浮気には寛大だったが、まさか自分を捨ててもいいと言い出すほどに夫が愛人に夢中になるとは思わなかったからである。

料理が救った人生

リーがこうした「地獄」のような日々から抜け出すきっかけとなったのは、ペンローズがフランスのブリティッシュ・カウンシルの芸術部長を引き受けていた関係で、夫婦でパリに長期滞在する機会が増えたことだった。パリでの社交生活が再開されるうち、リーはニネット・ライアンという料理の得意な女流画家と知り合い、料理のおもしろさに目覚めたのである。「底の底まで鬱になったとき、リーはニネットにこんなことを漏らした。セーヌ川に身を投げないのは、自分が死んでローランドとトニーが喜ぶのに耐えられないからだ、と。リーの人生を救ったのは食べ物だった」（同書）

リーは、これまでおよそ家事には似つかわしくない女だった。マン・レイとの同棲時代には独身男が二人いるような外食生活だったし、アジズと結婚してからはつねに料理番がいた。ペンローズと結婚してからはさすがに台所に立つこともあったが、ペンローズはいかにもイギリス人らしく、簡単なイギリス料理が好きだった。息子のアントニーは養育係をつとめていたパッツィー・モーリーのつくる料理のほうを好んだ。ひとことでいえば、料理はリーにとって面倒臭い日常のルーティン・ワークのひとつにすぎなかったのである。

ところが、ひとたび料理のおもしろさに目覚めるや、リーの研究心はとどまるところを知らなかった。ロンドンの料理学校に通って優秀な成績で卒業したばかりか、有名な料理本『ビートン夫人の家政読本』や『ラルース料理百科辞典』を隅々まで拳々服膺《けんけんふくよう》し、さらには、ありとあらゆる料理本を買いあさって徹底的に研究した。ファーリー・ファームには外国人がゲストとしてやってくると、貪欲にエスニック料理のエッセンスを摂取し、それを自分の料理に役立てた。少しでもわからないことがあれば、書物を調べまくり、それでも不明なときには博識な友人たちに電話をかけた。そして、だれも考えつかなかったようなユニークなレシピを考案すると、それを友人のグルメ仲間を集めたファーリー・ファームの食卓で披露した。

「毎週末には途切れることなく訪問客があった。お客たちがリーの努力を讃えることは、家族とは比べものにならなかった。（中略）あらゆる手段が尽くされた様は、ゲチスバーグの戦いの比ではなかった。さらに調理には二日を要した。たしかに客はおいしいと言った。けれどそれだけの努力に値することなのか。リーにとっては、答はイエスだった。あれほどの情熱をたったの一言で満足させることのできるものが他にあるだろうか」（同書）

ここには、リーがなぜ料理に熱中し、そのあげくに鬱から抜け出せたかがはっきりと語られている。つまり、人間はパスカルのいうように、どれほどの不幸に打ちひしがれていたとしても、気晴らしになることに引き込まれたら、そのあいだは幸せでいられるのだが、反対に、その同じ人がどれほど幸せでも、気晴らしなしに放置されたとしたら、たちまちのうちに不幸になってしまうというのである。「戦争」という巨大な気晴らしを失ったリーにとって、意外にも、料理は新たな気晴らしとなったのである。料理のことを考え、料理をしているあいだは、不幸だと感じることを忘れていられたのだ。

リーの料理に対する情熱はその後も衰えることはなく、ロンドンのノルウェー食糧センターが新しいオープンサンドイッチのレシピを公募すると、信じられないような情熱をこめてレシピを考えだし、これに応募した。

「ロンドンのノルウェー食糧センターで開かれた決勝には、リーの送った三点を含め、番号だけを付けられた数百の候補が出品された。審査員の意見は全員一致を見た。一位、二位、三位をリーの作品がさらったのだ。リーは鷹揚《おうよう》に二位と三位を辞退したが、一位はよろこんで受賞した。賞はノルウェー観光局がカップルで招待する二週間のノルウェー旅行だった」(同書)

このノルウェー旅行に、リーはグルメ仲間のベティーナ・マクナルティーを同行した。貪欲な好奇心を発揮して缶詰工場を見学したり、スキー場のホテルではプロのコックの調理場を見学しては、自分もその場でノルウェーの伝統料理である「ヤンセンの誘惑」に挑戦したりした。

このノルウェー旅行が転機となり、リーは再び外国に興味を持つようになった。ベティーナと一緒に再びエジプトの地を踏んだ。訪れたのはアレキサンドリアだった。社会主義政権の誕生ですべてを失ったアジズが再婚した妻とつましく暮らしていたのである。

「リーは、旅行が終わった後もエジプトに残って一週間をアジズのもとで過ごした。このときのことについて、リーはずっと口をつぐんだままだった。ただ、彼の苦境はひどく悲しいものではあったものの、ふたりの間にはまだ強くて温かい絆と愛情があったことは疑えないだろう」(同書)

料理に熱中することで鬱からも脱出できたおかげで、ペンローズとの仲も修復された。ペンローズは仕事の関係で外国出張も多かったが、ときにはリーを同行した。訪れた国の中でリーが気に入ったのはチェコスロバキア（当時）と日本だった。日本に来たときも、有名な料亭の調理場に入ってシェフからレシピを教えてもらったようである。

また、晩年、リーは音楽にも興味を持つようになった。リーは、美的判断力に恵まれていたにもかかわらず、音楽に関してはまったく関心がなかったが、あるとき突然、音楽がわかるようになり、わかるようになったとたん深くのめりこんだのである。これによって、リーの心に巣くっていた「羽のある毒蛇」すなわち鬱は最終的に退治されたのである。

そして、それとともに、最悪だった息子アントニーとの関係も修復に向かった。

アントニーは、子供のころに母親から与えられたコンタックス社のカメラをいじりまわしているうちに写真に興味を持ち、写真家を目指すようになっていた。一九七一年には、父と母に見送られ、世界一周旅行に旅立った。

帰国したとき、アントニーはニュージーランド人の新妻スザンナを伴っていた。トニーはこのとき初めてリーという母親を理解できたと思った。三年の歳月が母子をともに成熟させたのである。

晩年、リーは、世界中の美術館から作品貸し出しの申し込みを受けたにもかかわらず、自作の提供は頑固に断った。ホイニング＝ヒューネやスタイケン、マン・レイの作品の場合なら、ヴィンテージプリントのつまった箱をひっかきまわして喜んで提供したのに、こと自分の作品となると思い出したくもないというように、「たしかにすこしは写真をやりました。けど、ずっと昔のこと」と言葉すくなに語るだけだった。

「現代女性」の元祖

一九七六年の冬、芝居を見るためにロンドンに赴いていたリーのもとに、若き日に一緒にフランスに渡ったタニヤ・ラムが訪ねてきた。

「リーの人生の大きな輪がひとつにつながったと言ってもいいだろう。夕食をはさんで、リーはタニヤに向かって静かにこう言った。『なんというめぐりあわせかしらね。たったいま、癌《がん》だって宣告されたところなの』」（同書）

一九七七年七月二十一日、明るく澄んだ夜明けに、リー・ミラーはペンローズに抱かれて息を引き取った。享年七〇。

死後、アントニー・ペンローズが父とともにファーリー・ファームの屋根裏などを捜したところ、膨大なネガが発見された。ロンドンの「ヴォーグ」の資料室でも大量のネガが見つかった。これをもとにアントニー・ペンローズはサセックスに「リー・ミラー・ファンデーション」を設立、何冊かの伝記を刊行するかたわら、世界各地で回顧展を組織している。

皮肉にも、心に巣くう「羽のある毒蛇」のために互いにいがみ合いを続けた息子のおかげで、リー・ミラーは写真家としての全貌をあらわにし、いまや、「名声の殿堂」入りを果たそうとしているが、しかし、息子の手になる伝記によって本当に明らかになったのは、リーが、永遠に来ないかもしれない「いつか」を待ちながら、日常をやり過ごすことができずに無限に気晴らしを求めざるをえない現代女性の元祖でもあったことだろう。

リー・ミラーは、あらゆる意味で「モダン・ガール」の典型だったのである。

第三章

ルー・ザロメ

LOU ANDREAS-SALOMÉ

「二大巨人」と「最高の詩人」の心を捉えた女性

二十世紀をつくったのはマルクス、ニーチェ、フロイトという三人の巨人であるとしばしば言われる。

ところで、われわれは「最強の女」というものを、美貌や成した業績からだけではなく、「虜《とりこ》にした男」の価値でも計るべきであると主張したが、とすると、この三大巨人のうちニーチェとフロイトという二大巨人の心を強く捉えた女性というのは、当然、「最強の女」に最も近いことになる。

だが、そんな女性が現実にいたのだろうか？

これがちゃんといたのである。その名をルー・アンドレアス＝ザロメ、省略してルー・ザロメという。

しかも、ルー・ザロメはもう一人、近代ドイツ最高の詩人である

©Contrasto/amanaimages

Rainer Maria Rilke

©Roger-Viollet/amanaimages

Friedrich Wilhelm Nietzsche

ライナー＝マリア・リルケの愛人でもあったのだから、その強度はさらに高くならざるをえない。歴代の「最強の女」の中でもかなり上位に位置するのは間違いないところである。

では、日本で、ルー・ザロメはどの程度知られているのかというと、これがはなはだこころもとない。

『愛の嵐』で知られるイタリアの女流監督リリアーナ・カヴァーニが『暗殺の森』『１９００年』の女優ドミニク・サンダを起用して一九七七年に撮った『ルー・ザロメ　善悪の彼岸』がノー・カット版で再公開され、ＤＶＤも出回っているから、映画を見た人なら、ルー・ザロメがどのような女性であったのかだいたいのところはつかめているかもしれない。

また、ルー・ザロメに関する伝記は三冊翻訳され、日本人の手になるものもあるから、知ろうと努力する人には「皆目、見当がつかない」という類いの人物ではない。それどころか、日本では全六巻の「著作集」も翻訳されているし、『ルー・ザロメ回想録』という自伝も翻訳されている。ドイツ語圏の作家としては非常に恵まれた方であるといえる。

しかし、それにしては、いまひとつ明瞭なイメージが浮かんでこないのはどうしたことだろう？

原因はいくつか考えられるが、それは次のような点に要約できると思う。

SIGMUND FREUD

すなわち、ルー・ザロメは、たしかにニーチェ、リルケ、フロイトについて深い理解を示し、「ニーチェ論」「リルケ論」「フロイト論」を書いてはいる。しかし、われわれが一番知りたいのは、ルー・ザロメがこの三人をいかに魅了し、虜にしたかというファム・ファタル的事実のほうなのであるが、この点に関しては曖昧模糊《もこ》のままなのである。つまり、ルー・ザロメの著作からはこうしたことについての情報はほとんど得られず、隔靴掻《かっかそう》痒《よう》の感を免れないのである。

いいかえると、ルー・ザロメ自身が開示したい情報とわれわれが知りたいそれとはあまりに乖離《かいり》しているため、この二つの情報の谷間を埋めるには、われわれが想像力をフルに動員するしかないということになる。伝記がいくつも書かれているのはそのためであるが、私が読んだ限りでは、決定的伝記はいまだに書かれていないという気がする。

ただし、女性週刊誌的な「関係はあったのかなかったのか」という問題設定では、ルー・ザロメという女性を理解するのは難しいと思われる。絶世の美人であり、ニーチェ、リルケ、フロイトを虜にするほどの知性を備えてはいたものの、さまざまな状況証拠から判断して、「誘惑したいから誘惑する」という類いのファム・ファタル的な要素があったようには思えないからである。

では、なにゆえに彼女はこうした偉大なる才能に近づいたのかといえば、それは「自分というものを知りたいから」ということになるだろう。つまり、ルー・ザロメは「自分を見るための鏡」として、ニーチェ、リルケ、フロイトを利用しようとしたと思われるのである。ところが、なんとも不思議なことに、ルー・ザロメはこの三人について同時代人として最高の理解を示していながら、当初の目的である「彼らを鏡にして、そこに自分を映す」ことには成功していないのである。つまり、他者分析は鋭いが、自己分析にはそれほどの冴えは見られないということだ。とくに自伝は、なにかを隠蔽《いんぺい》するために筆をとったとしか思えないほど韜晦《とうかい》が凝らされている。

おそらく、この点こそがルー・ザロメが小説家として大成できなかった最大の原因だろうが、しかし、それはそのまま、伝記作者に「書いてみたい」という気を起こさせる原因となる。かくいう私もその一人で、ルー・ザロメが見たいと切に願った「自分の肖像」とはいったいなんだったのか、それを知りたくなったのである。この意味で、ルー・ザロメとは「自分探しの旅」に出た最初の現代女性、それも旅先としてニーチェ、リルケ、フロイトというとてつもないトポスを選んだ破格の女性ということになるのである。

ロシア世襲貴族　ザロメ家

ルー・ザロメ、本名ルイーゼ・フォン＝ザロメは一八六一年二月十二日、ロシア帝国の首都サンクト・ペテルブルクに六人兄弟姉妹の長女として生まれた。ただし、上の五人は全員男の子（一番上と四番目は夭逝《ようせい》）だったから、ルーはただ一人の女の子だった。

父親のグスターフ・フォン・ザロメ（1804－1879）は、一八三〇年のポーランド暴動の弾圧に功あってニコライ一世からロシア世襲貴族に加えられたロシア陸軍の将軍だった。ザロメ家のルーツを辿ると、ルイ十四世のナントの勅令廃止でフランスを追われたアヴィニョンのユグノー（プロテスタント）貴族に行きつく。大革命の後、一家はドイツを横切ってバルト海沿岸部に落ち着き、一八一〇年からはロシアに定住するようになった。母親のルーゼ・ヴルムは北ドイツ人とデンマーク人の血を引く裕福な精糖業者の娘で、夫より一九歳年下だった。

ロシア宮廷では、ピョートル大帝以来の欧化政策で、ドイツ人やフランス人を官吏や軍人として積極的に雇い入れていた。フランス語が公用語とされ、ドイツ語も準公用語であった。ロシア語は民衆の言語とされ、上流階級の人々は、下僕たちには理解できないよう、フランス語かドイツ語で会話していた。トルストイの『戦争と平和』の冒頭でフランス語会話が延々と続くのはそのためである。

「私たちのところでもっぱら使われたのはドイツ語で、これが私たちと母の故郷を結ぶきずなであった。（中略）私たちはロシアに『奉仕』しているというだけではなく、ロシア人と感じてもいた」（ルー・アンドレーアス・ザロメ『ルー・ザロメ回想録』山本尤《やまもとゆう》訳　ミネルヴァ書房）

「私はパパに噛みつく」

五七歳になって初めて女の子を得た父親はルーを目に入れても痛くないほど可愛がったが、母親は男の子ばかり育ててきたためか勝手がわからず、養育はロシア人の乳母にまかせられることとなった。その結果、ルーの愛はこの限りなく優しい父親と乳母にだけ向けられることになる。ルーは幼いころに狂犬病にかかったときの恐怖をこんなふうに回想している。

「狂犬病にかかった犬はまず最初にかわいがってくれる飼い主を襲うということも、私は知った。私は思い出す。私の中に起こった恐ろしい確信を。『私はパパに噛みつく』というこの上なく恐ろしいことが間近に迫っているのであった。私は母よりも父の方が好きだったことを意識してはいなかったけれども、そのときは『一番好きな人』と思ってそう考えたのであった」（同書）

ルーの男性遍歴の中に見え隠れするファザー・コンプレックスはこうした家庭環境によるものなのかもしれない。

また、三人の兄弟と一緒に育てられたということがルーの特殊な男性観をかたちづくったことも間違いない。

「兄たちが男の兄弟として連帯していることが、家族の中で一番年下で一人だけの女の子である私にはあまりに当たり前のことだったので、世界中の男性がすべてそんな風なのだとその後もずっと思っていて、男性にはいつ出会おうとも、いつもそれぞれの中に男の兄弟が隠れているように思えた。（中略）実際、私の前に現れた男性も、その志向の純粋さ、その男らしさ、あるいはその心の温かさが私の兄たちの姿をとって私の中に生き生きとしていなければ、私には男性とは思えなかった」（同書）

この回想は重要である。近年の歴史人口学と家族史の研究により、人間の無意識のかなりの部分は兄弟姉妹関係によってかたちづくられることがわかってきているが、ルーの場合、男ばかり五人の兄の下に生まれた妹という関係性が、かなり特殊な無意識のタイプを形成しているとみてよい。第一章の「最強の女」ルイーズ・ド・ヴィルモランも同じように男の兄弟が多かったが、ルイーズ・ド・ヴィルモランの場合、兄弟の全員が「弟」であった。

兄ばかりの妹と弟ばかりの姉、この差は思っているよりも大きいのである。

神の喪失

もうひとつ、幼いルーに強い影響を及ぼしたものに、ルター派プロテスタンティズムの自己制御の精神がある。それはとりわけ母によって体現され、長ずるに及んで、母に対するルーの反発も強くなったが、反発というのもまた「ひとつの影響のされ方」であると考えれば、ルーは確実にルター派プロテスタンティズムの影響下にあったということができるのである。

具体的にいうと、それは「神の喪失」というかたちを取ってあらわれた。ルーは回想録を「神の体験」という章から始めているが、その書き出しはなにやらニーチェを思わせるものである。

「私たちの初めての体験は、特筆すべきことに、神の喪失なのである。私たちはこれまではまだ全と一体で、私たちから何らかの存在が分かれて行くということはなかった――それが今、無理矢理に生み落とされたものになり、かの存在の切れ端と化してしまったのである」(同書)

では、ルーにとっての「神の喪失」は何をきっかけにして起こったかといえば、それは自宅に卵を運んできてくれている下男から、家の前にいた「雪の夫妻」が「次第にすっかり変わってきて、だんだん薄く、だんだん小さくなって、ついに完全に崩れ折れてしまいました」と告げられたことだった。下男がある朝掃除していると「女性の白いマントの黒いボタンと男のでこぼこになった帽子だけ」があったというのである。もちろん、それは雪だるまが解けてなくなったというにすぎないのだが、幼いルーはそこに存在の消滅という事実を認識し、次のように感じたのである。

「それは単に個人的な破局ではなく、背後に待ち伏せている名状しがたい不気味なものの前にあるカーテンを引きはがすものでもあった。というのが、カーテンの上に描かれていた神が私から消え失せただけではなく、全宇宙からも神は消え失せたからである」(同書)

こうした虚無を初めて認識したときの子供の恐怖心は全世界で共通しているが、ルーのように強いプロテスタンティズムの世界で育った子供には、それは「神の喪失」として感じられたのである。日本のような無神論の風土では、子供が同じような体験をしても、「神の喪失」とは感じられないはずなのだ。

では、幼くして「神の喪失」を経験したルーは、その後の子供時代をどう過ごしたのかというと、逆説的なことに、非常におとなしい「お利口さん」として振る舞うことになった。両親も自分と同じような体験をしているとするならば、自分がそうなったということを両親が発見してショックを受けないようにしなければならないと思ったのだ。「そうした気持ちは両親にはもちろん分かりはしなかった」

神＝父＝ギロート牧師

ルーは四年間の基礎学級を終えると、ギムナジウムと同格の改革派プロテスタントの聖ペトロ学院に通い始めたが、上級クラスでロシア語が必須であることがわかると、通学を拒否するようになる。ルーに甘い父親は、ルーのような子は学則に従う必要などないといって、聴講生として在籍することを許可した。こうして、ルーは大好きなフランス語の詩や演劇の授業を受けたり、デカルトやパスカルなどのモラリストの著作を読んで時間を過ごすことができるようになったが、しかし、この頃、ルーを悩ませていたのは、通学その他の問題ではなく、改革派教会の信徒としてやがて受けなければならない堅信礼《けんしんれい》の儀礼であった。というのも、ルーに堅信礼を与えることになっているヘルマン・ダルトンはドグマに凝り固まった偏狭な牧師だったからである。父はしばらく前から病床にあったので心配をかけないよう、堅信礼に備えて勉強会に参加はしていたが、ダルトンのような牧師から堅信礼は受けたくないと心に決めていたのだ。

ルーは、そこで、オランダ大使館付属の牧師で、親王や内親王の家庭教師もつとめていたリベラル派のヘンドリック・ギロートを訪ねることにした。

一八七九年二月二十三日に父親が亡くなると、ルーは堅信礼の拒否を宣言し、ギロートをたびたび訪問するようになった。

「父親亡きあと、ギロートといっしょに時を過ごしているうちに、幼い頃の神＝父＝子という三位《さんみ》一体の体験がほうふつとして蘇ってくるのだった。（中略）初めのうちルーは、ギロートに個人教授を受けていることを母親に隠していた。だが、母親は何かしら禁じられたことが行われていることをうすうす感じていた。（中略）ルイーゼにしてみると、神と父親の一体となった存在がギロートのなかに鮮やかに生きているのだった。ときに十八歳になっていたルイーゼはギロートの膝《ひざ》の上で、わなわなと身を震わせ、やがて意識が朦《もう》朧《ろう》と霞んでいった。二人で同じことを学ぶ一瞬一瞬が、激しく昇りつめた体験となった。彼らはスピノザや、ライプニッツや、キルケゴールを読み、神学の歴史や、さまざまな宗教の核心、どの宗教にも見られる核心に向き合った」（リンデ・ザルバー『ルー・アンドレアス＝ザロメ 自分を駆け抜けていった女』向井《むかい》みなえ訳　アルク出版企画）

危ない、危ない。これぞ、アベラールとエロイーズを襲った教師と生徒の宗教的な恍惚《こうこつ》であり、必然的に心身の結合へと二人を誘う。アベラールはいとも容易にこの誘惑に負け、エロイーズを妊娠させることとなったのだが、ルーとギロートはというと、アベラールとエロイーズと同じにはならなかったのである。

「ギロートはルイーゼの心の昂揚を（導き手としてでなく）個人的に受け入れてしまい、彼女を限りなく愛した。四十二歳の、一家の主であるギロートは何もかも捨てる覚悟でルイーゼにプロポーズする。と、その瞬間、ルイーゼにとって父と神と『万物』を代表していたギロートの姿がただの世俗的な男に一変してしまった」（同書）

よくあることである。生徒が先生に対して「恋に似たもの」を感じるのは、先生が「教え諭《さと》す人」という「格」において神と父と一体化されているからであり、その三位一体（トリニテ）から外れたら、つまり、先生が教壇から降りたら、そのとたん、先生は「ただの人」となってしまうのである。ルーはこのときの体験を次のように回想している。

「天上を地上に持ってくることを思いもよらずに私に要求してきた瞬間、私はそれを拒否した。私の崇拝していたものがいっぺんに私の心から離れて見知らぬものになっていった」（ルー・アンドレーアス・ザロメ　前掲書）

以後、ルーはその人生において、これと同じことを何度か繰り返すことになる。ルーの恋愛の原点はまさにギロートとの関係性にあったのである。

そのため、ルーは、いったん教壇を降りようとしたギロートを押しとどめて、改めて神と父と教師との三位一体をかたちづくってもらうことにした。すなわち、ギロートから授けられた知識をさらに深いものにするためにチューリッヒ大学に留学を決意したルーは、堅信礼がないとロシアのパスポートが発行されないことを知ると、サン・パウロ教会でギロートに堅信礼を授けてもらったのである。

しかも、ルーがギロートに「再・三位一体化」を促したのは、必ずしも功利的な理由からではなかった。神であり父であり恩師でもある三位一体の「格」にギロートを置いておかなければ、彼女自身、生きていけないと感じていたからである。

「事実、彼女はギロートにつけてもらったルーという名前をこれからのち死ぬまで名乗り続けた。（中略）ルーはギロートと別れることで現実の世界での行動範囲を広げていった。空想にふける代わりに旅に出た。とはいえ、一人の人間としてのギロートとは、自分が結婚するまで連絡をとり続けた。さながら、亡くなった父親代わりのようなことを彼にやってもらい、日々の生活で問題が生じると、彼に手紙で相談し、実際に訪ねていくこともあった。こうして神＝父親＝ギロートとの三位一体は、謎のように生き続けた」（リンデ・ザルバー　前掲書）

ニーチェもフロイトも魅了された「理想の生徒」

こうして、危ういところでギロートの愛を拒むことに成功したルーは、一八八〇年にチューリッヒ大学に入学すべく、母親とともにロシアを離れることになる。当時、チューリッヒ大学は女子学生を受け入れている数少ない大学だったので、勉学意欲に燃えるルーはここで多くの著名教授たちの薫陶《くんとう》を受けたいと願ったのだが、その願いはすぐにかなえられた。リベラル派プロテスタント神学の権威アロワ・エマニュエル＝ビーダーマンは、ルーの類い稀な理解力と勉学意欲に感心し、彼女を「一粒のダイヤモンド」に譬《たと》え、自著に「知性はすべてを極めつくす。神性さえも」という献辞を添えて送った。そのほか、多くの教授がルーという「理想的な学生」に感動し、称賛を惜しまなかった。

こうした事実からも明らかなように、ルーは、教師に生きがいを与え、教える喜びを存分に味わわせるという「特殊な能力」を備えた「理想の生徒」なのである。美貌やスタイルの良さ、会話の魅力などももちろんあるだろうが、それだけではない。

　まずギロートが、次にニーチェが、そして最後にフロイトがルーに激しく魅了されたのは、ルーの中に「理想の生徒」を見出したからである。自分の思想が完璧に理解されたと感じるばかりか、自分の「思想の子供」をこの「理想の生徒」の中に植え付けて、永続化することができたと感じるときに教師が感じる「教育のエロティシズム」を彼らは、ルーを前にしたときに例外なく感じとったのである。

　この教育のエロティシズムについて、プラトンは『饗宴』で次のように述べている。

「さて、体の中に子を宿している人たちの心は、女性に向かう。そうした人たちのエロスとは、次のようなものだ。すなわち、彼らは、子供を作ることを通して、不死や、［自分についての］記憶や、幸福を、未来永劫《えいごう》にわたって自分のものにできると信じているのだ。

　これに対して、心の中に子を宿している人たちがいる。すなわち、体ではなくむしろ心のうちに、心が宿すにも、心が生むにもふさわしいものを宿している人たちがいるのだ。では、そのふさわしいものとは何か。それは、知恵をはじめとするさまざまな徳だ。（中略）

　人がこのような徳を若い時分から心に宿し、結婚しないまま、しかるべき年齢になると、彼は子をなして生みたいと欲するようになる。わたしが思うに、そのような者は、美しいものを探してさまよい歩き、その中で生もうとするであろう。(中略)さらに、もし幸運にも、美しくて気高く、素質の優れた心にめぐり会うことができたなら、彼は、そのような体と心をあわせ持った人物にすっかり魅了されてしまうのだ」(『饗宴』中澤務《なかざわつとむ》訳 光文社古典新訳文庫)

ギロートにとって、ニーチェにとって、フロイトにとって、ルーとは、こうした心の中に子を宿した者が追い求めてやまない「美しい体と心をあわせもった人物」だったのである。

コスモポリタンが集うマルヴィーダのサロン

チューリッヒ大学で猛烈に勉強しすぎたためだろうか、もともと病弱だったルー・ザロメは健康を害し、医者から転地療養を命じられて一八八二年一月に母のフォン・ザロメ夫人とともにローマに移った。このとき、高名な美術史家でルーの才能を高く買っていたキンケル教授は、知り合いの女性作家マルヴィーダ・フォン・マイゼンブーク宛てに紹介状を書いて渡した。これがルー・ザロメの運命を大きく変えることになるのである。

マルヴィーダは裕福な家庭に生まれながら革命運動に飛び込み、一八四八年のドイツ革命にも加わった歴戦の闘士で、亡命先のロンドンでは『向こう岸から』で知られるアレクサンドル・ゲルツェンやイタリアの革命家ジュゼッペ・マッツィーニと知り合い、親交を深めた。ゲルツェンの死後、その娘オルガを養女にしてローマに定住、彼《か》の地でサロンを開いたが、そのサロンにはコスモポリタンな革命家や芸術家が多く集って熱い議論を交わしていた。

サロンには、ドレスデンの革命に失敗して以来、ヨーロッパを遍歴していたワーグナーも出入りしていた。マルヴィーダはワーグナーがバイロイトの祝祭劇場の定礎式を執り行なったさいに、その場に居合わせた熱烈なワグネリアンのフリードリッヒ・ニーチェと知り合い、即座にその天才を見抜いて、擁護者の役割を演じるようになっていた。

一八七六年には、偏頭痛に悩んで大学を休講にしたニーチェに同情し、ソレントの自分の別荘で保養したらどうかと誘った。ニーチェは渡りに船と応じて、若い哲学者のパウル・レーとともに別荘に滞在して執筆に励んだが、これが後に『人間的な、あまりに人間的な』となって出版されたアフォリズム集である。ニーチェがアフォリズム集という形式をとったのは、同じ別荘で『道徳的感情の起源』を執筆していたパウル・レーが、インスピレーションをパスカルやラ・ロシュフーコーなどのモラリストに仰いでいたからではないかと思われる。すなわち、ニーチェはレーを通じて、モラリストの得意とする短文形式の思想表現を自家薬籠中のものとしたのである。

一八八二年も、マルヴィーダはニーチェをローマに誘った。というのも、キンケル教授の紹介状を携えてサロンに現われたルー・ザロメと言葉を交わすうち、彼女の中にニーチェとの均質性を認め、ルーをニーチェに紹介してみたくなったのである。

しかし、それよりも一足早く、マルヴィーダのサロンを訪れ、ルーに一目惚れした男がいた。パウル・レーである。

パウル・レーと夜のローマ

パウル・レーは一八八二年三月のある夜、モンテ・カルロの賭博場で有り金すべてを失い、賭博場のボーイから借りた旅費を清算してくれとマルヴィーダに泣きついてきたのだった。ルー・ザロメはこのときの出会いをこう綴《つづ》っている。

「これが私たちの知り合いになるきっかけ、まことに愉快なセンセーショナルな発端だったのだが、驚くべきことに、これは私にはちっとも気に障《さわ》ることではなく、その場で早速このパウル・レーと友人になった。彼が一人掛けの椅子に祭り上げられているように、他の人たちと比べて一際輪郭が鋭かったこともそれに寄与していたかもしれない。いずれにせよ、彼のきりっとした横顔、聡明そうな目はすぐに私には親しいものになった。ユーモア溢れる恥ずかしそうな所作が、ある瞬間に圧倒的な優しさと混じり合った」（ルー・アンドレーアス・ザロメ　前掲書）

パウル・レーは当時三二歳の気鋭の哲学者。プロイセンの裕福な地主の息子で、法律を学んだ後、哲学に転じ、『心理学的考察』というアフォリズム集を出版したのが機縁となってニーチェの若き友人となっていたのである。

ルー・ザロメがマルヴィーダ邸を辞去してホテルに戻るというと、パウル・レーは同道を申し出た。春めいた星明かりの夜に語り足りないものを感じたパウル・レーは、少しローマを散歩しないかと誘った。ルーが快く同意したので、二人はローマ中を哲学的議論をかわしながら長時間歩き回った。

「散歩は夜ごとにくりかえされ、二人だけのこの秘めやかな夜の散歩をつづけるあいだに、さまざまなことが起こっている。ルーは、良家の子女の目にはあまり触れる機会のないローマの生活のいろいろな面を目撃した。暗い夜の衣の下にくり広げられる優雅と下品さ、美徳と悪徳——そうだ、これが大都会の夜の生態なのだ」（H・F・ペータース『ルー・サロメ　愛と生涯』土岐恒二《ときこうじ》訳　ちくま文庫）

リリアーナ・カヴァーニの映画では、このときの「夜のローマ散策」がルー・ザロメとパウル・レーの不思議な男女関係の謎を解く鍵として提示されている。たしかにパウル・レーは夜のローマの怪しい雰囲気に呑まれたのか、ルー・ザロメに愛を告白したが、ルーの反応はにべもないものだった。

「彼女は、きっぱりと、わたしの生涯で愛の一章は終わりました、と告げた。ギロートが

わたしの唯一、最大の愛人でした。彼は神でした。生身の愛人が入りこむ余地はありません」(同書)

しかし、そうやって拒絶しておきながら、ルー・ザロメはパウル・レーと会うのをやめなかったのである。普通の人間には理解しかねる行動である。パウル・レーは哲学者とはいえ普通の男だから、おおいに当惑し、マルヴィーダに「こうなった以上、自分はローマを去るしかない」と打ち明けた。話はマルヴィーダからフォン・ザロメ夫人に伝わった。夫人は当然のように激怒して娘をつれてロシアに戻ると言い出した。

こうした反応の連鎖に一番当惑したのはルー・ザロメだった。というのも、彼女には、レーと曖昧な付き合いを続けているうちに心に兆したある計画があったからである。

三位一体(トリニテ)計画

「月明かり、星明かりにローマの町をこうして歩いたことが私たちを近づけて、私の中に素晴らしい計画が出来上がり始めた。(中略)私は正直に告白したい。当時通用していた社会的風習を嘲笑《あざわら》おうとする私の計画の実現を直接に私に確信させたのは、最初は夜に見た素朴な夢であった。夢の中で私が見たのは、本と花に満たされた快適な仕事部屋で、両脇に寝室があって、私たちの間を時々仕事仲間が行き来していて、明るいが真剣な雰囲気

が作り出されているものであった」（ルー・アンドレーアス・ザロメ　前掲書）

ようするに、ルー・ザロメが夢見たのは、女一人と男二人がセックスなしでともに勉学に励むという三位一体（トリニテ）の計画である。こうした「計画」に旧道徳の持ち主である母親が同意するはずはなかったが、ルーが驚いたのは、女性の解放を謳っているマルヴィーダが母親以上に保守的で、「計画」に猛反対したことだった。マルヴィーダは女性が権利を主張するに当たっては、世間から道徳的に非難されるような行ないは謹むべきであると考えていたのだ。

ルー・ザロメは、後述するように外見とは裏腹に性的には異常なほど潔癖であったが、周りの人間が道徳的逸脱を非難すればするほどむきになって実践してみたくなるという挑戦的なところがあった。しかも、まことに面妖なことに、娘をロシアに連れ帰るといきまく母親を説得できるのはこの三位一体の生活しかないと思い込んでいたのである。

いずれにしても、「計画」をもちかけられたパウル・レーは判断に苦しんだ。そこで、師と仰ぐニーチェに手紙で「計画」を知らせた。

ニーチェから折り返し手紙が届いた。

「そのロシア娘によろしく言ってくれ給《たま》え、もっともそれになにか意味があればの話だが。ぼくはそういう心を持った女性を渇望している。近いうちにその女を掠奪《りゃくだつ》に出かけたい。結婚はぜんぜん別問題だ。せいぜいのところ二年ぐらいの結婚なら賛成できるが、

それだってそのあとの十年間にやるべきことがあるからにすぎない」（H・F・ペータース前掲書）

ニーチェの崇拝者ではあるが、ルーに恋していたパウル・レーは妙なことになったと感じたに違いない。その一方で、三位一体の残りの一人にニーチェが座ってくれれば、ルーを引き留められると思ったのだろうか、ジェノヴァ滞在中のニーチェにもう一度連絡をとろうとした。しかし、今度は、返事が来なかった。

なんと、ニーチェはジェノヴァから突然、シチリアに旅立っていたのである。前年、ジェノヴァ近郊の寒村に滞在しているとき、ニーチェは湖の湖畔で「永劫回帰」の思想が閃《せん》光《こう》の如く啓示されるという経験をしたが、それ以来、偉大なるジェノヴァ人コロンブスのように地の果てに新世界を発見するという幻影に取りつかれ、シチリアのメッシーナに向かったのだった。

ニーチェはシチリアでかつてないような高揚感に襲われ、『メッシーナ牧歌』という恋歌を含む数編の詩を書き上げていたが、そんなところにルーに会いにローマに来るよう要請したレーからの手紙が届いたのである。ニーチェは、ある種の「予感」を感じながらメッシーナを後にした。

この時点では、ルー・ザロメはニーチェの著作を一冊も読んだことがなかった。ニーチェについて知っていたのはパウル・レー経由の間接的な思想のみ。しかし、ニーチェを語るレーの口調が崇拝者のそれだったため、「三位一体」の計画に熱中するルーの心の中では、ニーチェのイメージが大きく膨《ふく》らんでいたのである。

ニーチェの恋

ルー・ザロメとニーチェの出会いは、ルーがパウル・レーとヴァチカンの聖ピエトロ大聖堂にいるときに起こったが、ニーチェはそのときルーに向かって「どのような星のめぐり合わせで私たちはここで出会うことになったのでしょう」と言ったという。実際、ルーとニーチェの出会いは星の巡り合わせというほかなかった。三八歳だったニーチェは二一歳だったルー・ザロメに会ったとたんに強く惹かれるものを感じたからである。

では、ルー・ザロメのほうはどうだったのだろう？

「うかつな傍観者には彼の外観はひとつとして人目をひくものを提供しなかった」（ルー・アンドレーアス・ザロメ　前掲書）

つまり、外見的にはパウル・レーのときと異なり、ルー・ザロメはとくに惹かれるものを感じなかったのだ。しかし、しばらく観察するうちに、ニーチェの近視の瞳の中に不思議な孤独を感じ取り、強い共感を覚えるようになった。

「これらの両眼が視線を投じていたのは、内面のうちへであると同時に――最も身近な諸対象をはるかに越え出て——遠方のうちへであり、あるいはもっと適切にいえば、遠方のうちへのように内面のうちへなのだ。……何かひめやかな孤独を想わせるもの、こ。れこそニーチェの風貌が人を魅する最初の強い印象であった。彼の姿は、隔離の、孤独の刻印を帯びていた」（『作品にあらわれたニーチェ』、白井健三郎《しらいけんざぶろう》『ルー・ザロメ　ニーチェ・リルケ・フロイトを生きた女』泰流社から引用）

このように、ルー・ザロメは冴えない外見のニーチェの中にある絶対的な孤独を即座に理解したが、ニーチェのほうでも、自分が二一歳の乙女によってだれよりも十全に理解されたことを理解した。そして、そのとたんに恋に落ちたのである。恋とは理解されたと感じた瞬間に人を襲うものなのである。ルー・ザロメの美貌だけがニーチェをひきつけたのでは決してない。

数日後、女にはおよそ縁がなかった詩人哲学者はもはや恋情を抑えきれなくなり、パウル・レーにルー・ザロメと結婚したいから仲介を頼むと言い出した。パウル・レーも、ルー・ザロメとの結婚をまだあきらめたわけではなかったので、奇妙な立場に追い込まれることになる。

このときのことをルー・ザロメはこう回想している。

「ニーチェはもちろん状況の単純化を考えていて、私への結婚の申し込みの仲立ち役をレーに依頼したのであった。私たちは三位一体を危険にさらすことなくこの問題をうまく解決するにはどうすべきかと、不安を抱えながら考えた。決まったのは、どんな形式の結婚にも私が原則的に反対であることをニーチェに説明すること、さらに私の母が亡き父の将軍年金だけで生きていて、結婚すれば、ロシアの貴族の一人娘に認められている私のささやかな年金がもらえなくなるという事情もはっきりさすということであった」（ルー・アンドレーアス・ザロメ　前掲書）

ルー・ザロメはここで年金云々《うんぬん》を理由に挙げているが、それはほとんど口実である。ようするに、相手がパウル・レーであろうとニーチェであろうと、ルーは全人的拘束を伴う結婚というものを激しく嫌悪していたのだ。その意識下に肉体的な結合への嫌悪があったかどうかはわからない。

おそらくあったのだろう。なぜかといえば、ルーにとって、ともに暮らす男というものは、自分を全的に受け入れてくれる男であると同時におのれの持てるものすべてを与えてくれるようなスーパー男、つまり、イエスのような、神であり人間であり聖霊である存在でなければいけないが、そのような超越的存在とは肉体的には結ばれえないという結論になるのである。だからこそ、ルー・ザロメはパウル・レーとニーチェとの肉体関係抜きの三位一体を希求したのだが、こうした三位一体願望とは、じつは多くの女性に普遍的に観察されるものなのである。極端にいえば、これこそが全女性が潜在的に理想と見做《みな》すところのイメージなのである。なぜなら、「自分を全的に受け入れてくれる男」と「おのれの持てるすべてを与えてくれる男」というのが同一の男の中に共存するなどということは現実的にはありえないから、この役割を二人の別の男に割り振ったうえで、三位一体生活をするのがベストという理屈になるからである。

しかし、このあまりに時代を先取りしすぎた理屈は、さすがのニーチェでも理解しかねたので、ニーチェはとりあえず三位一体の提案を受け入れるふうを装っておいて、いずれパウル・レーを排除してやろうと考えた。そのためにはどうしたらいいだろう？

ニーチェは妹のエリザベートに手紙を書いてルー・ザロメの存在を知らせ、妹から「そんなにいい人なら、お兄さん、結婚すれば？　私が縁結びの神さまになってあげる」と言ってもらえるのではないかと期待した。しかし、ニーチェの期待はあまりに甘かった。ニーチェの手紙にウソを見抜いたエリザベートは、会う前からルー・ザロメに激しい敵意を覚えたからである。

ニーチェとの熱い抱擁

一八八二年の四月下旬、ルーとフォン・ザロメ夫人はローマを去り、ミラノに向かった。フォン・ザロメ夫人はスイス、ドイツ経由でロシアに帰るつもりでいたが、ルーのほうは少なくとも一年くらいはパウル・レーとニーチェで三位一体の生活をしたいと考えていた。そのためにはなんとしても母を説得しなければならない。あまりに娘が強情なので、さすがのフォン・ザロメ夫人も、ミラノで四人が合流してスイスまで旅行することには合意せざるをえなかった。

ミラノで落ち合ったとき、ニーチェは北イタリアの湖水地方のオルタ湖までピクニックに行こうと提案した。こうすれば、ルー・ザロメと二人きりになる時間が持てるのではないかと期待したのだった。

ことはニーチェの目論見《もくろみ》通りに運んだ。オルタの町の対岸には湖に浮かぶイーゾラ・サン・ジュリオ島があり、その背後に有名なモンテ・サクロ山が神聖な姿を見せていた。イーゾラ・サン・ジュリオ島の見学を済ませた一行が湖畔に帰着したとき、ニーチェはモンテ・サクロに登ってみないかと皆を誘った。幸運なことにパウル・レーとフォン・ザロメ夫人は疲れたから湖畔にとどまると言った。ニーチェにとって千載一遇のチャンス到来である。ルーと会ってから初めて彼女と二人だけになれる機会が訪れたのである。

ではこのとき、二人に何が起こったのだろうか？『ルー・ザロメ回想録』には次のように簡単に触れられているだけである。

「そのときニーチェと私がモンテ・サクロにあまりに長くいて、下で待っていた母を意図しないのに少なくとも不快にさせたようであった。その間、母のお相手をしていたパウル・レーの気分も損ねるものであった」（同書）

いっぽう、H・F・ペータースはニーチェの手紙とノートを参照して次のように推測している。

「ルーは何をしたのか？　どんなことが起こったにせよ、それがニーチェの心に与えた衝撃は破壊的だった。二人の決別後、かれがルーに書き送っている苦汁にみちた手紙においても、またかれのノートに記されている、錯乱した、かずかずの手紙の下書きにおいても、繰り返し現れるのは、『オルタのルーは別人でした』という言葉である。かれは『オルタの天候』に当てられたと言って嘆き、あのことを思い出すだけでも気が狂いそうだと言っている。モンテ・サクロの散策に対してニーチェがこれほど激しい感情的反撥《はんぱつ》を示しているのは、たしかに、かれがなにか強烈なことを経験した証左であろう」（H・F・ペータース　前掲書）

おそらく、モンテ・サクロの「強烈な体験」とは熱い抱擁であったと思われる。ニーチェが接吻《せっぷん》を奪い取ったのか、それとも、ルーのほうから接吻をせがんだのかはわからないが、いずれにしてもルーがニーチェに唇を許したことは確実である。それだけでも、ニーチェにとっては天にも昇る感激と感じられたのである。

数日後、ルツェルンに向かうザロメ母娘とパウル・レーから別れたニーチェはバーゼルに住む知人のオーフェルベック夫妻を訪ねた。夫妻が後に証言したところでは、ニーチェは異常に興奮し、ルーにプロポーズするのだと宣言したという。ルーと結婚すれば新たな

ニーチェ（写真右）が発案した「三位一体」完成記念写真。
ルーは、ニーチェとパウル・レーの腕に巻いた紐を握っている

人生が始まる、ぜひとも息子がほしいとまで言ったと夫妻は語っている。

それから数日後、ニーチェは三人のいるルツェルンに現われた。そして、モンテ・サクロでの体験の続きになるようなものをルーの瞳の中に探したが無駄だった。

しかし、ニーチェは落胆しなかった。もはや、逡巡《しゅんじゅん》している暇はないと判断したのか、ルーに直接、結婚を申し込んだ。ルーはまるでこのことを予想していたように黙ってニーチェの言葉を聞いていたが、やがておもむろに口を開いた。

「結婚はしたくありません、と答えた。わたしは自由でいたいのです。でも、同時に、あなたがたにお友達のままでいてもらいたいと思います」（同書）

ニーチェは平静を装って聞いていた。ルーを失うくらいなら、三位一体の生活のほうがましかと思ったに違いない。三位一体の生活を始めてみれば、ルーはパウル・レーよりも絶対に自分を選ぶだろうと確信していたのだ。

話し合いが終わり、パウル・レーの待つホテルに行くと、ニーチェは不思議な提案をした。「三位一体」の完成を記念して、知り合いのボネ氏の写真館で三人で記念撮影をしようと言い出したのである。

ニーチェはボネ氏のスタジオに小さな荷馬車があるのを見つけると、それをステージの真ん中に持ちだした。ルーに向かって荷馬車の荷台で膝を折るように命じてから、ボネ氏に紐はないかと尋ねた。紐が運ばれると自分とパウル・レーの腕を結び、ルーにその端を持つように命じた。さらに、小さな棒を見つけると紐を結んで鞭とし、その先にライラックの枝をつけた。こうして、あの有名な「三位一体」の写真が撮影されたのである。

　では、果たしてルー・ザロメが熱烈に希求した三位一体の生活は実現したのだろうか？

タウデンブルクでの共同生活

　ルツェルンでニーチェと別れてから紆余《うよ》曲折の末、ルー・ザロメは、母と兄をパウル・レーの実家である西プロイセンのシュティペまで連れてゆき、パウル・レーの母の監視のもとで二人が暮らすのを認めさせた。ルーの頑固さが勝利したのだ。フォン・ザロメ夫人と兄はロシアに戻っていった。ルーは、三位一体生活の準備が整ったことを、ナウムブルクの実家に戻っていたニーチェに知らせ、自分たちに合流するように要請した。

　いっぽう、ニーチェは、ルーの手紙で夏にバイロイトの祝祭音楽祭に行く予定があるのを知ると、一計を案じ、これは、妹のエリザベートが提案していることだが、タウデンブルクで夏休みをすごす予定があるからバイロイトの帰りに合流しないかともちかけた。ルーからは応諾の手紙が届いた。

　かくて、バイロイトでエリザベートがルーと落ち合ってからタウデンブルクに同行するということが決まった。

この年のバイロイト音楽祭は、ワーグナーが『パルジファル』を初演するということで世界中からワーグナー・ファンが集まり、文字通り、沸騰するような熱気に包まれていた。こうした熱気の中で、ルー・ザロメとエリザベート・ニーチェは出会ったのである。そして、会ったとたん、相手の中に最悪の女を見出した。とりわけ、最愛の兄を奪われたと感じているエリザベートの憎悪はすさまじかった。

「エリザベート・ニーチェが、自分の抑圧された感情に逆らってくるような誰かを念入りに探していたものとすれば、ルーこそまさにうってつけの人であった。ルーは彼女が嫌いなものをすべて体現していた。その因襲にとらわれない習慣、男たちとの驚くほど自由な振舞い、美粧に対する無頓着ぶりは、エリザベートにとってほとんど肉体的嫌悪の種であった。兄はまたなんでこんな女といっしょになりたいのだろう？　ルーはルーで、エリザベートの本能的な反撥を感じると、そういう場合のつねで、反動的にかえって変人ぶりをことさらに見せつけようとする」（同書）

しかし、それでもタウデンブルクでのニーチェとルー・ザロメの共同生活は、エリザベートの憎悪に燃えた監視にもかかわらず一カ月は続いた。ルーはその間のことを故郷で不安げに待つパウル・レーに毎日手紙で報告していたが、それを見る限り、共同生活は双方の哲学生活には実りあるものとなったようである。

「ニーチェと話しているととても刺戟《しげき》になります。そんなことはよくご存知でしょうが、でも、自分とよく似た思想や感情や観念に出会うことは特に魅力的なのではないでしょうか。わたしたちはお互いに完全に理解し合いました。いつかニーチェは驚いたように、『ぼくたちの違うところは年齢の相違だけだ、生き方も考え方もそっくりだ』と言っておりました」（同書）

　普通だったら、こうした相互理解は恋に発展するはずである。げんに、ニーチェは一旦はルーに拒絶されたにもかかわらず、再び結婚の願望をもち始めた。しかし、ルーの論理では、こうした理解に達したからこそ二人の結婚は成立しないのである。彼女の論理はそのようにできているのだ。おまけに、恋心ゆえの嫉妬か、ニーチェはパウル・レーを盛んに愚弄し始めたが、これがまたルーの警戒心をかきたてたのである。

「ルーはニーチェの緊張の原因を知っていたに違いない。これとよく似た経験を彼女がギロートと持ったのは、まだほんの最近のことであった。してみれば、ニーチェとの共同生活が長びけば長びくほどかれの緊張はますます強まり、やがては自然の弛緩を求めるか――そういう可能性が彼女にも起こったとは考えられないが――あるいは爆発に終わることとは、彼女にもわかっていたはずである」（同書）

　かくて、一カ月の共同生活は嵐の予感を含みながら終わりを告げた。ルー・ザロメはタウテンブルクを去るにあたって、ニーチェにプレゼントとして「生に捧げる賛歌」を残していった。

「何千年もこの世に生きさせてください！　考えること、それをしたい！　生の二つのかいなに、わたしを抱きとってください。
生よ、あなたがもうわたしに幸せを贈れないというのなら、ええ、それも結構よ、あなたはまだ苦悩をもっているのだから」（リンデ・ザルバー　前掲書）
ルー・ザロメにとって、ニーチェとともにしたかったのは「考えること」、それだけだったのである。

絶望、そして『ツァラトゥストラはかく語りき』

ニーチェのもとを去ったルー・ザロメはベルリンでパウル・レーとの共同生活を再開した。

パウル・レーはニーチェがかならずしも身持ちのいい男ではないことを知っていたので、タウデンブルクで二人の間になにかあったのではないかと疑ったが完全に的外れの推測だった。ルー・ザロメはパウル・レーを拒んだのと同じ、いやそれ以上の力でニーチェを拒んだのであり、ニーチェとの間には、形而上《けいじじょう》的な意味での融合はありえても、形而下的な意味での融合はいかなるかたちでもありえなかったのである。

「レーが嫉妬するいわれなどなかったのである。ルーは、ニーチェよりもかれのほうが好きであり、結婚のことさえ固執しなければ喜んでかれといっしょに暮らしたいということを隠したりはしなかった」（H・F・ペータース　前掲書）

つまり、最終的に選ばれたのはパウル・レーであったのだが、レーはそのことの重大さには気づかず、ニーチェにルーを奪い返されるのではないかと脅えていたのである。

実際、ニーチェはまだ諦めてはいなかった。ルーを蛇蝎《だかつ》のように忌み嫌う妹のエリザベートと喧嘩別れしてナウムブルクを去ると、ライプチヒに行ってルーとパウル・レーが来るのを待った。その間、ルーに宛てて情熱的な手紙をしたためたが、その手紙は、ルーとの「約束」によりパウル・レーも読んでいた。

だから、さすがのパウル・レーでも、ルーの気持ちがニーチェではなく自分のほうに傾いていることはわかった。ここは、なんとしてもニーチェを追い払う方法を見つけなければならない。そこで、一計を案じる。

ニーチェを油断させるため、「三位一体」の生活に二人が同意したという手紙を送る。ただし、それには空気が自由なパリが最適だから、いずれパリで三人が落ちあってからということにして、明確な日時は明らかにしないでおく。そして、打ち合わせと称してライプチヒで三人で会い、ニーチェにパリでの三位一体生活に甘い期待を抱かせておいてから、ルーをつれて故郷のシュティペに戻ってしまうというのである。

果たして、ルー・ザロメがパウル・レーの計画をどこまで知っていたかはわからない。

しかし、ライプチヒでの再会がレーの目論見通りに進んだことは確かなようである。

「ルーはニーチェの言葉をまともに受け取ることができなくなってきた。タウンデンブルクの薄暗い森のなかで聞いたときには信じる気になったことが、ライプチヒのガス灯に照らされた部屋で聞くと、だんだん白々しく思えてくるのであった。レーはルーの呪縛が解けてゆくのを満足そうに見守っていた」（同書）

ニーチェはまだパリでの三位一体生活を信じているようだったが、ルーのほうはあきらかにトーン・ダウンしていた。

そのせいか、一八八二年十一月の第一日曜日に、ベルリンに戻るルー・ザロメとパウル・レーを見送りにライプチヒの停車場までやってきたニーチェの心には、天気と同じように、暗い雲が立ち込めていた。別れぎわ、ニーチェは最新刊の『悦ばしき知識』を贈った。それには、ルー・ザロメへの献詩が書き加えられていた。

「勇気を持て！　舵を握っているのは君だ。最愛のヴィクトリアよ！」

ニーチェはルー・ザロメとパウル・レーに別れてから二週間ほどライプチヒに滞在し、イタリアのジェノヴァに向かったが、その途中のバーゼルで旧知のオーフェルベック夫妻を訪ねた。夫妻はニーチェが別人のようになっているのを見て驚いた。ニーチェはパリでの三位一体生活はありえないと悟り、絶望を深めていたのである。

ジェノヴァでニーチェは自殺の一歩手前までいったが、そこから奇跡的に生還して書き上げたのが『ツァラトゥストラはかく語りき』である。『ツァラトゥストラはかく語りき』は、燃え尽きたルーへの愛の灰の中からフェニックスのように生まれたのである。

求婚者たちとデマゴーグ

ニーチェから解放されたルー・ザロメはパウル・レーとともにベルリンで五年におよぶ共同生活に入った。自分の性格的な弱さを自覚していたパウル・レーは、結婚できないのだったら別れたほうがいいと何度か提案したが、ルーはそれを認めなかった。意志の力さえあれば、セックス抜きで、兄と妹のように男女が暮らすという理想生活は可能だと信じていたからである。

こうして始まった共同生活は友人たちの目には奇妙なものに映ったようだ。ルー・ザロメは自伝の中であっさりとこう書いている。

「パウル・レーはこのサークルで『女官』と呼ばれ、私は『閣下』と呼ばれていた。私がそう呼ばれたのは、ロシアのしきたりで父の一人娘としてのその『閣下』という称号を受け継いでいて、私のロシアのパスポートにそう書かれていたからである」（ルー・アンドレーアス・ザロメ　前掲書）

ルー・ザロメはこの「閣下」という称号にいやな感じはもたなかったかもしれないが、

パウル・レーのほうはかなり複雑な心境だったにちがいない。

「友人たちはかれをルーの『侍女』と呼んだ。彼女はこの綽名《あだな》を、それがレーの男性に対する侮辱のことばであることに気づかずに、おもしろ半分に使った。おそらくレーもそれを冗談として、あるいは彼女のそばにいることを許された代償として、受け流していたのであろう。それにしても、かれはまたも自分が笑いものにされていると感じていたに違いない」（H・F・ペータース　前掲書）

サークルの仲間がルーを「閣下」と呼んだのには、それなりの理由があった。ベルリンのカフェやキャバレーに群れ集う文学者・学者・芸術家のサークルの中で、ルーは会話能力や推論能力が際立っているばかりか、道徳的な偏見のなさという点でも時代をはるかに超越していたからだ。

当然、ベルリンに集う若者の多くがルーの魅力の虜となった。

求婚者の大物をあげれば以下のようになる。

まず、ゲマインシャフト（家族・村落などの自然発生的共同社会）とゲゼルシャフト（会社・都市など人為的選択意志にもとづく利益社会）という社会の二分法にその名を残す社会学者フェルディナント・テンニース（1855－1936）。ルー・ザロメはテンニースを同時代ではニーチェに次ぐ頭脳明晰な人物と見なして議論をするのを好んだが、テンニースのほうは例によってルーの魅力に雁字搦《がんじがら》めになり、結婚を申し込んだがあっさり断られた。

次は、実験心理学の創始者の一人、ヘルマン・エヴィングハウス（1850－1909）。エヴィングハウスはのちにルーがフロイト心理学に向かう道を開いた人物で、テンニースをライバルと見なしてルーに抜け駆け的に求婚したがこちらも撃退された。

このほか、自分の知的能力に自信があって「ルー・ザロメ閣下」の「御意」を得ることができると考えた若者たちが、宮廷風恋愛物語（ロマン・クルトワ）の騎士のように次々に求愛したが、いずれも枕を並べて討ち死にした。

普通、サークルの中で、特定の男が一人の女に惚れ込んだら、サークルは嫉妬と反感で解体してしまうものだが、ルーがどの男も差別することなく「平等」に絶対的拒絶を示していたため、サークルの安定が保たれ、全員がルーを中心とした惑星のように動いていたのである。

しかし、外目にはそうは映らなかったようで、ルー・ザロメの「化けの皮」を剝いでやろうとする者も後を絶たなかった。

たとえば、ローマの社交界でルーをパウル・レーとニーチェに引き合わせたマルヴィーダ女史は、いまやエリザベート・ニーチェの悪質なデマゴーグを信じて全面的にルーの敵に回り、各方面に情報を張り巡らして、ルーが道徳的にボロを出すようなことがないか、虎視眈々《こしたんたん》とスパイ活動を続けていた。

これに対し、若き哲学徒ルートヴィヒ・ヒューターは、マルヴィーダの問い合わせにこう答えている。

「彼女はこれまで私が会ったどんな女性ともまったく違っています。しかし本当のことを言わせていただくと、私は彼女を理解し、いまでは尊敬しています。あなたのご心配はおそらく杞憂《きゆう》にすぎないと私は信じます。男と女の二様の世界観があるとすれば、サロメ嬢は男の世界観を持つといえましょう。(中略)信じがたいほど頭脳明晰な彼女は、全男性の理想とするものに近づこうと努めています。議論のおもしろさではなく、真理を愛するこころが彼女を駆りたてているのです」(同書)

このように、ベルリンの知的サークルの内部で多くの理解者を得たおかげで、エリザベート・ニーチェやマルヴィーダなどの「努力」にもかかわらず、ルー・ザロメは知的エリートの世界で一歩一歩地歩を固めているかに見えた。

だが、実際には、ルー・ザロメは雑誌に寄稿したいくつかの記事を除くとほとんどなにも書いていないに等しい「無名人」であった。つまり、そのきらびやかな評判にもかかわらず、ルー・ザロメはいまだ作家と名乗れるような存在ではなかったのである。

それに、一八八三年の春から夏にかけての時期は、ルー追い落としの野望に燃えたエリザベート・ニーチェが、中傷の言葉を並べた手紙をパウル・レーの実家に何通も送りつけ、二人を離別させて、ルーをロシアの母のもとに帰してしまおうと画策していたので、ルーとしても、母からの召喚状が届かないようにするには、ベルリンで筆一本で自立していることを証明するしかないと感じたのである。

かくて、ルー・ザロメは小説を執筆しようと思い立つ。さいわい、大学教授資格試験出願のための論文を書かねばならないパウル・レーが、チロル地方のグリース・メランで別荘を借り、互いに執筆に専念しようと誘ってくれたので、渡りに船と申し出に応じた。

数カ月後、ルーは処女作『神をめぐる闘い』を書き上げてベルリンに戻ってきた。パウル・レーは教授資格試験審査用論文『良心の起源』になお取り組んでいた。

処女作『神をめぐる闘い』

『神をめぐる闘い』は、牧師の息子として生まれたクーノが宗教と道徳の壁に突き当たりながら自己実現に向けて成長し、崇高なるものを追求する過程で三人の女性と出会い、魂の成長を遂げていくというある種のビルドゥングス・ロマンだが、人物造形が薄っぺらで、ジョルジュ・サンドの小説にニーチェ風の哲学的箴言《しんげん》を無理やり押し込んだ感のある小説だった。実際、登場人物が口にする箴言はタウデンブルクでニーチェに目を通してもらった箴言集から取られていた。いや、それは、ルーがニーチェから直接聞いた箴言をディクテーションしたものといったほうがいいかもしれない。ひとことでいえば、ぎこちない登場人物がニーチェ風の「神は死んだ」という会話を交わすだけの小説といえなくもない。ニーチェもパウル・レーと一心同体の妹が書いた「半熟小説」と評したが、「この少女を上にひっぱっていくのはおそらく永遠に女性的なものではなく、たぶん永遠に男性的なものである」と的確な批評を述べた。さすがにニーチェ、ルーの本質をよく見抜いている。

一八八五年にジョルジュ・サンドのようにアンリ・ルーという男名で『神をめぐる闘い』が出版されると、ドイツの読書界は予想外の好評をもってこれを迎えたのである。ドイツ自然主義の先駆者であるハルト兄弟のようなベルリンの花形批評家が絶賛したこともあって、『神をめぐる闘い』はその年の収穫とされ、ルー・ザロメはこの一作で新進作家の仲間入りを果たしたのである。

これに対し、ルーと競い合うようにして書き上げられたパウル・レーの哲学論文は同じ年にストラスブール（シュトラスブルク）大学に提出されたが、こちらは不合格の烙印を押されて突き返されてきた。そこで、パウル・レーは哲学教授となることは諦めて医学の勉強を始めたが、このころから、ルー・ザロメとの関係がしっくりいかなくなる。

というのも、二人の間に、生活の不一致というよりも、身分格差が生じてしまったからだ。パウル・レーは大学教授の夢破れ、医学生として勉強をやり直さなければならない「浪人生」だが、ルーは話題の新進作家として各方面から引っ張りだこになり、若くして有名人の仲間入りを果たしていたからだ。

そこで、パウル・レーに勉強のための時間と空間を確保してやるために、ルーは大学近くに部屋を借り、週末だけを二人一緒に過ごすことにした。これまで、多くの困難を乗り越えてきた例外的カップルなのだから、別居などたやすいことのように思えた。

だが、この別居が二人にとって決定的な躓《つまず》きの石となったのである。

というのも、下宿に移ってからあまり月日のたっていない一八八七年のある日、ルー・ザロメはなんとフリードリヒ・カール・アンドレアスというベルリン東洋語学研究所のトルコ語教授と結婚したからである。

カール・アンドレアスとの突然の結婚

では、いったい、このアンドレアスという結婚相手はどのような人物だったのだろうか？

アンドレアスの系譜は、北ドイツ出身の医師ヴァイツ博士がオランダ領東インド（現在インドネシア）に住み着いて、そこでマレー人の娘を娶《めと》ったことに始まる。二人の間にできた娘（アンドレアスの母親）は、ペルシャの王侯の血を引くバグラトゥーニ家の子孫で、アンドレアスと名乗っていた青年と結婚する。一八四六年、このハイブリッドな結婚からジャワ島のバタビア（現在のジャカルタ）で生まれたのがフリードリヒ・カール・アンドレアスである。

アンドレアスが六歳になったとき、一家はドイツに引き上げてハンブルクに住んだ。アンドレアス少年は語学教育で知られるジュネーヴのギムナジウムの寄宿学校に送られたが、ここで少年の異常な語学能力が開花する。少年はオランダ語、ドイツ語に加え、英語、フランス語、ラテン語、ギリシャ語をまたたくまにマスターしてギムナジウムを卒業。ハレ、エルランゲン、ゲッチンゲン、ライプチヒなどの大学で、ペルシャ語を集中的に勉強し、中世ペルシャ語に関する論文でエルランゲン大学から博士号を授与された。

このあと、デンマークのコペンハーゲン図書館でペルシャ語写本の研究に従事し、ドイツ語圏と北欧圏の偉大なるオリエント語学者と親交を結んだ。普仏戦争に従軍したあとは、パフラヴィー語（ゾロアスター教の聖典が書かれた古代ペルシャ語）の研究に没頭した。

ここで、アンドレアスが研究の成果を印刷に回していたなら、ドイツ北欧圏では並ぶ者のない大オリエント学者としてアカデミズムに地位を築いていたにちがいない。だが、彼は研究の成果を本にまとめようとはしなかった。頭の中に蓄えた膨大《ぼうだい》な知識を言葉にするだけの能力が自分にはないと感じていたからである。

そんなとき、プロイセンの文化省が金星の軌道を観測するための遠征隊をペルシャに派遣すると話があったので、アンドレアスはこれに応募する。幸い考古学部門の代表に選ばれたので、アンドレアスは父の生まれ故郷で思う存分に研究に没頭することができるようになったのである。

　ところが、七年間の研究を終え、ペルシャ皇子の道連れとして一八八二年にドイツに帰国してみると、留学を長引かせ過ぎた留学生によくあるようにアカデミズムの就職口はどこにもなくなっていた。アンドレアスは研究の成果をほとんど印刷物にしていなかったので、アカデミックな業績はゼロに近かったからである。

　そこで、オリエントに赴くプロイセンの軍人や商人たちの家庭教師や翻訳で生計を立てることにしたが、一八八七年に実用的な語学訓練を施す学校としてベルリンにオリエント語研究所が設立されたことから、運よくこの学校のペルシャ語教授として就職することができた。その後、トルコ語教授に転じた。アンドレアスはすでに四一歳になっていた。

　しからば、正統的とはいいがたいキャリアを積んできたこの地味なオリエント語学者がどんなきっかけで、ルー・ザロメと知り合い、結婚にまでこぎつけたのだろうか？

血なまぐさい婚約

　どの伝記にも明らかなことは書かれていないが、どうやら、真相は、どこかのサロンやカフェでルーを見て一目惚れしたアンドレアスが、あるとき突然、強引にルーのアパルトマンに押しかけて、いきなり結婚を迫ったらしい。しかも、その迫り方というのが尋常一様ではなかったのである。

ルー・ザロメはこのときのことを回想して次のように書いている。

「後にしばしば思い出すのは、私たちの婚約の前の晩に血なまぐさいものの偽りの光が、つまり殺人の嫌疑が、私に襲いかかったさまである。

私の夫は当時非常に遠く離れた住まいへ夜帰って行くのに備えて、短いが重いポケットナイフを携帯していた。そのナイフが私たちが向かい合って座っていたテーブルの上に置いてあった。静かに彼はそれを手に取り、自分の胸に突き刺したのであった。

私は半ば気も狂わんばかりに外に飛び出して、家から家に外科医を捜して走り回り、一緒に走り回ってくれた人から事故のことを聴かれて、自分のナイフで傷を負った人がいると答えたものであった。やっと医者が来てくれて、床に倒れて気を失っている夫を診ている間、医者の表情と一口二口言った言葉から、ナイフで刺したのは誰かという医者の疑惑が私にもはっきり分かった。疑念を抱きながらも、医者はその後、慎重に親切に対応してくれた。

手から滑り落ちたナイフが折り畳まれた状態になって、心臓は逸れたが、三角形の治りにくい傷を作っていた」（ルー・アンドレーアス・ザロメ　前掲書）

なんと、アンドレアスはルーのアパルトマンで、自らの胸をナイフで刺して結婚を迫り、おそらく、ルーは殺人の容疑者にされるのではないかという恐怖から、結婚に承諾を与えたのである。

しかし、それにしても、あれほどに結婚を拒んでいたルーが、なにゆえに結婚に同意したのか？

アンドレアスに対し、自分には指一本触れないし、行動の自由は完全にこれを保証するという条件を呑ませたからである。

つまり、アンドレアス夫人となったあとも、ルー・ザロメはあいかわらず処女のまま、これまで通り、ベルリンの男たちとの自由な交際を続けることができるというわけである。

だが、アンドレアスは果たして夫としての権利を行使しないでいることができたのだろうか？

こうして、世にも怪奇な夫婦生活がルー・ザロメとアンドレアスの間に始まったのである。

パウル・レーとの別れ

アンドレアスと「唐突」に結婚した結果、ルー・ザロメはパウル・レーとは別れるほかなかった。万事に控えめなレーは静かにルーの人生から姿を消していった。この別れのことをルーは『ルー・ザロメ回想録』の中でこう記している。

「彼が私から去って行った最後の夜は、決して燃え尽きることのない火となって私の記憶にこびりついていた。夜遅く彼は去って行ったが、数分後に帰って来た。雨が激しく降っていたからと言ってである。しばらくして出て行ったが、まもなく再び帰って来た。今度は一冊の本を取りにであった。彼が去ると、もう朝であった。私は外を見て、首を傾《かし》げた。道路は乾いていて、雲一つない空には青白い星が輝いていた。窓から振り向くと、ランプの明かりの中にレーのもっていた私の小さな子供のときの写真が目に入った。そこに折りたたんであった紙にこう書いてあった。『慈悲があれば、探さないで』と」

後に、ルーはレーの夢を見た。友人たちと楽しく騒いでいると、みながレーが来ているというので、方々捜し回り、更衣室に行くと、太った見知らぬ男が椅子に座っている。肉のついたデスマスクのような顔のその男はこう言った。「どう？　誰も僕を見つけられないだろう」

パウル・レーは医学の勉強を終えて、オーバーエンガディンのツェルリーナに引き籠《こも》って貧しい民衆の診療に当たっていたが、一九〇一年十月二十八日、イン川で遺体で発見された。一五年前にルーと幸福な一時期を過ごした場所のすぐ近くだった。

「地獄」のような「白い結婚」

アンドレアスとの結婚生活はルー・ザロメにとって「地獄」のようなものと映った。というのも、契約と異なり、アンドレアスは何度も「夫としての権利」を行使しようとしたからである。

「ある日の午後のこと、私が寝椅子でぐっすり寝入っていると、夫が私のそばに来て横になるということがあった。

おそらく不意をついて征服してやろうと突然に決意して、そうした行動に出たのであろう。とにかく私はすぐには目覚めなかった」（同書）

やがて、ルーはなにかの音で目を覚ます。それは無限の彼方の星から聞こえてくるような小さな音だった。ルーは自分の手が上のほうで、なにか首のようなものに巻き付いて強い圧力でそれを絞めつけているのを感じた。聞こえていたのは喉をごろごろさせる音だった。目を開くと真上に苦痛に歪むアンドレアスの顔があった。ルーは襲いかかった夫の首を力いっぱい絞めて、激しく抵抗していたのである。

このように、ルーはどんなことがあっても決して夫に体を開かなかった。アンドレアスとの結婚生活は、アンドレアスが八四歳で没するまで四三年間続いたが、それは、結局のところ、フランス語でいうところの「白い結婚（マリアージュ・ブラン）」、つまり肉体関係を伴わない結婚に終わったのである。

では、ルーはアンドレアスを嫌悪していたのかといえば、決してそんなことはない。『ルー・ザロメ回想録』でわざわざ「F・C・アンドレアス」という一章をもうけて夫について詳述しているように、ルーはアンドレアスの学識や知性にだれよりも深い尊敬を抱いていた。また、アンドレアスその人にも強い魅力を感じていた。事実、ルーは長い流浪の生活から戻ると、かならず夫のもとに身を寄せた。まるで実家の父のもとに帰るように。

そう、ルーをしてアンドレアスを禁忌させていたのは、アンドレアスの中に見てしまった「父性」だった。強烈なファザ・コンであったルーにとって、アンドレアスとセックスすることは父親とセックスすることに等しかったのだ。H・F・ペータースは『ルー・サロメ　愛と生涯』の中でこの見方に与《くみ》している。

「一方では純粋にかれを好いていて、その心を傷つけたくないと思っているが、他方では、かれの接近が近親相姦《そうかん》の恐怖に似た感情を彼女の心にかきたてるのである。彼女がかれに屈するのを拒むのは、単に彼女のきまぐれからではない。それは彼女の意識下に深く根ざした恐怖心に起因するものであって、理性では解決できないものなのである」

そんなにいやなら、離婚すればいいではないかと俗人は思ってしまうが、ルーは最後まで離婚という選択肢を選ばなかった。アンドレアスが離婚に同意しなかったということもあるが、ルーもまた、「父とは別れられない」と感じていたからである。

代理妻

とはいえ、結婚という桎梏《しっこく》を背負ったままでは、ルーが理想とする自己実現の道は永遠に開けてこない。そこで、ルーは特殊な解決策を見つけることにする。

「そんな『結婚生活』をつづけてゆくには、アンドレアスに代理妻を見つけておき、ルーが危険を感じたらいつでも家から出て行けるようにしておくしかない。そのことで何カ月も争ったあげく、なんとか妥協が成立した。これでルーは外面的には縛られていても内面的には自由でいられる。彼女が長年ヨーロッパのあちこちを旅行した理由はここにある」(同書)

「代理妻」というのは、マリーという家政婦で、炊事・洗濯・料理からセックスまで、本来ならルーがしなければならない「雑用」のすべてを代わって行なった。その結果、アンドレアスとマリーの間には二人の子供が生まれた。最初の子は早世したが、二番目のマリーヒェンは成人して結婚し、アンドレアスの死後、「娘」として晩年のルーを見とり、アンドレアス家を相続した。

処置の是非はさておいて、「代理妻」を夫にあてがうことによってルー・ザロメが自己実現のための絶対的前提である「自由」を得たことは確かである。事実、ルーは、以後、ベルリン、パリ、そしてウィーンというように、自由気ままに旅を続け、行く先々でさまざまな文人や芸術家と知り合い、その出会いによって魂の成長を遂げて作品を創造してゆく。つまり、若き日に描いた設計図通りの人生を送ることができるようになったのであるが、しかし、出会った文人や芸術家たちから激しく求愛されるという「面倒」を回避することは困難だった。

自然主義の劇作家たち

その「面倒」はまず、ベルリンで一八八九年に創立された「自由劇場」に拠《よ》る自然主義の劇作家たちとの自由な付き合いから起こった。すなわち、ルー自身が名前を挙げている人たちに限っても、当代一の自然主義劇作家ゲーアハルト・ハウプトマン、ノルウェーの小説家アルネ・ガルボルク、演出家ブルーノ・ヴィレ、演出家で作家のヴィルヘルム・ベルシェ、それに『神をめぐる闘い』を激賞してくれたハルト兄弟、それにスウェーデンからベルリンに来ていたアウグスト・ストリンドベリ、オーラ・ハンソン＝マールホルムなどが次々にルーに夢中になったのである。

これらベルリンの文学者からしてみれば、ルーは一種、有り得べからざるアイドルであった。『神をめぐる闘い』で名声を得たことに加えて、ニーチェの恋人だったという噂も流れていたから、若き文学者としては好奇心を抱かないほうがおかしかったのである。それに彼女はまだドイツ語に翻訳されていないイプセンの作品をアンドレアスに即興翻訳で読んでもらっていたので、イプセン理解も一流だったし、ブームとなっていたロシア文学にも精通していた。つまり、ルーは、たんに美貌というだけでなく、その文学的教養と知識の量でも同時代人を圧倒し、文化人たちの心を鷲摑みにしてしまっていたのである。

そんな中で、真っ先にルーに恋したのはゲーアハルト・ハウプトマンだった。ハウプトマンは因習に凝り固まったような妻に苛立ち、ブルジョワ的なしがらみからの解放を願っていたので、自由奔放なルーの中にともに語らうべき理想の女を見出して恋に落ちたのだ。ルーのイメージはハウプトマンの代表作『寂しき人々』のヒロインである女学生アンナ・マールの中に認めることができる。

アンナ・マールはロシア出身の女学生でチューリッヒで哲学を学び、ベルリンにやってきたばかり。芸術家フォッケラーの家に下宿したアンナは、一切の偏見から自由で、知的好奇心も強く、センスもいい。フォッケラーはたちまち彼女に恋してしまう。しかし、アンナはフォッケラーの妻を傷つけたくないという理由でフォッケラー家を去ろうとする。絶望したフォッケラーは自らの命を絶つ。

ところで、この『寂しき人々』はその英訳を介して明治二〇年代に日本にも大きな影響を与えた。たとえば、田山花袋《たやまかたい》の『蒲団』である。田山花袋は『東京の三十年』に収録された「私のアンナ・マール」と題したエッセイで、次のように書いている。

「丁度その頃私の頭と体とを深く動かしていたのは、ゲルハルト・ハウプトマンの“Einsame Menschen”であった。フォケラアトの孤独は私の孤独のような気がしていた。それに、家庭に対しても、事業に対しても、今までの型《タイプ》を破壊して、何か新しい路を開かなければならなかった。幸いにし私は外国――殊に欧州の新思潮を、歪みなりにも多い読書から得ていた。（中略）私は二、三年――日露戦争の始まる年の春から悩まされていた私のアンナ・マールを書こうと決心した」

ハウプトマンがアンナ・マールのモデルとしたのはルー・ザロメだったわけだから、田山花袋は、いわば『寂しき人々』を介して、「間接的」にルーに恋して『蒲団』を書き上げたことになる。ルー・ザロメの影響恐るべし！

しかし、ベルリン時代の出会いの中で、ルーにとって大きかったのは、作家で社民党の政治家のゲオルク・レーデブールとの出会いだった。というのも、レーデブールは、いわゆる「解放された女」の外見の下に、堅い処女の蕾《つぼみ》を見出し、そのことをルーにはっきりと告げると同時に求婚したからである。もちろん、ルーはこの求婚をはねつけたが、伝記作者の中には、ルーの初体験の相手はレーデブールだったと見る者もいる。しかし、実際には、二人に肉体関係はなかったと見るのが正しい。ルーは三〇歳を過ぎても依然として処女だったのであり、そして、そのことをいささかも恥じてはいなかったのである。

「既婚夫人でありながら同時に文学ボヘミアンであり、しかも処女であるというのは、どう考えても結びつきそうもない。これには友人たちも戸惑い、また彼女を敵視する者たちは、それをネタにありとあらゆる悪意にみちた噂をばらまいた。（中略）しかし、彼女は人のいうことには一顧も与えなかったから、そんな噂にも一向に悩まされることはなかった。彼女は自分というものを知っていた。彼女は、いつかは自分を解放してくれる男性が現れる日がくることを知っていた」（H・F・ペータース　前掲書）

一八九四年二月、ルー・ザロメはベルリンからパリに向かったが、心の中には、パリならそうした「肉体の解放」をかなえてくれる男性がいるのではないかという期待があったのではなかろうか？

肉体の解放

ロシアの上流社会の公用語はフランス語だったから、ルーはパリで不自由なくフランス語を話せたし、理解できたが、しかし、パリで交際を深めたのはドイツ人コミュニティと北欧コミュニティだった。

たとえば、『飢え』で知られるクヌート・ハムスン。ルーはハムスンは「ギリシャの神のように見えた」と自伝に記している。そのほか、病気がちだったが、内心からほとばしるような情熱をみなぎらせていた詩人のヘルマン・バンク。そして、『春のめざめ』で名を挙げたフランク・ヴェーデキント。

「パリでは私はほとんどいつもフランク・ヴェーデキントと一緒にいた。当初、私たちがハンガリーのネメティー伯爵夫人のところで知り合いになり、他の人たちとも一緒に夜明け前までパリ中央市場の向かいのタマネギスープ・レストランで熱心に話し合いをして、私たちの間でヴェーデキントの誤解に話題が移ったことがあった。彼はこれを感動的な率直さで、わずかの自己弁護も交えず、他の人たちに話していた」（ルー・アンドレーアス・ザロメ　前掲書）

曖昧な表現であるが、ルー・ザロメが書いた『フェニチュカ』という小説を読むと詳しいことがわかる。すなわち、伯爵夫人のところで知り合った二人は、パリのカフェや深夜レストランで、目の前を通り過ぎるグリゼット（縫製女工）や娼婦を眺めながら、セックスや自由恋愛について話し合っていたが、ヴェーデキントはルーがまったく臆することなくこれらの話題についてくることに驚き、耳学問なのかどうかを確かめたくなって、朝方、自分のアパルトマンに連れ込んだのだが、ルーの激しい拒否にあって否を悟り、翌朝、正装して非礼を詫《わ》びにルーのいるアパルトマンに現われたのである。

このように、パリで文学者や芸術家と付き合いをつづけていても、あいかわらずルーは処女のままだったが、どうやら、半年後、劇的な出会いを経て初めて「女」となったようである。

「ロシア人の移民の住む地域で、私は一人の亡命者の若い医師と知り合いになった。彼はアレクサンダー二世の暗殺にかかわったとの嫌疑でシベリアに送られ、四年間の強制労働に耐え、やっとパリに逃げて来ることができたという。彼はスサヴェリイという名で、木の幹のように丈夫な体であった。（中略）スサヴェリイと私は格安ながらギュウギュウ詰めの夏休み特別列車でスイスに逃げたチューリッヒの近くでちょっとした山に上り、高地の牧草地の小屋に住んで、ミルク、チーズ、パン、野イチゴだけを食べて過ごした」（同書）

二人はあるとき木イチゴの茂みに迷いこみ、足は血だらけになったが、しかし、そのとき、ルーは「原初の喜びから墜落することをすでに経験していたかのような考えが這い上がって」きて、「新たな大胆さに向かって行った」と告白している。『ルー・ザロメ回想録』の「原則」からすると、曖昧で象徴的な表現の中には必ず、強い告白衝動があるから、このときルーは、この木の幹のように逞しいロシア人と初体験をもったと見做《みな》してよい。

二人は夏の終わりとともにパリに戻ったが、一八九四年の晩秋、ルーは来たときと同じように、唐突にパリを去ってベルリンの夫のもとに帰った。そして、一八九五年の春にサンクト・ペテルブルクに帰郷したあと、一八九五年の四月、鉄路でウィーンに向かった。そこでルーは運命的な出会いを経験することになるのである。

爛熟の極みの世紀末のウィーンで

世紀末のウィーンはパリともベルリンとも違うかたちで沸騰状態にあった。特徴的なのは、ウィーンの世紀末にはパリやベルリンにあったような政治的興奮がなく、文化的な爛《らん》熟《じゅく》だけが突出していたことである。

「シュニッツラーの戯曲や物語――それらは性愛や乱交や不貞といった奇行を、いくぶん楽しそうに、またいくぶん憂鬱そうに描いている――あるいは若きホーフマンスタールの早熟な芸術は、フロイトとその一派が科学的に検証した潜在意識衝動の力を、美的に扱っているのである。ルーのような生まれながらの心理学者にとって、これは魅力的な風土であった。彼女は、知と愛（エロス）がなんの抵抗もなく相互に作用しあっている点で、ウィーンの文学生活はこれまで彼女が滞在したどこの首府ともちがっていることに気づいた」（H・F・ペータース　前掲書）

ルー・ザロメがウィーンで見出したものは、シュニッツラーやホーフマンスタールやフロイトが醸成したこうした文化的雰囲気だけではない。実際に、シュニッツラーと、ホーフマンスタールと、そして、少し遅れてフロイトと、それぞれ出会って、ルーは彼らの思想を存分に吸収したのである。中でもシュニッツラーとの出会いはある覚醒をもたらしたようである。

「アルツール・シュニッツラーとはパリにいるときから何度か文通していて、他の人たちより身近に感じられ、後には彼からこれまでとは違った方向の関心を植え付けられもした。（中略）愛と野心の競合と並んで、それを解決するための活動余地が男性同士の親睦《しんぼく》の中に作られていて、それが特別の、選び抜かれた形式をとっていて、私の注目を引いた。アルツール・シュニッツラーもその重要な一員であって、これは彼の軽い憂鬱症の影を宿す存在様式のおそらく最も明るい部分なのであろう」（ルー・アンドレーアス・ザロメ前掲書）

例によって曖昧模糊とした書き方だが、ここでルーが示したかったのは、ウィーンの、とりわけシュニッツラーの周辺にあった、「愛する女性を男同士で共有する」セクシュアリテのことである。爛熟の極みに達したウィーン文化は、ザッヘル・マゾッホの著作に典型的に現われているように、男たちは自分の愛する女性が他の男の腕に抱かれるのを見て「迂回《うかい》的興奮」を味わうことに究極の快楽を見出すようになっていたのである。そして、それはかつてルー・ザロメがパウル・レーとニーチェとの間で夢見た「三位一体」のセクシュアル・バージョンであった。

おそらく自分を求めて相争う男たちの醜い姿を見せられてうんざりしていたルーにとって、「こんなのもありなのか！」と思わず膝を打つセクシュアリテであったにちがいない。

とはいえ、ルーが即座に「三位一体」を実践したわけではない。ただ、ウィーンのこうした性的に寛容な雰囲気に浸かるうち、彼女の中にある種の変化が起こった。そう、肉体的変化が現われてきたのである。ひとことで言えば、それまで少女のようだったルーの肉体が成熟した女のそれへと変化したのである。

「わたしの〝女〟だけを愛する男がいる」

H・F・ペータースはそのきっかけとなったのは、ウィーンの医師フリードリッヒ・ピネレース博士との出会いだろうと推測している。ピネレースは、十八世紀末からオーストリア領になったガリツィアからオーストリアに移住したユダヤ人の名門の出であったが、これまでにルーが知り合った男たちとは異なり、その本質に、一種の「野人」を秘めていた。そして、この「野人性」がルーの中に眠っていた「女」を開花させたのである。

そのことをルーは『フェニチュカ』で、「ここにわたしの女だけを愛する男がいる」というように書いている。とても重要な告白というほかない。

ルーのようなスーパー・インテリ女にとって、セクシュアリテというのは、「知」とは無関係のところで発動されねばならないのだ。相手の男が、知性ゆえに恋してくれるというのではダメなのだ。知的要素とは無関係のところで愛してくれる「野人」のような男こそが理想なのである。

だが、やがて、そうした「野人幻想」からも覚めるときがやってくる。

「『大地の人』の抱擁がとけると、彼女はふたたび天上の愛に憧れる。彼女は、愛人・母・マドンナという三重の欲求を満足させてくれる恋人を待ちのぞんでいた」（H・F・ペータース　前掲書）

だが、そんな理想の恋人など、この世にいるのだろうか？

それがいたのである。一八九七年、ミュンヘンに滞在していたルーの前に一人の青年が現われた。

青年は、ライナー＝マリア・リルケと自己紹介した。

詩人、リルケ

一八九七年四月末、ルー・ザロメはバイエルンの首都ミュンヘンで、女性アフリカ研究者のフリーダ・フォン・ビューローと落ち合った。一八九二年にベルリンで知り合って意気投合して以来、フリーダとはパリやウィーンへ一緒に旅したことがあり、今回もヨーロッパの文学・芸術が盛んな都市を歴訪したいと思っていたのだ。

二人はミュンヘンで小説家のカイザーリンク、建築家アウグスト・エンデル、小説家ヴァッサーマンなどと知り合ったが、五月十二日のパーティーで、ルーはヴァッサーマンからルネ＝マリア・リルケという若い詩人を紹介された。

のちにルー・ザロメに勧められて名前を、フランス風のルネ＝マリアからライナー＝マリア・リルケと改めることになるこの無名の詩人はオーストリア＝ハンガリー二重帝国のプラハに生まれ、プラハ大学法学部に籍を置いたあと、法律の勉強を続けるという口実で数カ月前にミュンヘンにやってきていた。詩人として身を立てることを願い、文壇の有名人と知り合いになってそのことを家族に報告したいと思っていたので、ルー・ザロメに紹介されたときには天にも昇る気持ちだった。

というのも、リルケは数カ月前、「ノイエ・ドイチェ・ルントシャウ」という雑誌でルーの「ユダヤ人イエス」という評論を読んで深い感銘を受けていたからである。ルーに紹介されると自分がいかに熱烈なファンであるかを情念をこめて語ったが、ルーからすると、こうした「追っかけ」の饒舌《じょうぜつ》には慣れていたので、そのことが彼女の関心を惹いたわけではない。ルーがリルケに興味をもったのは、青白く、ひ弱そうな外見にもかかわらず、ほかのだれにもない何かユニークなものを認めたからである。H・F・ペータースは二人の出会いをこう書いている。

「これほどルーの女性的関心をかちえそうにない男は、ちょっと想像しかねるかと思われる。ところがリルケは見かけとは反対に、決して意志の弱い男ではなかった。かれは肉体的な勇ましさには欠けていたが、それを内面的な強さで補い、そのことがルーを驚かせたのである。たいていの男たちのように、リルケも彼女に会ったとたん、彼女をわがものにすることに熱中した、そしてきわめて巧みにその目的に傾注した」

リルケは会った翌日にさっそく手紙をしたため、「ユダヤ人イエス」にインスパイアーされて「キリストの幻想」と題する連作詩をつくったので、なんとしてもその詩を彼女に読んで聞かせたいのだがと懇願した。

いっぽう、ルーはというと、少し前に詩を同封した無著名の手紙を受け取っていたことを思いだし、昨日会ったリルケという青年の詩を改めて読み返してそのセンティメンタリズムに苦笑しながらも、決して悪い気はしなかった。そこにギロートに熱烈に憧れていたころの「かつての自分」を見出したからである。

一方、リルケはというと、拒絶を受けなかったことで気をよくしたのか、そのアタックぶりは凄かった。彼女がどこに行こうとまるで影のようについていき、すぐに家にとって返してはその都度、感動を綴った詩を送り届けた。いまなら、ストーカーとして警察に訴えられそうな求愛活動であるが、不思議なことにこのストーカーぶりがルーの心を開いたのである。

「かれは、おのずとわきあがる抒情的《じょじょう》あこがれが自分の最大の武器であることを、本能的に知っていた。それは彼女の情感の自然発生に訴えることによって、彼女の知性を武装解除した。彼女がみずからの心に課してきた長い、厳格な訓練は、抑制できない感情に対して彼女を慎重にさせていたが、リルケの抒情的攻撃の激しさに彼女は長く抵抗することができなかった。ふたりが出会ってから数週間後、ついに彼女が屈すると、かれはまるで長らく見失っていた母親をやっと見つけ出した子供のように、彼女の腕にとびこんだのである」（同書）

思えば、この年、ルーは既に三六歳。人生八〇年のいまとちがって、人生六〇年の時代だから、いかに三〇歳まで処女だったとはいえ、ルーも「成熟」ということを考えざるをえない年齢に達していた。つまり、自分はもはやパウル・レーやニーチェと出会った二一歳の乙女ではなく、普通の女性ならギムナジウムに通う子供がいてもおかしくはない歳になっていることに気づいたのである。自分の中に母親を求めるリルケが現われたことにより、ルーの中に眠っていた母性が目覚めたのかもしれない。

思えば、かつてルーはずっと年上の異性であるギロートやニーチェの中に「幻の父親」を探しながら、思想的・精神的に彼らと「完全合体」したような幻影に捉えられていた。疑似近親相姦的な「完全合体」の幻影に酔いしれ、その恍惚感を相手に語ることによって、彼らを虜にしたのであったが、今、それと同じことが立場を変えてルーとリルケの間に起こっていたのである。

完全合体

ところで、ギロートやニーチェとの「完全合体」はあくまで幻想にとどまっていたが、リルケとの関係においてはそうはならなかったことに注意しなくてはならない。つまり、二人は肉体的にも「完全合体」を遂げ、高度な次元へと到達したと感じたのである。これについて、ルーは『ルー・ザロメ回想録』に「補遺」として加えた「四月、私たちの月、ライナー」（一九三四年）の中で、珍しく、かなり直截《ちょくせつ》的に語っている。

「私が何年もの間あなたの妻であったなら、それは、あなたが私にとって初めての現実のものだったからです。肉体と人間が見分けがつかぬほど一つになって、生そのものの疑う余地のない実情だったからです。あなたの愛の告白としてあなたが言ったこと、『あなただけが現実です』を文字通りに信じることを私は表明できたらよかったのです。私たちは友人になる前に夫婦になりました。そして選択によってではなく、隠れた意味でなされた結婚によって、親しくなりました。二つの半分が私たちの中で一つになったのではなく、予期せぬ全体が不可解な全体を見て身震いしながら自らを知ったのです。こうして私たちはきょうだいになったのです——しかし近親相姦が瀆聖《とくせい》になる前の太古の時代のことのように」

例によって具体的でありながら抽象的で曖昧な文体ではあるが、言わんとしていることは明らかである。つまり、リルケとの性愛により、ルーはこれまでに経験したことのないような精神と肉体の一体感を味わい、その統合・合一感覚によって未体験の領域へ足を踏み入れたと感じたのである。

では、これまでの男性とは違って、リルケはなにゆえにこうした統合・合一的感覚をルーにもたらすことができたのだろうか？　H・F・ペータースは次のような穿《うが》った見方を披露している。

「彼女はいったんかれを受け入れてみると、驚いたことに、子供と思っていたのが実は愛の技巧に長じた情熱的な青年であった。突然ふたりの役柄が逆転した。こんどはリルケが主役を演じる番であった。ペガサス（ギリシャ神話で翼のある天馬）にまたがったもうひとりのベレロフォン（コリントの勇士）のように、かれはルーの私生活の入口を護っていたキメラ（ギリシャ神話で、獅子の頭、羊の体、竜の尾をした怪獣。口から火を吹く）をたおし、彼女を妻にしてしまった。（中略）リルケはルーに会ったころ、決して純真な青年ではなかった。かれはかれなりのエロスの冒険を経験ずみで、女の愛をかちえるもっとも確実な方法は、その母性本能と女性的熱情の両方に訴えることであると心得ていた。そしてそれを完璧にやってのけたのである。かれはルーの知性というよろいを突き通して、彼女の情熱をかきたてた」

ペータースの言っていることを非常に下世話にパラフレーズすれば、リルケは純粋な詩人であると同時にジゴロのような性的なテクニシャンであって、おそらく、ルーを初めて性的なオルガスムスへと導き、恍惚感を与えたということになる。

リルケの中の子供とジゴロ

リルケ君、なかなかやるじゃないの、という印象だが、しかし、ことはそう単純ではない。というのも、リルケの内面には、もう一人、躁鬱気質の非常に扱いにくい「暗闇でおびえる子供」が潜んでいて、ときどきそれが顔を出してはルーを驚かせたからである。言いかえると、暗闇で脅える子供とジゴロ的な女あしらいのうまさがリルケの中で同居しており、その共存こそが詩人リルケの創造の泉であったのだ。ルーはしばらくしてこれに気づき、その瞬間から、魂の医師の役割を演じなければならないと感じたようである。

そこで、ルーは自らの原点に立ち返ることにした。すなわち、ギロートと出会ったことで、ひたすら情緒的、感覚的な言葉に頼る少女でしかなかった自分がどのように変わったのかを思い出してみたのだ。リルケを精神的に大人にするには、詩人としての自覚を促し、言葉に真摯に向き合うようにさせなければならない。換言すれば、自分がギロートに教えられ矯正《きょうせい》されたように、リルケを詩人として鍛えなおさなければならないと感じたのだ。リンデ・ザルバーは『ルー・アンドレーアス＝ザロメ　自分を駆け抜けていった女』でこう指摘している。

「ルーは過去を顧みて、ギロートが自分を、空想する女の子から論客になるよう厳しく導いてくれたことに気付いたし、それにもまして『故郷は癒しの場』だと感じさせてくれたことに、今更ながら気付くのだった。こうしたギロートの働きかけがあったからこそ、『四六時中、年甲斐《としがい》もなく夢想にふける』ことはなくなった。リルケとの関係はこうして、ギロートがルイーゼに働きかけたものを踏み台にして形づくられていった。（中略）ルーはリルケに、現実にしっかり向き合わなくてはならない、と叩き込むように教えた。つまり、いつとはなしに感得したものや情緒的なものではなく、実際に自分の目で視て、体験したものを標的にして詩作するように仕向けていった。初めのうちは教師風に教えたり、宥《なだ》めたり、心理学風に解釈をほどこしたりしていたが、やがて簡潔な、その分効果ある言い方に変えていった」

恋人であり、母であり、先生であり

こうして、ルーは「恋人」「母親」というペルソナに加えて「先生」というペルソナを自らに課することになる。これにより、リルケにとって、ルーは文字通り「全的」な存在となったのである。後年、ルーと別れたあと、リルケはルーによる「感情教育」を回想して、こうしたためている。

「あなたは、あらゆる疑惑の反対のものであり、あなたが触れ、手に取り、目にする一切のものが実在するという事実の証人でした。世界はその雲におおわれた相を失い、物が立ちあらわれてきました。（中略）ゆっくりと、そして苦労しながら、わたしはあらゆるものがいかに単純であるかを会得し、そうして成長し、単純なことを語ることをまなびました。こうしたことが起こりえたのも、わたくしが無形式のなかに自分を見失う危険にさらされていたときに、あなたとお会いする幸運にめぐまれたからに他なりません」（H・F・ペータース　前掲書）

世界的大詩人であるリルケにこうまで言われたら、ルーとしてはもって瞑すべきだろう。ルーこそはリルケの最高の「感情教育者」だったのである。

ルーによる「感情教育」の成果はすぐに現われた。ペータースは『ドゥイノの悲歌』の最初の二編として収められた詩をルーに読み聞かせたときの「芸術的合一」について次のように見事に語っている。

「それは忘れがたい経験であった。彼女は、二人のあいだに目に見えない絆を鍛えあげるような、静かな緊張を示して聴きいっていた。そしていつの間にか、彼女はかれの詩のなかに、そして詩をとおしてかれのなかに、巻き込まれてしまった。かれは、自分が彼女のなかに共感以上のものをかきたてたことを感じていた。それは驚嘆と賛美と愛の怒涛だった。彼女の全存在が反応——心はその音楽に、頭はその言葉に。それらの詩は、まるで彼女が自分で書いたかのように身近な響きをたたえ、おそらく彼女は、自分自身の声のこだまを聴くような気持ちであったろう。それはたしかに彼女の精神の弟の声であった」（同書）

しかしながら、こうした芸術的・精神的合一の感覚が永遠に続くことはありえない。合一感覚は瞬間的なものであり持続的なものではないからだ。

しかし、その合一感覚を味わってしまった恋人たち、とりわけ若いリルケにとって、それが瞬間的でしかないことはなんとも耐え難いことに映る。かくて、リルケはその「もう一度」を目指して絶望的な試みを続けるが、それは当然のようにルーを不安にさせ、苛立たせることになるのである。

そんなとき、意外にも（少なくとも結果的には）、よき調整剤となったのがアンドレアスの存在である。アンドレアスは形式的な夫にすぎなかったが、ルーにとって、ある種の重要な役割を果たしていた。つまり、これまでにも、次々と言い寄ってくる男たちからルーが身を守り、表現者としてのポジションを確保するのに、アンドレアスという衝立《ついたて》はなかなか役だったのであるが、このときにも、子供のようにだだをこねるリルケを宥めるためには、アンドレアスという名が護符のように効いたのである。アンドレアスがいたからこそ、ルーとリルケの関係は二年以上にわたって持続しえたといえるのである。

たとえば、一八九七年の六月から、二人はミュンヘンを去り、世間の目を欺くためにフリーダ・フォン・ビューローとエンデルとともにバイエルンの小都市ヴォルフラーツハウゼンに居を定めたが、そこにアンドレアスがやってきてすっかり落ち着いてしまったため、かえって、二人の愛は持続しえたのである。

アンドレアスはリルケの外見から判断してルーの無害なグルーピーの一人と思い込んで警戒心を働かせてはいなかったが、さすがのリルケもアンドレアスのいる前では大胆な行動に出ることはできなかったのである。

こうした「不自由な環境」はリルケにとっても幸いした。ルーは、自分が一緒にいてやれない時間をリルケに有意義に過ごさせるため、ベルリン大学で美術史や美学の勉強をしてはどうかと提案したが、その結果、リルケはイタリアに興味を持ち、イタリアに一人で旅行すると言い出したのである。

しかし、リルケがこのときルーと離れていても苦しまなかった本当の理由は、もしかしたら二人の間に子供ができたのではないかという期待だった。子供こそルーとの合一の結晶であり、合一の感覚を永続化してくれる存在かもしれない。

「真実にせよそうでないにせよ、リルケはルーが自分の子供を孕《はら》んでいると考えていたようだし、確かにそう望んでいた。（中略）しかしまた、ルーが母親になることを恐れていたことも間違いない。道徳的なためらいを彼女が感じたからではなく——彼女は私生児をよろこんで産んだことだろう——彼女の生活様式に子供がそぐわないからであった」（同書）

しかし、結局、二人の間に子供はできなかった。ルーがそうしなかったからか、あるいは自然にそうなったのかはわからない。いずれにしろ、主導権はルーにあった。

リルケはイタリア旅行から帰り、バルト海の保養地ゾポットでルーと再会したとき、自分が精神的にも成長を遂げ、大人になったと感じていたが、ルーがそうは感じていないことを知り、愕然となる。

「かれは新たに見いだした自信で、彼女を驚かせてやろうと思っていた。今度こそかれは自分が主君に、主人になりたいと思っていた。かれは自分の男性らしさの独立を宣言するつもりであり、かれの歌に少女のように興奮してうち震えながら、かれの胸のうちにとびこんでくるルーを夢見ていた。（中略）彼女はかれを充分やさしく迎えたが、彼がまだ子供であることを、彼女が愛してはいるがそれほど重視しているわけではない子供であることを、彼に感じさせた」（同書）

ロシア旅行

かくて、リルケは激しく苛立ち、フラストレーションのたまった子供のように「大好き」と「大嫌い」の間を揺れ動き、精神的に不安定な状態に立ち至る。

困ったルーは、「教師」として、「医師」として、この情緒不安定な子供を立ち直らせるための方法を真剣に考えることになる。

かくて、ルーはリルケにロシア語を学ばせ、ロシア文学に目を開かせることを思いついた。ひとつには、いずれリルケが経済的貧困に立ち至ったときにロシア語が糊口《ここう》の資として役立つだろうと確信したことがある。もうひとつの理由は、ルーが、新しい言語の習得こそが躁鬱的体質の改善に役立つと直感的に理解していたことである。

もちろん、ロシア語を教えるのはルー自身である。この提案にリルケが反対のはずがない。最愛の女性と長時間一緒にいられるからだが、もうひとつ、ロシア語学習の励みになるような「餌《えさ》」が与えられていたこともある。ロシア語のブラッシュ・アップのために一八九九年の春に、アンドレアスと一緒という条件付きだが、ロシア旅行をしないかという提案がなされたのである。リルケがこれに飛びつかないわけがない。

かくて、一八九八年の一年間、関係は珍しく安定したものとなった。リルケの上達ぶりは著しく、すぐにドストエフスキーの散文をロシア語で読めるようになった。おかげで、ルーの生活も充実し、執筆量も増え、ロシア旅行の路銀も貯まった。

こうしてルー、アンドレアス、リルケという不思議な「三位一体」は一八九九年の四月二十五日、ベルリンを出発し、復活祭の三日前の聖木曜日にモスクワに着いた。

モスクワの大聖堂に集まった巡礼の農民たちの祈りと敬虔《けいけん》な態度はリルケを圧倒した。やがて、その感動は『時禱詩集《じとう》』第一部として結晶するが、成果はそれだけではない。ロシア旅行そのものが、リルケの長すぎた子供時代に終止符を打つ大きな転機となったのである。

三人はモスクワでボリス・パステルナークの父親であるレオニード・パステルナークや彫刻家のバウル・トルベッコイ公爵、それにトルストイなどと面会し、ロシアの直面している近代化の問題を語り合ったが、しかし、このロシア旅行が二人にとって有意義だったのは、それぞれ、ロシアを介して自分自身を発見ないしは再発見したことだろう。

すなわち、ルーにとって大きな収穫となったのは、ロシア民衆の生命の躍動に対するリルケの率直な感動を見ることで、自分のなかのロシア的なルーツを再認識することができたことだった。

「かれの目をとおして故国を見ることは、彼女に新たな、より深い洞察を与え、帰郷の歓びをさらに強くした」（同書）

このように「三位一体」で行なわれたロシア旅行は大成功で、帰国後、ルーとリルケは興奮のうちにロシア体験を結実化する作業に熱中したが、同時に、今度は二人だけでロシアを旅行したいと考えるようになった。

しかし、皮肉にも、一九〇〇年という世紀の境目の五月から行なわれたこの二度目のロシア旅行が二人の関係を終わらせることになるのである。

リルケとの別れの儀式

予感はロシアに出発する前からルーにあった。リルケはロシアに永住しようとまで言ったが、それはルーを完全に自分のものにしたいという願望からきていた。リルケのロシアへの過度の熱中の中にルーは、愛の終わりへの強い恐怖があることを見抜いていたのだ。

あるとき、リルケは、散歩の途中、大きなアカシアの樹木を前にして立ちすくみ、どうしてもその木のわきを通りすぎることができなかった。ルーはそこにリルケの病の再発の兆しを感じとった。リルケが甘えれば甘えるほど、ルーはいまの心理学でいう共依存の危険が迫っていることを悟った。

「リルケは、溺れた者が藁《わら》をもつかむようにして彼女にしがみついていたが、彼女は、たとえどれほどかれを愛していようとも、かれの面倒をみるために自分の生活を棄てるつもりはなかった。自立をとりもどそうとする彼女の願望は、リルケがますます彼女に依存するようになるにつれて大きくなり、ついに彼女は、この情事を終わらせることが必要であるとの結論に達した。一月末日の日記に、冷静な、きっぱりした口調で彼女は書き留めている、『ライナーは去らねばなりません』」(同書)

すなわち、ルーは二度目のロシア旅行を、リルケを自立させるための「別れの儀式」としてはっきりと意識するに至ったのである。

二人は一九〇〇年五月七日にベルリンを出発し、ワルシャワ経由で五月九日にモスクワに着き、三週間滞在したあと、ヤスナス・ポリニャークのトルストイを再訪したが、このトルストイ再訪は悲惨な結果に終わった。トルストイは老いからくる衰えか二人をまったく記憶しておらず、リルケが詩人だと聞くと逆上して詩の断罪を始めるありさまだった。トルストイ再訪は旅行を象徴しているような幕開けとなった。

次に向かったキエフはあまりに西欧化しており、二人を感動させることはなかった。一方、サラトフから乗船し、サマラ、カザン、ニジニ・ノヴゴロド、ヤロスラブリと続いた一週間のヴォルガの船旅はロシアの懐の深さを開示して二人をともに感動させ、関係修復も可能かと思われたが、最後に、別れがたい気持ちから三日間滞在したクレスタ＝ボゴドスコイエという小さな村の農家で、亀裂は決定的なものになる。ルーは農婦に藁布団をもうひとつ用意してくれと言ったのである。ペータースはルーが別れの決意を告げたのはこの夜のことだったのではないかと推測している。

次いで、二人はヴォルガからモスクワに引き返し、ルーの実家のあるサンクト・ペテルブルクに向かったが、ここで決定的なことが起こる。

ルーは家族がすでにヴァカンスのためにフィンランドのロンガスの別荘に行っていると知ると、リルケをサンクト・ペテルブルクのホテルに残したまま、一人、家族のもとに旅立ってしまったのだ。

　未知の都会に取り残されたリルケは怒りに満ちた非難の手紙を送ったが、ルーからの返事を受け取ると、「わたしのもとに帰ってきてください、すぐに帰ってきてください」と泣き言を並べた手紙をしたためた。しかし、もうこの時にはルーの心は決まっていた。心を鬼にしてリルケを突っぱねなければ、二人とも共依存で共倒れになってしまうだろう。

　サンクト・ペテルブルクから戻ると、リルケはルーと別れてブレーメン近郊の村に画家のハインリッヒ・フォーゲラーを訪ね、同じく画家のパウラ・ベッカーとその親友のクララ・ヴェストホフと知り合った。リルケの気持ちはパウラのほうに傾いているように見えた。だが、翌年の二月、リルケはクララ・ヴェストホフと発作的に結婚したのである。

　それから二五年たった一九二六年の十二月、スイスのサナトリウムで死の床にあったリルケはうわごとのように医師に訴えたという。

「ぼくのどこがいけなかったのか、ルーに訊《き》いてください。彼女しか知らないことなんです」

リルケにとって、ルーが生涯ただ一人の女であったことは確かなのである。

四〇歳の女ざかり

ルー・ザロメがリルケと別れたのは一九〇一年の二月のことだった。ルーの誕生日は一八六一年二月十二日だから、四〇歳の前後で別離した計算になる。いまと違って、人生六〇年の時代だから、四〇歳というと「現役の女」を「卒業」してもいい年齢だった。だから、このルーとリルケの別れは、二人の年齢差がもたらす必然的なものだったのではないかと思うかもしれないが、未練たっぷりにしがみついたのはリルケのほうで、別れはルーのほうから持ち出したものだった。

しかし、こう書くと、今度は、ルーが自分の年齢と老いを意識したからではないかと反論する人がいるだろうが、実際には、「はたちの娘のかがやきと生命力をもって、ルーは四十代に足を踏み入れた」(同書)のである。ペータースはさらに次のように「四十女」としてのルーの魅力を強調している。

「年齢が彼女の表情をいくぶん柔和にしていたし、肩の上に柔らかい毛皮のボアとケープをまとい、悩ましげな房毛を額の上にあしらいながらシルヴァー・ブロンドの髪をゆったりと結って、一段と女らしさを加えてきた。(中略)彼女の肉体美は、その精神のかがやき、その生きてある歓び、そのウィット、そのあたたかい人間味に、照りまさるとはいわないまでも、よくマッチしていた」（同書）

あまたの男たちを翻弄しながら三〇歳まで処女だったルーはリルケとの経験をへることで性愛の歓びを知り、それが持ち前の鋭利な知性と結びついて人間的にも一回り大きくなったのである。ひとことでいえば、四〇歳にしてルーは「女ざかり」を迎えていたのだ。

しかし、その一方で、ルーはこの年、自殺まで考えたほどの精神的な危機に立たされていた。

パウル・レーの幻影

原因は、前述のようにパウル・レーが一九〇一年十月二十八日にイン川で溺死体で発見されたことである。遺書はなかったが、彼がイン川に自ら身を投げたことは明らかだった。

パウル・レーと別れてからすでに一四年がたっていたが、ルーはかつての恋人の死を知るや、すぐに自分が原因であることを直感した。フリーダ・フォン・ビューローに宛てた手紙でルーはこう打ち明けている。

「あの人が投身したセレリーナ（上エンガディーン）は、わたしたちがよくいっしょに夏を過ごしたところですし、あの人は夏も冬もそこで長年ひとりきりで暮らしていたのです。古い手紙を読みかえしているうちに、いろいろのことがはっきりしてまいりました。過去全体が亡霊のように現在の姿をとってあらわれてきたのです」（同書）

自殺したレーの幻影にとりつかれたのか、ルーはひどく落ち込み、影響は肉体にまであらわれた。それを心配したのが主治医のような役割を担っていたフリードリッヒ・ピネーレス博士である。ピネーレスは新鮮な空気の田舎に転地療養するように勧め、自ら同行を申し出た。こうして、二人は一九〇二年の夏をチロルやカリンシアで過ごすことになる。

妊娠、堕胎、そして夫アンドレアスのもとへ

療養の効果は劇的にあらわれた。

ルーは四一歳にして妊娠したのである。

長いあいだルーは妊娠をなによりも恐れていたが、今度ばかりは母になるという歓びが、すべてに打ち勝った。ルーはかつてないような幸福感を感じた。

こうした反応はピネーレスを狂喜させ、ルーと仲のよかったピネーレスの妹ブロンシアも大歓びし、ルーを自分が暮らすオーバーヴァルタースドルフで出産するように勧めたが、ユダヤ系の厳格なモラルの持ち主であるピネーレスの母親は、ルーの妊娠は女性全体

に対する侮辱であると見做し、オーバーヴァルタースドルフから退去することを求めた。

あわてたピネーレスは、ことを曖昧に処理してはいけないと判断し、夫のアンドレアスのもとに赴いて離婚の承諾を得ようとしたが、ルーはこれに激しく反対した。アンドレアスの激越な性格を知り抜いていたので、そんなことをしたら、ピネーレスは殺されると思ったのである。

アンドレアスに気づかれずに出産することは可能だが、子供の存在はいずれ夫の耳に入るだろう。そうなったら、自分にとっても子供にとってもピネーレスにとっても最悪の事態をもたらすにちがいない。どうやらルーはこう考えて堕胎を決意したらしい。一説にはリンゴを摘み取ろうとした弾みに梯子《はしご》から落ちて流産したともいわれるが、状況から考えて、自らの意志で堕胎したと見たほうがいい。ペータースは堕胎はウィーンで行なわれたと推測している。

この悲劇により、ピネーレスは去り、ルーは一九〇二年の暮れにはベルリンのアンドレアスのもとに戻った。翌一九〇三年の十一月には、アンドレアスがゲッティンゲン大学に東洋語学科教授として迎えられることになったので、ルーはアンドレアスの内縁の妻である家政婦マリー・シュテファンとともにゲッティンゲン郊外のハインベルクの丘にある一戸建に引っ越した。ここに、ルーはその死までとどまることになる。

リルケの叫び、心の探求

これを転機としてルーの著作活動は大きく変わる。フィクションとして新しい人物を創造することよりも、出会った人たちの奥に潜む「なにものか」を解明したいという気持ちが次第に強くなり、関心がフィクショナルな人物の造形から深層心理学的なものの分析へと移っていったのである。

考えてみれば、ルーは、パウル・レーにしろ、ニーチェにしろ、リルケにしろ、研究対象のサンプルとなる人物にはこと欠かなかった。なかでも、リルケという詩人は一緒にいるときも理解に苦しむ行動を取ったし、また別れた後も、手紙でさまざまな悩みを打ち明けて問題を投げかけていた。ルーとしては、リルケというこの特異な人物の謎を解き明かしたいという思いが次第に強くなってきたのである。

「助けを求めるリルケの叫びは、ルーにとって自分自身とどう付き合ったらいいか、それを会得するきっかけとなった。ルーはやがて、自分のなかに認めたくないものを、近くて遠いリルケのなかに一層はっきりと見てとることができるようになった。ルーの研究分野が精神分析へ向かったのは、リルケのことをもっと理解できるようになりたい、彼を支えられるようになりたいという願いが動機になっていたかもしれない。しかし、それにもまして自分の心の在り方を徹底的にしっかりと、とらえたいという思いも強く大きく働いていた。（中略）精神分析は、ルーが関心を寄せてこれらの事柄を、独自の新しい形に組みかえて探求するのにまたとなくふさわしい可能性を提供してくれた」（リンデ・ザルバー前掲書）

フロイトと出会う

ルーがフロイトの著作を読み出したのはいつのことかはっきりしないが、少なくとも、このころから、ルーの著作に性愛の影響の大きさを説くものが多くなったのは確かである。動物にとっては本能にすぎない性愛が人間にあってはなにゆえに芸術的創造力や宗教的情熱を生み出す原動力となるのかという疑問がルーの心を占めるようになってきたのだ。リルケにしろ、ニーチェにしろ、その創造性の裏には強い性的な衝動が秘められているはずだが、それが非常に屈折したかたちで創造性を生み出しているのである。その不思議な回路を知りたいというのがルーの願いだったが、それはまさに彼女自身の問題でもあったのである。

一九一〇年、ルーは『エロティーク』という著作を著したが、これはフロイトとの出会い以前にセックスの中に見られる自己愛の問題を考察した本であった。ゆえに、精神分析への接近はフロイトと出会う前から始まっていたことになるが、しかし、それでも一九一一年のフロイトとの邂逅《かいこう》がルーの後半生において決定的な意味をもっていたことはたしかである。

では、ルーはフロイトとどのようにして出会ったのか？

一九一一年九月二十一日にワイマールで国際精神分析学会が開催されたとき、そのころ、愛人関係になっていたスウェーデンの精神分析学者ポウル・ビエレによってフロイトに紹介されたのである。しかし、説明の順序として、ビエレとの関係について少し触れておかなければならないだろう。

ルーがビエレと最初に出会ったのは、長年の友人であるスウェーデンの女性解放論者エレン・ケイの家だった。ビエレはルーの魅力の前ではひとたまりもなく降参したらしく、晩年、こう回想している。

「ルーが並々ならぬ女性であることは直ちに認めた。彼女は自分が愛する男のこころに、完全に入り込む才能をもっていた。彼女のものすごい集中力は、いわば相手の男の知性の火をあおりたてた。私は自分の長い生涯において、ルーほどすばやく、見事に、完全にわたしを理解してくれた人はほかに出会ったことがない。（中略）ルーと話しているうちに、わたしはひとりではわからなかったかも知れないようなことが、いろいろとわかってきた。彼女は触媒のようにわたしの思考過程を活発にしてくれた。生活や結婚を破壊するかも知れないが、彼女の存在は刺激になった。彼女のなかに天才のひらめきが感じられ

た。わたしは彼女の前で成長した」（H・F・ペータース　前掲書）

この証言は貴重である。なぜなら、ニーチェ、リルケ、フロイトという超大物たちがルーの魅力にとらえられた理由が雄弁に語られているからだ。すなわち、ルーは理解の天才だったのである。男たちはみんな、彼女ほど自分を正しく理解してくれる人間はいないと感じ、その瞬間にルーの前で拝跪《はいき》していたのである。

とはいえ、ルーを紹介されたフロイトは最初、かなり戸惑っていたようである。なぜなら、精神分析を学びたいと熱心に語る高名な女性作家を前にして、フロイトは自分が一生をかけてつくりあげた精神分析がいささか軽く見られていると感じたからである。

「かれが面白がって、自分をサンタ・クロースと間違えているのではないかと彼女にたずねたのも当然だろう。しかしフロイトの皮肉もルーを思い止まらせることができず、そのうちに面白半分の気持が驚嘆に変わっていった。なんという不思議な女性だろう。（中略）ルーの話すところを聞きながら、フロイトは彼女の観察の深さにおどろいた。彼女の知性の明晰さには疑いの余地がなかった。フロイトは、彼女と会った当初において、すでにルーがかれを完全に理解してくれたと感じたのである」（同書）

このワイマールでの出会いのあと、ルーはフロイトに手紙を送り、ウィーンに移ってフロイトの講義に出席したり、水曜夜のセミネールに参加したいと希望を述べた。すでにルーの卓越さを認めていたフロイトは大歓迎であると返事をしたためたので、ルーは一九一二年十月末からウィーンに滞在し、半年間の集中的学習を開始した。

「ルーは精神分析の詩人である」

このころ、フロイトはアルフレート・アードラー、ウィルヘルム・シュテーケル、それにグスタフ・ユングなどの高弟に離反され孤独感を深めていたので、ルーがフロイト派の一員に加わったことをおおいに歓迎した。しかし、ルーはこうした離反劇を知らなかったのでアードラーの講義にも出席したいなどと口走ったため顰蹙《ひんしゅく》を買ったが、すぐに両者の主張を検討してフロイトに軍配を上げ、以後は、アードラーからは距離を置くことにした。

ルーがアードラーよりもフロイトのほうが正しいとした根拠は、性衝動は人間のすべての言動の主動力であるというフロイトの汎性欲説に賛同したからである。

とはいえ、性衝動が支配する潜在意識というものに対する考え方は、フロイトとルーでは大きく違っていた。この重要な点について、ペータースは次のように分析している。

「彼女は、フロイトが本心では合理主義者であり、われわれの運命を決定する巨大な非合理の力を認めなくてすむものなら、もっと幸福であろうことを知っていた。さらにまた、フロイトのペシミズムの根底には、合理的なものへの偏好と、潜在意識の力に対する深い洞察との衝突があることも、彼女は知っていた。かれは人間の非合理な衝動や恐怖や挫折によって支配されている世界に絶望していたのである。

彼女の場合、それとは違っていた。彼女は別の焦点を持っていて、潜在意識のなかに生命の根源を、あらゆる創造的活動の大貯水池を認め、畏敬と驚異の念をもってそれに近づいた。精神分析が彼女にさしだした贈物は、それを生命の全体に結びつけている根源にさらに深くさぐりをいれることを彼女に可能ならしめた『彼女自身の存在のかがやかしい拡張』ということだった」(同書)

ひとことでいえば、フロイトは潜在意識の中に不気味なものを見ていたのに対し、ルーはそうしたものが存在することは認めながらも、より根源的な生命力を感じて、これを肯定していたのである。

その違いをまざまざと感じさせるエピソードがある。

あるとき、フロイトはニーチェの「生に捧ぐる賛歌」を読んで、哲学者ともあろうものがどうしてこんな大袈裟《おおげさ》でナンセンスな詩を書くことができるのか、本当に呆れかえったといいながら、次のような詩をルーに読んで聞かせた。

「何千年もこの世に生きさせてください！　考えること、それをしたい！　生の二つのかいなに、わたしを抱きとってください。

生よ、あなたがもうわたしに幸せを贈れないというのなら、ええ、それも結構。

あなたはまだ苦悩というものを持っているのだから」（リンデ・ザルバー　前掲書。訳文は一部変更）

フロイトは自分が全否定して揶揄《やゆ》している詩の作者が目の前にいるルーであることを知らなかったのだが、それは図らずもフロイトとルーの間にある潜在意識のイメージの根本的相違を浮き彫りにしていた。すなわち、ルーはオプティミズムをもって潜在意識に立ち向かったが、フロイトにはこうした姿勢はなかったのである。フロイトは、自分は精神分析の散文家にすぎないが、ルーは精神分析の詩人であると評したという。

フロイト派の若者との愛人関係

ところで、こうした深部での心の交流を続けていけば、ルーとフロイトの間になにがしかのエロティックな関係が生まれたのではないかと想像したくなるが、実際には、われわれが想像するような肉体関係はありえなかった。なぜなら、「失われた父」を求めつづけてきたルーにとってフロイトこそはまさに「見出された父」であり、その「父」と関係を持つことは忌まわしい近親相姦となったからである。

その代わりというわけでもないが、ウィーンに滞在していたとき、ルーはフロイト派の若きクロアチア人ヴィクトール・タウスクと愛人関係になった。ルーは五一歳、タウスクは三五歳だった。

タウスクはハンサムな青年で周囲の女性たちはみんな夢中になっていたが、ルーの魅力を前にしては無力だった。ルーはといえば「タウスクの中にプリミティヴな力、フロイトのいわゆる『肉食獣』の力」を感じていた。二人は熱心に議論し、セミネールを抜け出して一緒に映画を観にいったりして楽しんだが、ルーがウィーン滞在を切り上げた時点で関係は終わった。ルーはタウスクとの議論の中で、タウスクが複数の男たちと知的であると同時に肉体的関係を結ぶ女性のことを「昇華された一妻多夫」と呼んだのに対し、次のように反論したという。

「女とは、自分を引き裂く雷を渇望する木のようなもの、しかも同時に成長を欲する木のようなものです」（同書）

ルーはタウスクと出会って、雷に引き裂かれ樹木となったが、しかし、その半分をタウスクに与えてベター・ハーフとなることには同意せず、ゲッティンゲンに戻ってふたたび「成長」を始めたのである。これに対して、タウスクは絶望をいやすために勉学に集中して医師となり、戦後、ウィーンに戻って婚約して開業するところまでこぎつけたが、なぜか、結婚一週間前に、自ら性器を切り取って自殺を遂げた。ルーは客観的には、やはりファム・ファタルだったのである。

精神分析カウンセラー

一九一四年夏、第一次世界大戦が始まり、ルーは精神的にも物質的にも窮地に陥った。ロシアとドイツが敵味方として戦うという状況はアイデンティティ・クライシスをもたらしたが、経済的にも文筆で生計を立てることがむずかしくなったのである。一九一八年に戦争が終わっても、戦後の超インフレはルーの一家を苦しめた。

そうしたこともあってか、ルーは精神分析のカウンセラーとして身を立てるようになった。戦争の影響で精神を病む者が多くなり、フロイトと門下生だけでは手が回らなくなったので、フロイトがルーを推薦してきたからだ。ルーはこのセラピーの仕事にのめりこんだ。

フロイトは、ルーが一日一〇時間以上もついやして精神分析を行なったりしたら過労で倒れると警告したが、ルーは仕事がおもしろくてたまらず、ほとんど報酬も受け取らずにセラピーを続けた。見かねたフロイトが裕福な患者をルーに紹介したこともあった。

「こうした窮地にあるとき、フロイトが救援にあらわれ、最近かねが入ったので分けようといって、かなりの金額を送ってくれた。かれはさらに、ウィーンのかれの家に客としてしばらく滞在するよう、彼女を招待した。彼女はそうすることにし、この訪問はふたりのすでに親密な関係をいっそう強めたのである。フロイトは、いまでは彼女に『最愛のルー』と呼びかけ、娘のアンナに対する気持ちや、息子のように待遇していたオットー・ランクがかれを見棄てたときの落胆など、かれのもっとも内奥の考えをルーと分かつのだった」（同書）

フロイトとの最後

ルーがフロイトと最後に会ったのは一九二八年の秋だった。ベルリンの郊外テーゲルの城の庭園だった。三色スミレが咲き乱れる花壇から一束を抜き取ると、ルーに手渡した。ヘビー・スモーカーだったフロイトは咽喉《いんこう》がんのため、話すことが次第に困難になっていたが、ふとルーは最初に出会ったときのことを思いだし、フロイトがニーチェの「生に捧ぐる賛歌」に対して「こんな大それた望みは直しようがない」と言ったことを覚えているかと尋ねた。フロイトが覚えていると答えると、ルーは震える唇でこう言った。

「私がかつて感激に任せて長々と並べ立てていたこと――あなたはそれを実行されました！」（ルー・アンドレーアス・ザロメ　前掲書）

つまり、ルーは、詩にあるように「何千年も生きて」「考えること」を続けたいという願いをフロイトは一部叶えてくれ、さらにフロイトという「生の二つのかいな」にルーを「抱きとって」、「幸せ」を、それがためなら「苦悩」を贈ってくれたというのである。

ルーは、このフロイトとの最後をこう結んでいる。

「私は私の思い切った言葉の率直さに驚きながら、大声で止めどなく泣き出したのであった。フロイトはそれに対して何も答えなかった。私はただ彼の腕に抱きしめられるのを感じただけであった」（同書）

晩年、精神分析のセラピーはルーの支えになった。患者の症状がよくなるとそのままルーの精神状態も好ましい方向にむかっていったからである。同じように、夫アンドレアスの存在も、糖尿病で体力の衰えていたルーの心を慰めたが、一九三〇年に、アンドレアスは突然、世を去った。「白い結婚」に終始した二人だったが、残されたルーの受けた打撃は大きかった。

一九三三年、ナチスが政権を奪取するとフロイト派精神分析に対する弾圧が激しくなり、筆を折らざるをえなくなった。残された時間は回想録（邦題『ルー・ザロメ回想録』）を書くことに費やされた。

一九三七年二月五日、ゲッティンゲンのハインベルクの丘の自宅で死去。享年七六。

何千年もこの世に生きて、考えることを永遠に続けたいと思い続けたルーにとって、七六年という生涯は余りにも短かったにちがいない。

第四章

マリ・ド・エレディア

（ジェラール・ドゥヴィル）

MARIE DE HEREDIA

世紀末のパリで名声を博した「最強の女」

もしタイム・マシンが手に入ったとしたら、ぜひともタイムトラベルしてみたい時代と場所がある。一九〇〇年万博直前の世紀末のパリである。マルセル・プルーストの『失われた時を求めて』に描かれたように、優雅なドレスに身を包んだパリの名流夫人とタキシードにシルクハットの貴顕《きけん》紳士が華やかな会話を楽しんでいたパリ。そんな世紀末パリのサロンに侵入してスノッブな会話を盗み聞きしたらさぞや楽しいと思うが、しかし、本当のことをいえば、私が心から足を運んでみたいと思うのは、プルーストのような野心満々のスノッブ文学青年が憧れたもうひとつの社交スポット、高名な詩人や芸術家が毎週、曜日を決めて、友人、知人たちを招いて催していた「〇曜会」のほうである。

中でも有名なのが、ステファーヌ・マラルメの「火曜会」とジョ

©topfoto/amanaimages

Henri de Régnier

©Mary Evans/amanaimages

Pierre Louys

ゼ＝マリア・ド・エレディアの「土曜会」であるが、これひとつとなったら、断然、エレディアの「土曜会」のほうを選ぶ。といっても、マラルメよりもエレディアのほうが魅力がありそうだからではない。お目当ては、エレディアの三人の美貌の娘たち、とりわけ次女のマリ・ド・エレディアである。というのも、彼女こそは、「土曜会」に集う若き文学者たちをさんざんに翻弄し、鍔《つば》ぜり合いを演じさせたあげくに、エレディアの高弟アンリ・ド・レニエと結婚し、それでいながら、その若きライバルの詩人・小説家ピエール・ルイスの愛人となってその子供を産み、さらに夫も愛人も裏切って詩人ジルベール・ド・ヴォワザン、劇作家アンリ・ベルンスタン、詩人・作家のダヌンツィオといったあまたの文学者と関係を結び、その一方でジェラール・ドゥヴィルというペン・ネームで数多くの小説を書いて名声を博した世紀末の「最強の女」にほかならないからである。

高踏派の巨匠、ジョゼ＝マリア・ド・エレディアの三姉妹

マリ・ド・エレディアは一八七五年十二月二十日、高踏派（パルナシアン）の巨匠ジョゼ＝マリア・ド・エレディアと旧姓ルイーズ・ド・デスペーニュとの間に、パリ八区のバルザック街のアパルトマンで生まれた。上には一八七一年生まれの姉エレーヌが、下には一八七八年生まれの妹ルイーズがいた。姉、妹と同じく母親によく似た黒髪の美人だっ

た。

父のエレディアはコンキスタドールの血を引くスペイン系キューバ人で、一家は、先代の時代にサント・ドミンゴ島からキューバに移って広大なプランテーションを経営していた。一八四二年にサン・ティアゴからグアンタナモに至る山岳地帯にあるコーヒー・プランテーション「ラ・フォルトォーナ」で生まれたエレディアは、九歳のときにフランスに渡ってサン・ヴァンサン学寮に入り、バカロレア（大学入学資格）取得後、いったんキューバに帰ったが、ただちにフランスに戻り、事実上、フランスに帰化した。一八六〇年代に「パルナス・コンタンポラン」の創刊に参加、高踏派の代表的な詩人としての地歩を固め、一八九四年にはアカデミー・フランセーズの会員に選ばれている。

では、エレディアはその文筆で一家を支えるほどの収入を得ていたのかというと、詩でパンは買えないという理《ことわり》通り、生活を支えていたのは、先祖たちが残してくれた資産を元に設定した個人年金だった。

当時の個人年金には大きく、①元金（返却可）には手をつけずに金利だけを受け取る通常タイプと②元金（返却不可）プラス金利を人生の残りの期間に分割して受け取る自己設定型生涯年金タイプの二種類があったが、エレディア一家は後者だけで暮らしを立てていた。というのも、一八六八年にキューバのプランテーションで黒人奴隷が反乱を起こし、広壮な館が焼き払われ、多くの奴隷が逃亡してしまったのに加えて、エレディア性来の賭博癖が祟って、①型の年金はすべて失い、②型の自己設定型生涯年金だけしか残っていなかったからである。といっても、自己設定型生涯年金だけでも、一家五人がバルザック街でなに不自由のないブルジョワ的生活を送るのに十分な金額ではあった。

ただ、問題は、当時の婚姻の風習として、結婚する娘には持参金をつけてやるのが普通で、持参金なしでは良き婿殿が現われないことだった。エレディア家は暮らしには困らなかったが婚資とすべき資産がないので、娘たちは美貌と才気を生かして、持参金なしでOKの婿殿を「自分」で探すしかなかったのである。

そのため、エレディア夫人は、夫が「土曜会」を始めると、三人娘の「婚活」の場として積極的にこれを活用するばかりか、各所で舞踏会や夜会があると、娘連れで出席するようにした。親が娘の婚活のために舞踏会を開くバルザックの『ソーの舞踏会』の婚姻環境とあまり変わってはいなかったのである。

三人娘の長女エレーヌはいかにも長女タイプの、自分が世界の中心にいるという意識を持った、命令することと権威の好きな少女だったが、「リアリストでもあったから、生活の快適と安楽を求め、金銭的な気苦労を毛嫌いし」、「自分が安心して君臨し、造作なく統治できる慣れ親しんだ世界を愛し、冒険することを嫌悪した」（ドミニク・ボナ『黒い瞳のエロス　ベル・エポックの三姉妹』川瀬《かわせ》武夫《たけお》・北村《きたむら》喜久子《きくこ》訳　筑摩書房）。

対するに、三女のルイーズはというと、長女とは違って、好奇心に富んだ、冒険好きの女の子だったが、愛されていると感じないと不安になるタイプで、情緒不安定でときどき気まぐれな発作を起こしたが、一番年下だからといっていつも大目に見てもらっていた。

では、肝心な我らがヒロイン、マリコットというあだなの次女マリはどんな女の子だったのだろうか？

「エレーヌの美しさがその肉体にあるとすれば、マリコットを描き出すことができるのは、もっと別のより微妙で繊細ななにかである。たとえば、優雅さ、しなやかさ、あるいは猫族のようなコケットな面」（同書）

その肉体的魅力は、中心が星のように輝く黒い瞳と、ニスでも塗ったように光沢のあるしっとりと重い黒髪にあった。

「その顔色の白さ、髪の漆黒《しっこく》、くちびるの薔薇《ばら》色によってマリコットは白雪姫を髣髴《ほうふつ》とさせた」「マリー・ド・エレディアは三姉妹のなかで最も天賦《てんぷ》に恵まれた女性だった。エレーヌの美しさに対して彼女は魅惑を体現した。ルイーズの輝きに対しては神秘を体現した。世間のしきたりにまるでこだわることのなかった彼女は、父親ゆずりの文筆の才能を、長女に欠けているファンタジーのすべて、末女から奪われているポエジーのすべてをおのれのものとした。（中略）たしかに官能的な女であるが、つねに夢想を必要としており、どんな肉体の欲望も、なにがしかの空想や幻影の味つけなしには、決して満たされることがない。そんな女がマリーだった」（同書）

ドミニク・ボナはなかなかうまい描き方をしている。つまり、表面しか見ない凡庸な男だったらエレーヌの美しさに心惹かれ、また、今風に「かわいい」の好きの成熟していない男ならルイーズが好きになったかもしれないが、土曜会に来るのは、みな未だ見ぬミューズ（詩神）を求める青年詩人ばかりだったから、いずれもマリに夢中にならざるをえなかったのである。

土曜会

では、土曜会とは、いったい、どんな文学者たちがその中核メンバーとなっていたのだろうか？

まずエレディアとともに高踏派の流派をつくりあげてきた同志のルコント・ド・リール（1818－1894）とシュリ・プリュドム（1839－1907）、フランソワ・コペー（1842－1908）、レオン・ディエルクス（1838－1912）の四人の詩人を挙げなくてはならない。

次に、会話に多彩な彩りを添える客分として、地理や歴史に詳しい文人派の外交官や政治家たちがいる。外交官として中東やロシアに赴任経験のあるアカデミー会員で、ロシア文学、とりわけドストエフスキーの紹介者として知られるウージェーヌ・メルシオール・

ド・ヴォギュエ（1848-1910）。『千夜一夜物語』の翻訳者として有名な医師・東洋学者ジョゼフ・シャルル・マルドリュス（1868-1949）。博物学者で歴史にも強く、小説も書く昆虫と武具のオタクのモーリス・マンドロン（1857-1911）。外交官上がりの政治家でいずれ外務大臣まちがいなしといわれた歴史通のガブリエル・アノトー（1853-1944）。

このほか、『犬のディオゲネス』『愚かなパリ』など問題小説の得意な小説家ポール・エルヴィユー（1857-1915）に、ゾラ派の農民小説家ながら高踏派的な農村描写によってこの流派に与《くみ》していたエミール・プーヴィユン（1840-1906）など、毛色の変わった常連も少なくなかった。しかし、サロンの事実上の主催者であるエレディア夫人が本当に招きたかったのは、彼らよりも一回り若い一八六〇-七〇年代生まれの青年詩人たちだった。

その中でも、道場でいえば師範代に当たるのがアンリ・ド・レニエ（1864-1936）だった。ピカルディーの帯剣貴族の末裔《まつえい》で、エレディアの盟友である高踏派の巨匠ルコント・ド・リールに師事し、まだ二六歳の若さにもかかわらず、マラルメの火曜会にも筆頭格で出入りしていた。額は後退していたが、禿が嫌われることのないフランスでは特に問題とはならず、むしろ、そのいかにも帯剣貴族の末裔らしい典雅で落ち着いた身のこなしと繊細さが姉妹の間で高い評価を勝ち得ていた。

レニエと同世代の詩人で、『白鳥』『歓喜』で自由詩の試みを行ない、象徴派からの脱出を目指していたアメリカ生まれの詩人・詩論家ヴィエレ＝グリファン（１８６４－１９３７）はレニエと同じく火曜会の熱心な常連でもあり、二つの会を結ぶ役割を果たしていた。

また、この二人よりも一回り年上で、詩人として出発しながら、いまでは劇作家として地位を固めていたジョルジュ・ド・ポルト＝リッシュ（１８４９－１９３０）も熱心な常連の一人だった。

ほかに詩集をかろうじて自費出版したか、あるいは雑誌に詩を一、二編発表しただけの知られざる若き詩人たちの群れがいた。

ピエール・ルイス（１８７０－１９２５）、ポール・ヴァレリー（１８７１－１９４５）、アンドレ・ジッド（１８６９－１９５１）、マルセル・プルースト（１８７１－１９２２）、レオン・ブルム（１８７２－１９５０）、フェルナン・グレーグ（１８７３－１９６０）、ジャン・ド・ティナン（１８７４－１８９８）らである。

これらの若き詩人たちをオルガナイザーとして束ねる役割をしていたのがピエール・ルイスだった。

ポール・ヴァレリーとアンドレ・ジッド　奇跡の出会い

ピエール・ルイスは本名をピエール＝フェリックス・ルイといい、シャンパーニュ地方の裕福なブルジョワの一族で、その戸籍上の父はピエール・フィリップ・ルイとなっていたが、実際はその息子のジョルジュ・ルイ、つまり、ルイスの腹違いの兄が義母（父の二度目の妻）との間に設けた不義の子のようである。事実、ルイスは外務省の次官をしていた二四歳年上のこの「兄」とパリの広壮なアパルトマンに住み、そこからプロテスタント系のコレージュ「アルザス学院」に通っていた。

幼いときから万巻の書に親しみ、また語学の天才で、ラテン語とギリシャ語に抜群の才能を示していたルイスは秀才揃いのアルザス学院の中でも目立つ存在だった。ビザンチン文化に傾倒していたので、ギリシャ風にLouisをLouÿsと綴り、これをペン・ネームとして、在学中から詩を書いては雑誌に寄稿していた。

ルイスを土曜会に誘ったのは彼の才能を高く買っていたアンリ・ド・レニエだった。レニエはマラルメの火曜会でルイスと知り合い、土曜会にも誘ったのである。すると、社交的なルイスを介して新しい顔が次々と土曜会に現われるようになったのである。

たとえば、ルイスと同じアルザス学院の同級生アンドレ・ジッド。生真面目なジッドと享楽的なルイスは気質が異なる文学者で、後には仲たがいして疎遠になるが、この頃には無二の親友として親しく交わり、ルイスはジッドの処女作『アンドレ・ワルテルの手記』の校正を手伝ってやったりしていた。

一八九〇年、パリ大学の法学部にいちおう籍だけをおいていたルイスは、パリ大学の学生代表としてモンペリエ大学創立六〇〇年祭に出席するため六月にモンペリエを訪れ、二週間ほど滞在した。パラヴァスで祝宴が催されたさい、食事のあとでカフェテリアに出たとき、そこで偶然、ポール・ヴァレリーというモンペリエ大学生と隣合わせになったのである。後に、ヴァレリーはこんなふうに回想している。

「金髪でもスイス人でもない誰かが私の隣に座った。この愛想のいい隣人の顔に運命が宿った。我々は言葉を交わした。彼はパリから来たのだった。私がテーブルの上に置いた一冊の画集がきっかけとなって芸術の話になった。まだあまり知られていないけれど尊敬に値する名前が次々と二人の間で口に出された。我々はいつしか夢中になっていた。

生まれたばかりの友だちは立ち上がった。腕を取りあい、叙情的な世界へ足を踏み入れたみたいに歩きながら、二人はたちまち親密な関係へのめりこんでいった。我々は小声でそれぞれの神、英雄、夢を比べあった。

精神は互いに持てるすべてを交換しあうのに五、六分もあれば足りる。それくらいの時間はすでに経っていた。スイス人の友だちが我々を呼んでいた。そしてみんな一万二千人の会食者の輪の中に溶け込んでいった。私は明け方にモンペリエに戻り、黄色い襟《えり》の軍服に再び身を包んだ。ポケットの中身をぶちまけると、中に一枚の名刺があった。「ピエール・ルイ」Pierre Louisと書いてあった。

まだLouÿsという綴りにはなっていなかった。私はこうした出会いが可能になる確率を計算してみたことはない。しかし『アフロディテ』や『ビリティス』の賛嘆すべき作者と交わした果てしない会話の中で、確率的にあり得ないようなことが現実のものとなったことに、二人で何度感激したことか！」（『ヴァレリー集成Ⅰ　テスト氏と〈物語〉』　恒川邦夫《つねかわくにお》訳　筑摩書房）

ルイスはジッドに手紙を書き、ポール・ヴァレリーという小柄なモンペリエ大生と知り合ったことを伝え、パリに戻ってからは、毎日のようにヴァレリーのことを話したので、ジッドは一八九〇年の冬休みにモンペリエ大学法学部で教授をしている叔父のシャルル・ジッドを訪ねる機会にヴァレリーと逢ってみることにした。

こうして、文学史の「事件」と呼ばれるヴァレリーとジッドの出会いが十二月二十日に起こったのである。そして、以後、ヴァレリーとジッドは生涯で四六二通の往復書簡を交わすまでに友情を深めていくが、二人とは異質なルイスはその友情のサークルからは疎外されてゆく。しかし、それはまだ後のこと。しばらくは社交性に富むルイスの仲立ちで三人は友情を深め、ヴァレリーはパリに行ったおりには、ルイスとジッドにマラルメの火曜会とエレディアの土曜会に連れていってもらうこととなったのである。

いっぽう、彼らとは少し違うポジションにいたのがマルセル・プルースト、およびフェルナン・グレーグ、レオン・ブルム、ジャン・ド・ティナンである。いずれも、コンドルセ校の同窓で、プルーストが留年してからは親しくつきあうようになった。全員、高踏派の熱烈なファンだったから、エレディアの土曜会にも出入りを希望していたが、それをかなえてやったのは、グレーグとつきあいのあったピエール・ルイスのようであるが、詳しいことは不明である。いずれにしろ、ピエール・ルイスのグループとプルーストらのコンドルセ校グループの間には交流はあまりなかったのだが、それがあることから、不思議なかたちで合流を果たす。

カナカデミー

文学に早熟な才能を発揮していたマリは、父親がアカデミー・フランセーズの会員に選ばれるよりも前からアカデミーを模した「カナカデミー」という、一種のファン・クラブを自分で組織し、その会員を募った。

「カナカデミー」とは、一八歳でカナカ族の女王を宣言したマリーの指揮下に集められた若い文学者たちのクラブである。彼女はその会合をバルザック街で開き、また夏にセーヌ河岸で、御馳走のいっぱい詰まった柳細工のバスケットを囲むピクニックを催した。

カナカ族の面々は、マルセル・プルースト、レオン・ブルム、アンリ・ド・レニエ、それにもちろんピエール・ルイス、フィリップ・ベルトロ、ポール・ヴァレリー……。アカデミーの総会が開かれるときには、マリーはカナカ女王陛下となり、その命令書や招請状には『マリー一世』と署名した」（ドミニク・ボナ　前掲書）

カナカデミーに入会を許されるには、女王と会員たちの前で、おかしな顔をしてみせて笑ってもらわなければならないという規約があった。そのため、謹厳でいたずらをする歳を過ぎていた年長のアンリ・ド・レニエでさえ、おかしな顔をしてみせてようやく会員として認められたのである。マルセル・プルーストは、女王から第一カナカ、つまりカナカデミーの首相ないしは書記長に任命され、女王から全幅の信頼を寄せられていたが、ジッドが後に告白を聞いたところによると、プルーストは、女性はけっして精神的にしか愛することができないし、セックスは男性としかできなかったので、花婿候補として浮上することはなかった。

となると、花婿の有力候補は、おのずとアンリ・ド・レニエとピエール・ルイスの二人に絞られてくることになる。

では、二人のカナカ族のうち、どちらが女王のハートを射止めることになるのだろうか？

ピエール・ルイス

エレディアの土曜会に出入りする文学者の中で、ピエール・ルイスは群を抜くエレガントな青年だった。とくに人をひきつけたのが澄みきった青空を思わせるブルーの瞳で、その底には底知れぬ知性が秘められているのが感じられ、女性ばかりか男性も強く魅了された。

異母兄のジョルジュが本当の父親という複雑な家庭に育ち、両親から何ひとつ制約を受けたことがないため、ルイスは幼いときから好きなことだけをするという超オタクな少年時代を送ったが、幸いなことにその好きなことというのが当時の学校教育で最も重視されていたギリシャ語とラテン語だったため、アルザス学院では大秀才の名をほしいままにしていた。

しかも、早熟な天才によくあるように、まるで遊び半分にやっているようにしか見えなかったが、それでも成績は常にトップだった。このアルザス学院時代のルイスについて同級のアンドレ・ジッドはこう回想している。

「修辞学級で僕と同級になったピエール・ルイスは、学課には欠かさず出席していた。彼は優等生以上の生徒だった。一種の天才が彼のうちに宿っていて、最も楽にすることが最高の出来栄えだった。フランス語の競争試験のたびに、問題なしに彼は一番になった」

（ジッド『一粒の麦もし死なずば』堀口大學《ほりぐちだいがく》訳　新潮文庫）

ところが、ある日、異変が起こった。成績の順位を読み上げる先生が「一番、ジッド」と叫んだのである。先生は続けて「二番、ルイ〔注・ルイスはまだルイだった〕」と言った。内気で、いじめられっ子だったジッドは赤面し、一番になった喜びよりも、そのことでクラスのスーパー・ヒーローであるルイスの怒りを買うのではないかと恐れた。次の休み時間、他の生徒たちが校庭で遊んでいるのを眺めながらジッドが廊下でハイネの『歌の本』を読んでいると背後に人の足音が聞こえた。そこにはルイスがいた。

「彼は、白と黒の細かい格子縞《こうしじま》の、袖の短すぎる上着を着ていた。カラーが破れていたのは、彼が喧嘩っ早いからだ。ネクタイは大きく結んであった……。今こうして思い出すと、僕にはあのときの彼の姿がありありと目に浮かんでくる！　あんまり早く育ちすぎた少年のように、いくらかひょろひょろした体つきの、しなやかな、華奢《きゃしゃ》な少年だった。乱れた頭髪が、美しい額を半分かくしていた。僕がそれと気づくより先に、彼はすれすれのところまで近づいていて、いきなり、『何を読んでいるの、君？』と言った。どうしても口がきけなかったので、僕は自分の本を差出した。彼はしばらく『歌の本』を繰っていたが、やがて、『君は、詩が好きかい？』と、これまでにまだ、僕が、彼に見たことのない微笑と声の調子で言うのだった。なんだ、じゃ彼は、敵として来たのではなかったのか。僕の心臓はとろけそうだった」（同書）

この描写ひとつを読んでもルイスの「人たらし」ぶりがよくわかるだろう。それは女性に対しても同じだったのだ。それをよく示すのが、ジッドがルイスを自宅に連れてきたときにジッドの母の見せた反応である。

「ルイスの行儀のよさ、如才なさ、端正さが、紹介がすむと同時に僕に安心を与えた。彼が帰ったあとで、母が、『あなたのお友達って、お行儀のいい方ですね』ついで独りごとのように、『びっくりしましたわ』と言うのを聞いて、僕は大いに安心したものだった」（同書）

ジッドの母親というのは熱心なプロテスタントで、ジッドを道徳観念で雁字搦めにしたことで知られているが、ルイスはそんな彼女の心でさえとろけさすような社交性を身につけていたのである。つまり、女性でルイスに惹かれないようなものは一人もいなかったということなのである。

ルイスはこのジッドとの出会いの後、兄ジョルジュが十六区のパッシーに引っ越したため、ジャンソン・ド・サイイ高等中学に転校して最高学年の哲学級を終えるが、このころから同級生とともに「中学生雑誌」という同人誌を発行し、匿名で作品を発表するようになる。そのころ、日記にこんなことを書き付けている。

「五月以来のこの日記の頁を読む人は、ぼくが抱いている野心が、二つの言葉、二つの憧れ、二つの野心、二つの欲望に要約されるのをはっきりと見る事だろう。女たちと天才、

これがその二つだ」（沓掛良彦《くつかけよしひこ》『評伝ピエール・ルイス　エロスの祭司』水声社）

実際、ルイスはこの二つの「欲望」に向かって疾走しだす。

まず実現したのは女という「欲望」だった。

「ぼくはカルティエ・ラタンに五〇人の愛人を持っていた」

ルイスは常に女性のほうから愛を求められる「艶福家《えんぷくか》」の一生を送ったが、この「求めずして求められる」という特異な「才能」は、一七歳で三歳年上の従姉テレーズ・マルタンに誘惑された（ただし、このときは肉体関係にまでは至らなかった）ときから彼に備わっていたのである。

「われらが詩人はまず、恋する男としてでなく、『恋される男』として登場したのである。ルイスは愛の狩人であり、晩年に至るまで無数の女たちと愛欲生活を送るのだが、この狩人は常に労せずして、やすやすと獲物を得るのであった。みずから女たちを口説き求愛せずとも、女たちが進んで彼の前に身を投げ出し、その愛を求めたからである。ルイスは後にビュルトー夫人に手紙でこんな告白をし、いかに容易に女たちが意のままになったかを語っている。『青年になって以来このかた十年、私は一時間以上女性に愛を請い求めたことはありません。愛を請う手紙だの、女中にやるルイ金貨だの、路上で相手をじっと

待つことだのは、中国の風習同様に、わたしには無縁の伝統的やり方なのです』」（同書）
　まことに羨ましい限りのモテモテぶりだが、ルイスはたんに女性のほうから言い寄られるのを待ってはいなかった。大学生になるや、ブラスリの女給、グリゼット（縫製女工）、女優の卵、画家のモデルなど、カルティエ・ラタンの娘たちにも積極的にアタックをかけた。後に友人に「ぼくはカルティエ・ラタンに五〇人の愛人を持っていた」と告白しているが、その情熱はコレクターのそれに似ていた。つまり、ありとあらゆる種類の女性たちを試し、かなり詳細な「猟人日記」もつけていたのである。さらに、ルイスは女性の肉体の魅力にも非常に敏感で、まさに芸術作品を愛するように女体を愛し、女性の部位を礼讃《らいさん》するブラゾンという十七世紀の詩にならったエロティックな詩をひそかに書き留めていた。
　しかし、われわれとしては、そんなにモテるならセミ・プロの女たちにまで手を広げなくてもいいのにと思ってしまうが、じつは、ルイスには、心に秘めたガール・ハントの強い動機があった。母と次兄を結核で失ったことから、自分も遺伝的に結核で死ぬだろうと予感していたところ、二〇歳のときに医者によって結核と診断されてしまったのである。後になって、これは誤診と判明するのだが、二〇歳のルイスは余命三年と固く信じ、成年に達すると同時に相続した父の遺産三〇万フラン（当時約三億円）を三年で蕩尽《とうじん》してやろうと決心したのだった。

その決意のもとに始められたのが、超豪華版の同人雑誌「ラ・コンク」の創刊準備である。女体の魅力に敏感だったように、ルイスは若いときからモノとしての書物に深く魅せられていた。そのため、遺産で限定本や豪華本を買いあさるかたわら、友人であるジッドやヴァレリーなど同世代の詩的エリートを結集した詩の豪華雑誌「ラ・コンク」を創刊して、そこに短い自分の人生のエッセンスをつぎ込みたいと願ったのである。

「ラ・コンク」の創刊号は一八九一年の五月に出るが、その準備の過程で、ルイスは有名詩人たちにも寄稿を依頼するという名目で、まず一八九〇年一月にブルーセ病院に入院中のヴェルレーヌを訪ね、ついで同年六月に「ローマ街の巨匠」マラルメを訪問した。ルイスはこのとき、例の「人たらし」の力を発揮し、マラルメから「君、私は君の意図するところをよしとして支援するばかりではなく、私の友人たちのすべての支持をとりつけることを、お約束しましょう」という激励の言葉を引き出している。

このマラルメの火曜会では、六歳年上の象徴派の中堅アンリ・ド・レニエと出会い、互いに高く評価しあうが、この出会いがルイスの運命を大きく変えることになる。というのも、レニエの導きによって、もうひとつの有名な詩のサロンであるエレディアの土曜会に一八九〇年十二月から通うようになり、そこでエレディアの次女マリとの宿命的な出会いを果たしたからである。

ところで、ここで興味深いのは、エレディア家では、ルイスが土曜会を訪れる前から、彼のことが評判になっていたことである。おそらくは、レニエの口から、マラルメがルイスの詩を高く評価したという話が伝わっていたのだろう。そのため、サロンの主催者で若い詩人が好きだったエレディア自身がルイスに関心を抱き、レニエにルイスを連れてくるように命じたのである。

「これより先に、ルイスはエレディアから、詩人の自筆による『ロンサールの恋愛詩集についてのソネット』を贈られている。エレディアは前々からこのルイスという青年に関心を持っており、初めて自宅のサロンを訪れた彼を、『ガニュメデスを迎えるユピテルのように』嬉々として迎えた。それればかりか、この高踏派の大家は初めて会ったルイスを友と呼び、客の中では彼が最も若いから、『わが家の子』としようなどと言ったと伝えられている。ルイスは一目でエレディアに気に入られ、以後、格別彼に愛される存在となった」(同書)

まことに不思議な能力というほかはない。女性たちならまだしも、マラルメとエレディアという二大巨匠が深くルイスを愛したのである。たんに詩の才能だけではないなにかがルイスには具《そな》わっていたとしか思えない。

では、いったい、ルイスの特殊な能力とはなんなのだろう?

おそらく、「この人だけは私のすべてを理解してくれている」と人に思わせる能力なのだろう。まずジッドがやられ、ついでヴァレリーが降参し、ついでマラルメとエレディアの二大巨匠までが兜《かぶと》を脱いだのだ。

そして、この特殊能力は、当然、女性にも強い効果を発揮したのである。

ルイスとレニエと三姉妹

一八九〇年十二月十九日、二〇歳のルイスがアンリ・ド・レニエに連れられてエレディアの土曜会を初めて訪れたとき、長女のエレーヌは一九歳、マリは翌日の誕生日で一五歳、三女のルイーズはまだ一二歳だった。

ルイス、レニエとエレディア三姉妹のこの出会いについて、ドミニク・ボナは想像を交えつつ、次のように描写している。

まず、レニエについて。

「レニエの魅力は、三姉妹が彼を知るようになった一八八八年以来、少しずつ彼女たちにも訴えかけるものとなっていた。光彩陸離たる名家の紋章を背景にして、その柔和さ、威厳ある物腰、高い教養、そして極端なまでの繊細さが、こうした非のうちどころのない貴族性にときにいささか堅苦しさを感じさせた当初の印象に、ようやく勝ちまさっていた」

（ドミニク・ボナ　前掲書）

いっぽう、レニエに連れられて現われたルイスは三姉妹の目にこんなふうに映っていたのである。
「二十歳で、ブルーの目。それがピエール・ルイスだった。中肉中背のスマートな体つき。絹の折り返し襟のついた上着を着込み、昼用の靴にエナメルの当て皮をつけてめかしこんでいる。ネクタイはダンディーなスタイルのトリプル・トゥール。栗色の濃い髪の毛は額の上にかきあげられ、短く刈られた口ひげの下では厚めのくちびるが人あたりのよい微笑のせいでめくれている。彼はなにもしゃべらぬまま、ただ興味津々たる表情をうかべている三人の娘たちにほほえみかけた。とってつけたようでも、またよそよそしくもないこの控え目な態度は彼女らの心を大いにかき乱したものだった」（同書）

ドミニク・ボナはさすがに女性だけあって、初めてルイスが三姉妹の前に登場したときの「自然さ」を巧みに描いている。箸《はし》が転がっただけで笑い転げる年頃の娘たちにとって、何が最悪かといったら、それはしゃちこばった態度からくる滑稽《こっけい》さだったが、ルイスの「とってつけたようでも、またよそよそしくもない」微笑は、こうした滑稽さとは無縁の「自然さ」から生まれたものであった。

思うに、その「自然さ」というのは、ルイスが先天的にもっていた女好きの性格から来ていたようだ。ドミニク・ボナもその点を強調している。

「彼はよく人に好かれた。とりわけ、その青空のようなまなざしとブロンドの口ひげが格好の魅力を発揮する。女性たちのあいだで、彼の人気は絶大だった。明らかにそれと見て

とれるある種の好色さが彼の人格全体を包み込んでいた」(同書)

この点が重要なのである。つまり、女性にモテる男というのは、例外なく、「それと見てとれるある種の好色さ」を示しているのである。モーパッサンは『ベラミ』の中で、モテ男には「あなたと寝たい」とボディー・ランゲージの記号で表現できる能力が不可欠だと言っていたと思うが、ルイスこそまさにこの「ベラミ」だったのである。

とはいえ、エレディア三姉妹の全員がこのルイスの「記号表現」に反応したわけではなかった。なぜなら、長女のエレーヌは男そのものではなく、むしろ男が所有するものに惹かれるタイプの娘だったからである。

「(エレーヌは)『金持ちしか好きになれないの』と、妹たちにあつかましい本音をもらしていた。社交的でなかなかの自信家であったエレーヌだが、本人の生まれた星座である蟹《かに》座から気弱な性格を受け継いでおり、それが彼女をして夫のうちに父親——保護者であり主人であるような——を求めさせた。彼女は安心できる人生が好きだった」(同書)

では、マリはどうだったのだろう。

ひとことで言えばルイスと出会った瞬間から運命的なものを感じ取っていたのである。

「ピエール……。ピエール・ルイス。二人は前世から互いに運命づけられていたようなカップルだった。それほどまでに彼らの嗜《し》好《こう》、気質、性向は一致していた。ルイスより五歳年下だけのマリーはいたずら好きの可愛い妹のようにふるまった。彼女はルイスがその日

記や恋愛詩のうちで描き出した乙女の純潔さとエロティシズムを二つながらに持ち合わせている女性だった」(同書)

この「純潔さとエロティシズムを二つながらに」というのが二人の恋のキーワードである。ルイスがマリに感じた魅力について当てはまるだけではない。それは、マリがルイスに覚えた魅力でもあったのだ。マリはルイスの中にエロティシズムを感知すると同時に純潔さも感じとっていたのである。

では、「カナカデミー」の遊びの中から抜け出して、マリにはっきりとした恋愛感情を示したもう一人の会員、すなわちアンリ・ド・レニエに対するマリの気持ちはどうだったのだろうか?

ひとことで言えば、昔のお見合いの断りの決まり文句、すなわち「ご立派すぎて、私どもには……」である。身のこなしはエレガントで、髪の毛は薄いものの、端正な美男子で、会話も巧み。自己顕示欲を決して示さず、慎み深く、だれにでも好感を与える青年だった。レニエが詩や文学について知性あふれる解説を加えるのを聞くのは文学少女のマリにはとても楽しかったし、喜びですらあった。また、マリの詩を高く評価してくれるのも嬉しかった。だが、尊敬すべき男性であるとは感じても、期待したような胸の高ぶりはついに訪れてはこなかったのである。

しかし、エレディア家の人たち、とりわけエレディア夫人は、レニエこそ満点の「良き婿殿」と信じ、次女がレニエの心を捉えたことを率直に喜んでいた。というのも、既に述べたように、主の賭博癖が災いして、エレディア家には娘に持参金をもたせるような余裕はなく、持参金なしで娘と結婚してくれるのが由緒ある貴族となれば、それこそ、万々歳なのであった。

このような状況の中で、一八九一年、一八九二年、一八九三年と、ルイスが余命三年と思いこんだ年月は過ぎていった。この間、ルイスは一八九一年の五月「ラ・コンク」をほとんど独力で編集し、翌年の一月に十一号を出して終刊とした。詩集『アスタルテ』、短編集『レダ』、ギリシャ語からの訳詩集『クリュシス』をアール・アンデパンダン書店から自費出版で限定一〇〇部で出し、ロンドンを訪ねてワイルドのもてなしを受けたりした。しかし、マリとの関係はいっこうに進展せず、プラトニックなままだった。ルイスといえどもエレディアの令嬢に手を出すことは憚《はばか》られたのである。

無一文の詩人

大きな動きがあったのは、マリが一八歳を迎えた一八九三年のことである。

外務省勤務の兄ジョルジュがエジプトに赴任したのを機にグレトリー街に瀟洒《しょうしゃ》なアパルトマンを構えていたルイスが、エレディア家のあるバルザック街にほど近いシャトーブリアン街にアパルトマンを見つけて引っ越してきたのである。以後、なにか口実を見つけてはルイスはエレディア家を訪れるようになる。

マリはルイスがいよいよ本気になり、夏休み前にも父親に結婚の申し込みをしてくれるものと期待に胸をふくらませていたが、期待はあっさり裏切られた。一八九四年の夏、バイロイト音楽祭に友人のエロルドとともに出掛ける予定だったルイスは、ジッドに誘われてスイスの山荘で数日を過ごしたとき、ジッドからアルジェリアで少女娼婦メリナム・ベント・アリを相手にした性交渉の一部始終を教えられると、いてもたってもいられなくなり、バイロイト行きを中止してエロルドとともにアルジェリアに旅立ったのである。そして、メリナムとの官能的な日々をヒントにして、あの名作『ビリチスの歌』を書き上げたのである。

いっぽうマリはというと、ルイスがアルジェリアで少女娼婦を相手に愛欲の日々を送っているという話を聞くと、嫌悪感を抱くどころか、ますますルイスに惹かれるものを感じた。嫉妬とルイスの不在がスタンダールのいう結晶作用を速めたのである。

ルイスは十二月にアルジェリアから帰国すると、書き溜めていた『ビリチスの歌』の原稿を古代ギリシャのレズビアンの女性詩人ビリチスの翻訳と偽って出版しようとした。当然、出版費用は自己負担しなければならないが、そのときになって銀行口座がほとんどゼロになっていることに気づき、愕然とした。余命三年と宣告されていたために、豪華詩集の自費出版や旅行、それに稀覯本《きこうぼん》の購入など、贅沢三昧《ざんまい》の暮らしで父の遺産三〇万フランをすべて使い果たしてしまったので、『ビリチスの歌』も出版できそうもない。二三歳で一文無しになってしまったのに、いっこうに死は訪れてこない。これから、長い年月を兄の扶養家族として生きなければならないとは！

ルイスは『ビリチスの歌』は白鳥の歌となるだろうと予感していたので兄に出版費用を無心したが、あきれた兄は放蕩者の弟（息子）にお灸《きゆう》をすえるべく、すぐに返事を返してくれなかった。絶望したルイスは、ピストルを購入し、自殺を図ろうとした。自殺をほのめかす手紙を受け取った兄は、あわててカイロから遠路駆けつけた。おかげで自殺を思いとどまったルイスは、『ビリチスの歌』も無事出版することができたが、改めて身を振り返ってみると、さらなる絶望に襲われた。

自分にも恒産なく、マリの持参金なしとあっては、結婚など土台不可能ではないか？再び激しく落ち込んだルイスは重い気管支炎にかかり、転地療養と称してイベリア半島からアルジェリアに渡ることとなる。一八九五年の一月から三月にかけてのことである。

「マリーはいいよる男たちをはねつけながらピエールとの再会の期待に胸をふくらませて指折り日々を数えた。だが、彼は遥かな異郷で恋の体験を積み重ねていた」（同書）

いっぽう、ルイスがパリを留守にしている間、レニエは一歩一歩着実に地歩を固めていた。まず、エレディア夫人の心をガッシリと摑み、ついでエレディアにも借金の代替わりを匂わせることでさらなる信頼を勝ち得ていた。残るは、マリだけである。

だが、マリはアルジェリアから戻ってきたルイスが、今度こそ結婚の申し込みを父にしてくれるのではないかと期待していたので、いっこうにレニエのほうには振り向かなかった。一八九五年七月六日、「カナカデミー」の会員たちと一緒にヴィルボンヌに遠足に行ったとき、マリとルイスは相思相愛の恋人同士のように振る舞い、会員たちを、とりわけレニエを嫉妬で狂わせた。

だが、結局、ついに、決定的な言葉はルイスの口からは発せられなかったのである。

「この曖昧な戯れの恋、言葉なきまなざし、そっと交わす口づけ、気をもたせながらなにも要求せずただ相手に察してもらおうとするあの目くばせだけで、彼はまだ『愛している』という言葉を口にしていない。ましてやマリーがいよいよ待ちこがれている『結婚してくれますか？』という言葉は……」(同書)

一文無しの詩人という制約だけではなく、どうやらルイスには、決断を下すことへの恐れというものがあったようだ。優柔不断はルイスの本性で、後ろから押してくれる力がない限り、自分では決断がつかないのだ。マリがこれまでの恋人や愛人たちと決定的に違って、「ただ一人の女」であることは痛いほどわかっていたが、どうしても「結婚してください」という言葉は彼の口からは発せられなかったのである。ドミニク・ボナは突き放した言い方でルイスの気持ちをこう推測している。

「ようするにピエールは、自分に財産がないのが当時深刻な経済的困難を抱えていたエレディア家の目に不利な条件として映ることを意識して、あるいはそれを口実に、彼の自由奔放な生活に終止符を打ちかねない契約の期限日を繰り延べようとして、結婚の申し込みをぐずぐずと遅らせていたのである」

では、ルイスは自分が決断をためらっている間にレニエが機先を制するとは考えていなかったのだろうか？

じつは、ルイスとレニエは、マリに結婚の申し込みをするときには、同日同時刻に一緒にして、選択権をマリに委ねようと協定を結んでいたのだ。マリに選ばれなかったということなら、諦めがつくからという理由で。

ルイスは、帯剣貴族の末裔であるレニエがまさか抜け駆けをするとは夢にも思わなかった。結婚の申し込みをするなら事前に自分にも通告すると信じていたのである。

だが、その「まさか」が起こってしまったのである。

抜け駆け

一八九五年七月十三日、土曜会のサロンで、ジョゼ＝マリア・ド・エレディアは次女のマリとアンリ・ド・レニエが婚約したことを公にした。サロンに居合わせた土曜会のメンバーたちは皆、拍手喝采し、意外に感じた者はひとりもいなかった。エレディアは父親の威厳を保って「ただし、婚約には条件がある」と少し間を置いてから二つの禁止事項を明らかにした。

すなわち、①レニエはマリが髪を赤く染めるのを禁ずる、②レニエはマリが自由詩を書くことを禁ずる、の二点である。

全員が爆笑し、口々に祝福の言葉を述べた。笑顔を見せなかったのは当事者のマリと妹のルイーズだけだった。ルイーズは不安げな表情を浮かべ、こっそりとマリに耳打ちした。「ピエールはこのこと知ってるの？」

婚約を取り仕切ったのはエレディア夫人だった。エレディア夫人にとって持参金のない娘を財産・地位身分のある男に嫁がせるのが悲願だったが、アンリ・ド・レニエは帯剣貴族の末裔であるばかりか、将来を嘱望《しょくぼう》された青年詩人。財産もあり、エレディア家の負債を肩代わりしてくれるというのだから、これほど条件にかなった婿殿はそうは現われないにちがいない。ここはなんとしても娘を説得しなければ、とエレディア夫人が考えたことは想像にかたくない。

では、マリはどう思っていたのだろうか？

レニエは決して嫌いではなかったが、愛してはいなかった。愛していたのはピエール・ルイスだった。女性関係の噂が絶えない男だということは重々承知していたが、マリにとっては、それも大きな魅力のひとつだった。遺産を蕩尽《とうじん》してしまっていることにも気づいていたが、しかし、ルイスから「愛してる。ぼくと結婚してください」と言われたら、父親や母親がなんと言おうと、絶対に付いていくつもりだった。マリはジリジリしながら決定的な言葉を待っていた。しかし、優柔不断なルイスは結局、「結婚」という言葉を発しないまま、今度もまた友人の詩人ジャン・ド・ティナンと一緒に旅行に出掛けてしまったのである。

するとその隙《すき》をついたように、レニエがエレディアに結婚を申し込んできた。負債の肩替わりも明言したうえでの申し込みである。エレディア夫妻に異論のあろうはずがない。マリは、ルイスが一言「結婚」の言葉を口に出してくれていたら、父や母が何と言おうと意志を貫けたはずなのにと思った。心底、ルイスの優柔不断さが恨めしかった。しかし、エレディア家を救うという大義名分と「レニエさんのこと、嫌いじゃないのでしょう？　なら、いいじゃない」という論法で攻めてくる母親には逆らえず、ついに首を縦に振ってしまったのである。

マリがレニエと婚約したというニュースは、翌日にはルイスのもとに届いたらしい。おそらく、エレディアの土曜会の常連が、詩人ジャン・ド・ティナンとともにジュミエージュの修道院に滞在しているルイスに教えたのだろう。修道院にはティナンの叔母《おば》がいて、ルイスはティナンと一緒に訪れていたのである。

電報を受け取ったルイスは驚愕し、次に、抜け駆けをしたレニエを激しく憎んだ。レニエからは謝罪と釈明の電報が届いたが、ルイスは決して彼を許そうとはしなかった。横取りされて初めて、自分がいかに深くマリを愛していたかということがわかったからである。ルイスはエレディアに宛てた十五日付の手紙でこう書いた。

「先生、私はお嬢様のマリーを愛しておりました。しかしそのことを一度も彼女に口に出しては言いませんでした。ここ三カ月間、私はお嬢様と結婚できる日を夢見ておりました。成功を収めて、無名の貧しい若者の経済状態以外のものを、お嬢様に供することができるような日のことです。今日私は先を越されたことを知りました。私にはもうなんの希望もありません。ただ、いつでも私をやさしく迎えてくださった先生のお宅を、もうこれからは涙なしにはお伺いすることができそうもないお宅を、今後また訪れる勇気はないことをお許しください」(沓掛良彦　前掲書)

ピエール・ルイスを息子のように愛していたエレディアは手紙を受けとって驚き、シャトーブリアン街の自宅に戻ったルイスを訪ねて慰めの言葉を述べた。

エレディアは、最初、手紙のことはマリには隠しておいたのだが、エレディア夫人がうっかり漏らしてしまったため、マリに手紙を見せてやるほかなくなったと語った。それ以来、マリはひどい苦しみの中に沈んでいたらしい。

しかし、ルイスとマリがいかに後悔したとしても、婚約はすでに公になってしまっている。もはや後戻りは許されない。

幻滅と退屈の結婚生活

かくて一八九五年十月十七日、一家の教区教会であるサン・フィリップ・デュ・ルール教会で、アンリ・ド・レニエとマリ・ド・エレディアの結婚式が執り行なわれた。土曜会の主催者の娘が若手ナンバー・ワンの詩人と結婚するとあって、ルコント・ド・リール、シュリ・プリュドム、フランソワ・コペーといった土曜会の常連のほか、エレディアがアカデミー・フランセーズ会員だったこともあり、フェルディナン・ブリュンティエールを始めとするアカデミーの会員たちも参加し、結婚式は荘厳で華やかな雰囲気につつまれた。

当然ながら、列席者の中にルイスの姿はなかった。ルイスはこの日、アパルトマンに閉じこもり、涙を流しながら、兄やジャン・ド・ティナンに宛てて苦痛に満ちた手紙を書いていたのである。

いっぽう、レニエとマリのカップルは、式のあと婚礼馬車でヴェルサイユのレゼルヴォワール・ホテルに向かった。この初夜のことをドミニク・ボナはこう書いている。

「初夜の秘密はただちに余人の知るところとなった。惨憺《さんたん》たる結果はパリ中にいいふらされた。マリーはアンリ・ド・レニエのベッドの中で退屈していた。

ヴェルサイユ。往時の王侯貴族やその妃たち、それにあまたの遊び女たちが豪奢に快楽を満喫していた宮殿のほど近くにあるレゼルヴォワール・ホテルで、彼女は最初の晩から期待を裏切られた」（ドミニク・ボナ　前掲書）

不首尾に終わった初夜の結果を外部に漏洩《ろうえい》したのはマリ自身だった。雨で三日三晩閉じ込められた寒々しい部屋の中で、退屈したマリは姉妹や従姉妹《いとこ》たちに手紙を書き、味わった幻滅を赤裸々に報告したのである。

噂はあっというまに広まった。次の日にはパリ文壇や社交界で顚末《てんまつ》を知らぬものはなかった。その証拠に、アパルトマンに閉じこもっていたルイスの耳にまで届いていたのである。ルイスは、兄のジョルジュに宛てた手紙で、二人の結婚は三年と続かないだろうと予想していたが、よもや三日ももたないとは思わなかった、と報告している。

新婚旅行から戻ってパリのマグドブール通りのアパルトマンに落ち着いたマリの変わりようをドミニク・ボナはこう描写している。

「以前はあんなに生き生きと快活だった彼女が生気のない暗い顔をして、ひたすら怠惰に、うとうとまどろむだけの時を過ごしている。彼女の生活は無気力で、彼女の夜にはもはや夢がなかった。インスピレーションも消えはてたのか、彼女はもう詩を書かなくなった。彼女にとって人生は、おのれの前にまっすぐつづく、ひどく平坦《へいたん》な長い道のりのよう

に見えた。その恐ろしい単調さと見通しのなさが彼女の心を麻痺させていた」（同書）

心理描写の中でドミニク・ボナが使っている「平坦な長い道のり」の譬《たと》えは、実はフロベールが新婚直後のボヴァリー夫人、エンマの心を描いた有名な箇所に倣《なら》ったものである。マリはまさに、シャルルという凡庸な夫と結婚して後悔しているエンマそっくりの心境にいたのである。

だが、なにゆえにマリは夫となったアンリ・ド・レニエにこれほど退屈し、幻滅したのだろうか？

激しい情念はすべてこれを押し殺し、完璧なまでに冷静な態度を維持し続けることを旨とするレニエの自己抑制を、マリはムッシュー・ボヴァリーと同じ類いの凡庸さの典型と捉えたからである。

たしかに、レニエの生活は判で押したように毎日変わらなかった。

朝は遅めに起きて軽い朝食を摂り、時間をかけて入念に身繕いをしてから、届けられた手紙を読んで返事を書いて午前を過ごす。定刻に昼食を摂ると、午後は書斎にこもって読書と執筆に費やし、午後五時になるとマリを伴って社交界に出かけるというルーティンである。アルフォンス・ドーデやアナトール・フランスのサロンや、社交界人士のサロンなど、どんなサロンでもレニエの会話のうまさは際立っていたが、それがマリを感心させることはまったくなかった。

むしろ、反対に、情念をいっさい表に出さず、沈着冷静に会話を進めていくレニエの完璧な自己抑制を見ていると、なんだか無性に腹がたってくるのだった。
「彼のそばにいるとマリーは退屈した。彼の絢爛たる話術も、機知にあふれる言葉も、卓越した知性も、柔らかな物腰も、詩の贈り物すらなんの足しにもならなかった。いかにしても自分の妻の顔をほころばせてやれなかったのである。
結局のところ、五線譜のようにきちんと秩序正しい線の引かれたこの結婚生活がマリーを幻滅させていたのだ。そうしたなかに彼女の青春の夢想をふたたび見出すことはなかったし、《驚異》の分け前を求めても無駄だった。（中略）彼女は気晴らしを、あるいは気晴らしを与えてくれる者をよそに求めた。思いきり遊びたかった。レニエとの婚約の際に出来た心の傷は、破れた恋の、というか愚かにもとり逃がしてしまった恋の悔恨としてまだ激しくうずいていた」（同書）
まさに、なにからなにまでボヴァリー夫人である。ボヴァリー夫人を解く鍵は「終わりなき日常」に対する「退屈」だが、マリの場合は、「退屈」に加えて夫の上品さ、沈着冷静に対する強い反発があった。ひとことで言えば、マリが欲していたのは、レニエのような品行方正な「グッド・ボーイの日常」ではなく、ピエール・ルイスのように世間的評判は悪いが冒険心にあふれた「バッド・ボーイの非日常」だったのである。

ベストセラー『アフロディテ』

では、こうしてマリが結婚生活の幻滅に耐えているあいだ、ルイスはどうしていたのだろうか？

悲しみを紛らすための唯一の方法である執筆に打ち込んでいたのである。芸術至上主義のルイスも、遺産を蕩尽して無一文になった今となっては、かつてのように詩だけを書いているわけにはいかず、小説に挑戦していたのだ。

タイトルは『奴隷の身』で、かつてベルギーの雑誌「ワロニー」に寄稿した『クリシュス』を大きく発展させた古代ギリシャ的長編小説である。原稿料で生活を支えていくには、小説を連載してくれる雑誌を探すしかなかったが、いくつかの雑誌で断られたあげく、ようやく「メルキュール・ド・フランス」で連載ＯＫの返事が出たのである。連載開始は一八九五年八月号からだったが、この号には皮肉なことにアンリ・ド・レニエとマリ・ド・エレディアとの婚約発表の記事が掲載されていた。

連載中、『奴隷の身』はほとんど反響がなかった。唯一の例外は、当代一の美女と謳われた高級娼婦ディアーヌ・ド・プージーで、ヒロインのクリシュスの中に自分を見て感動し、ルイスを食事に誘ったのだが、ルイスは返礼のための食事代がないからという理由で招待を断らなければならなかった。

連載が終了し、『奴隷の身』はメルキュール・ド・フランスから単行本として出版される運びとなったが、ルイスが徹底的に加筆修正を施したため、印刷代が予定をオーバーし、出版社はルイスにその分の負担を要求した。そこで、ルイスは印刷代は著者負担で、初版一〇〇〇部を売り切った時点で七五〇フランの印税を受け取るという契約を結んだ。当初、出版社が印刷代を負担し、二〇〇〇部刷る代わりに三五〇フランの買い切りという話だったが、ルイスが自分の本など一〇〇〇部も売れれば上出来だと考えたため、印税で一〇〇〇部からのスタートとなった。幸運な選択だった。

というのも、『アフロディテ』と改題されて一八九六年三月に出版されるや、小説は予想だにしなかったベストセラーとなり、ルイスに巨額の印税をもたらしたからである。

きっかけは、「ル・ジュルナル」紙の一面下の「フユトン」と呼ばれる欄に載ったフランソワ・コペーの書評だった。コペーは『アフロディテ』をフロベールの『サランボー』以来の古代小説の傑作と激賞し、そのうえでエロティシズムゆえに推薦するのはその価値がわかる芸術家のみであると留保を加えたが、これが逆に大衆の好奇心をくすぐり、小説は最初の二週間で五〇〇〇部（おそらく初刷一〇〇〇＋二刷四〇〇〇部）を売りつくし、この年だけでも五万部に達するという当時にしては驚異的な部数を記録したのである。

ルイスは一躍、時の人となり、一三日間に一三回も貴顕紳士からの招待を受け、無数の講演や寄稿を依頼された。しかも、その招待状の中にはエレディア家からのものも入っていたのである。
「いまや著名人となった彼に、エレディア夫人はふたたびほほえみかけた。エレーヌとルイーズは彼女らの憧れの的として歓待をつくした。エレディアは姿を見せ口を開けばかならず彼の才能を褒めちぎった」(同書)
エレディア夫人が名士となったルイスを再び土曜会に誘ったのは、持参金なしで嫁がせねばならぬ娘があと二人いたためだが、サロンには夫に伴われたマリも姿を見せるようになった。ルイスはマリの大胆きわまる「再接近」の手管《てくだ》を兄に手紙で報告している。
「彼女がソファーに座りにやって来た。彼女の妹とぼくのあいだに、というかほとんどぼくの上に。そして、五人の客がじっと黙っている前で、こんなふうにいったんだ。ああ一度会いにいらして下さいね。私、家ではとても退屈してますのよ!」(同書)
むろん、サロンの隅には夫のレニエが控えていた。レニエは内心の動揺と嫉妬を持ち前の沈着冷静さで抑えながら、妻と旧友ルイスの言動をじっと観察していたのである。マリは大胆にも、当時、絶対的なタブーだった足首を人前に晒すという挑発さえやってのけた。こうしたマリの振るまいをドミニク・ボナはこう解釈している。
「あるときは、なぜ?——なぜにあなたは、私を幸せにできない他の男と私が結婚するのを止めてくれなかったのですか?——と彼に問いかける悲劇的なまなざしでもって。またあるときは、子供っぽい挑発でもって。オレンジの花は新婦だけにあげるものといい張る

ルイーズに向かって『それじゃ、これは私が次に結婚するときのためね……』などといってのけるありさまだ」（同書）

では、こうしたマリの秋波をルイスはどのように受け止めたのだろうか？

またしても、悪い癖が出たのである。女のほうから迫られ、決断を促すようにせかされると、とたんに逃げ腰になるというあの悪癖が。

もちろん、マリへの愛は決して消えてはいなかった。しかし、いかに快楽主義者ルイスといえども、かつての親友をコキュにするような不倫には踏み切れなかったし、恩師エレディアを悲しませたくもなかった。さらに、ルイスを招待したエレディア夫人の狙いが姉のエレーヌか妹のルイーズを選ばせることにあるのもわかったので、ルイスはついに決断を下す。

逃げるのだ！

こうしてルイスは、マリとその姉妹の攻勢から身を隠すため、一八九六年の十二月にアルジェリアに旅立ったのである。

褐色のヴィーナス、ゾーラ

首都アルジェに着くや否や、ルイスはその足で娼館が立ち並ぶカスバに出掛け、娼婦たちとの交情を楽しんだ。記録魔だったルイスは女たちの特徴を日記に記し、手に入れたばかりのコダックで撮った写真を横に添えた。女体コレクター、ルイスならではの「猟人日記」である。

そのアルジェでの「猟人日記」には、あるときから一人の女しか登場しなくなる。ルイスは「運命の女」に出会ったのである。超流行作家となったルイスの肖像画を描くためにアルジェまで足を運んだ画家エドゥアール・ブランドーがモデルとして雇っていたゾーラ・ベント・ブラヒム、通称ゾーラである。ゾーラはフランス語の読み書きこそできなかったが、フランス系の修道院で育ったためフランス語の会話は完璧だった。

「東方的官能性の化身のようなゾーラは性技に長けていて、ルイスの好みに応じていかなる姿態をもとり、それまでにも数々の性愛の体験をしていたエロスの魔を狂喜させ、堪能させた。ルイスは彼女に、あるいは彼女の肉体に、夢中となりその虜となった。この褐色のヴィーナスの腕の中ではマリーの面影が忘れられるからである」（沓掛良彦　前掲書）

ルイスはほぼ四カ月間、アルジェリアに滞在し、ゾーラの肉体に文字通り惑溺したあと、一八九七年四月にパリに戻ったが、それまでに例の浪費癖で『アフロディテ』で得た二万五〇〇〇フラン（当時約二五〇〇万円）の印税をすべて使い果たしていたばかりか、またあらたに借金をこしらえていた。

では、ルイスはアルジェリアにゾーラを置いていったのか？　なんとパリまでゾーラを連れてきたのである。兄への手紙でルイスはゾーラを置いていくためにあらゆる手段を尽くしたが、結局、できなかったと正直に告白してから「それに彼女はますます魅力的になってゆきます。ぼくはもう哀れなほど、彼女にぞっこん参っています」と書き送っている。

ルイスの心に、ゾーラを伴って帰国することで、マリへ復讐しようという魂胆が潜んでいなかったとは言い切れない。

ルイスは巨額の印税が入ったときにあらかじめ借りておいたマルゼルブ大通りの豪華なアパルトマンでゾーラとの生活を始めるや、この褐色のヴィーナスを詩人たちに見せびらかすように、連日、パーティーを開いた。

「野性的で、自然そのものの天真爛漫《てんしんらんまん》なゾーラは、ルイスのこの家を訪れる友人たちの間でたちまち人気者となった。ルイスの家を訪れる友人たちを迎えるのに、ゾーラが一糸まとわぬ姿でドアを開けるというようなこともしばしばあった。（中略）パリで好奇心と評判を呼んだこの褐色の女性を、ルイスは得意になってパリのあちこちへ連れ歩き、彼女をみせびらかした。さすがに、マリーの実家であるエレディア家のサロンへ連れてゆくだけの勇気はなかったが、人が多く集まる、目立つところへと、意識的に連れ出すようにしたのである」（同書）

もちろん、ゾーラのこうした意図的な「露出」は、マリの関心を自分のほうにひきつける演出という面が強かった。というのも、ルイスはマリとの付き合いから、マリの自我の特殊性をかなり的確に観察していたからだ。

マリは、ルイスがゾーラをパリに連れてきて同棲し、これ見よがしに方々へ連れ歩いているという噂を耳にしたとき、当然、激しい嫉妬を感じたが、その感情には「ゾーラなんかよりも私のほうが一〇〇倍もいい女なのに！」という自尊心を傷つけられた女の怒りはもちろんのこと、スキャンダラスなことをあえてするルイスを取られたくやしさもまじっていたのである。

マリが好きなのは、取り澄ましてサロンで上品な会話をかわす夫のレニエのような男ではなく、反社会的な不良っぽいところのある男だったのだ。どうやら、マリは今日のヘビー・メタルのロックスターに憧れる追っかけの女の子のようなところがあったらしい。つまり、不良であればあるほどカッコイイと感じるグルービー的な心情が。

そのせいだろうか、マリがロックスターを仲間に横取りされたグルービーが取るような大胆きわまりない行動に出たのは？

そう、マリはひそかにルイスにコンタクトを取り、密会を約束したのである。

密会

マリ・ド・エレディアが恋したピエール・ルイスという詩人・作家はかなり複雑な性格の持ち主だったようだ。

第一に、女性を誘惑することは大好きだが、誘惑されることは大嫌いということ。どんなに好きな女性でも、その女性が逃げようとすると懸命に追いかけるが、積極的に迫ってきたりすると、とたんに逃げ腰になる。それどころか、本当に逃げ出してしまうという大きな欠点を持つ。

第二に、娼婦を買うことや、さまざまな性的逸脱に関してはまったくのノン・モラルだったにもかかわらず、不倫・姦通については意外なほど古風な一面を持ち、友人のクロード・ドビュッシーが糟糠《そうこう》の妻を捨て人妻と結ばれたときには、不道徳漢となじって絶交を宣言したほどである。また、ホモセクシュアルについても激しい拒否反応を示し、たんに自分がこれを容認しないばかりか、オスカー・ワイルドのような友人がこうした趣味を持っていることも汚らわしいとして認めなかったが、レズビアンについてはむしろ積極的に容認する姿勢を見せた。

このような複雑な性格を理解したとき初めて、再びエレディア家に出入りするようになってからのルイスの不可解な行動の謎を解くことができる。つまり、マリ・ド・レニエ

(旧姓マリ・ド・エレディア)と再会したあと、ルイスはなかなか決定的な一線を越えられなかったが、それは、マリが「親友の妻」なので不倫を犯すことになるうえに、マリから「迫られ」たため「嫌い」が「二乗」になってしまったからである。

また、ルイスはゾーラをパリに連れてきてマルゼルブ大通りの自宅アパルトマンで同棲していたので、マリと関係を持つことはゾーラに対しても不倫を働くことになった。幸い、ゾーラはこうした性的乱脈にはいたって寛大であったが、ルイスは例の独特の倫理観・貞操観の持ち主であったため、ゾーラに対しても良心の呵責《かしやく》を覚えていたようである。

だが、いくら「嫌い」が二乗、三乗でも、マリに対する愛は嫌悪感をはるかに超えていた。かくて、一八九七年十月十七日、ルイスとマリはついに結ばれたのである。場所は十七区のカルノー大通りに借りた独身者用のアパルトマン。いまでもそうだが、フランスには日本のラブ・ホテルのような性愛専門のホテルはなく、またホテルでは人目に付きやすいので、絶対的な秘密を必要とする場合、恋人たちは短期貸しのアパルトマンを借りるほかなかった。

ドミニク・ボナは小説家らしい想像力を働かせて、二人の密会をこう描いている。

「もう午後五時になる。まだうら若い人妻、彼の熱愛する女性、おのれのものにできればと夢見ていたのに他の男の所有に帰してしまったその人が、いよいよ彼に身を捧げにやって来るのだ。五時きっかりに、帽子をかぶり、顔にヴェールをかけ、手袋をし、男物仕立てのくすんだ色のスーツを着込んだ、すっかりお忍びの変装姿でマリーが戸口に現れる。そのシルエットと香りで彼女だとすぐ分かった」（ドミニク・ボナ　前掲書）

この決定的な瞬間に受けた「感動」をルイスは後に兄にこう報告している。

「前触れ。十一カ月に及ぶ別れ、そのうちのほとんど七カ月ほどは喧嘩状態だったが、もう覚えていない。

ぼくたちが和解した日のこと、窓が二つあって長椅子が置いてある、ありふれたアパート。

彼女は五時にやってきた。長椅子の上での抱擁。『しばらく経ってから』（正直に言いますが、彼女はまだきちんと服を着たままだし、ぼくもそうだった）ぼくは言った。

『何時だろう？　六時十五分か。』

確かにベッドはそこにあった。それにぼくは二十七歳、彼女は二十二歳だった。

こんな日に、こんな年齢でいながら、一時間十五分もの間、初めて二人だけでいられたのに、ぼくたちは一瞬たりとも愛のいとなみのことは考えなかった。それよりも愛情のほうがずっと強かったのだ」（沓掛良彦　前掲書）

恋の掲示板

こうして二人は宿命の愛人関係に入るのだが、しかしここに至るまで、恋人たちはどうやって連絡を取り合っていたのだろうか？

インターネットはおろか、電話ですらまだ普及していない時代だから、やり取りは手紙ということになるが、マリは形式的とはいえ人妻であり、夫や雇い人の目があるから、そう簡単に手紙のやり取りはできない。

そうなると、方法は手紙を郵便局留めにするほかないが、しかし、ルイスはまだしも、マリはそう毎日外出の口実を設けられるわけではない。そこで、考え出されたのが「エコー・ド・パリ」というカトリック系の保守的日刊紙の「広告欄」を使って、ハンドル・ネームでやり取りする方法である。ルイスはエレディア家の三姉妹エレーヌ、マリ、ルイーズの頭文字を組み合わせたH・M・Lというハンドル・ネームでマリに向かって語りかけたのだ。

といっても、この方法は別にルイスの発明ではない。バルザックの時代から使われていた常套《じょうとう》的連絡手段で、日刊紙の三行広告欄は「忍ぶ恋」の「掲示板」の役割を果たしていたのである。ルイスは、レニエ家がこの日刊紙を定期購読していることを知っていたので、その広告欄を使うことを思いついたのだ。

ドミニク・ボナが「エコー・ド・パリ」から拾い出したルイスの三行広告は次の通り。
一八九七年一〇月二日——「H・M・L。ぼくが君のことをもう愛していないなんてどうして考えたりするのですか？　この世でぼくが愛したのは君だけです。明日の朝、この欄か手紙。涙をありがとう。君の涙。おかげで気も狂わんばかりです。君にいったことなどもう忘れてしまいました」
一八九七年一〇月四日——「H・M・L。さぞかし君につらい思いをさせてしまったことでしょう。例の地点でぼくがふみとどまる勇気があると思いますか？　お互いの喜びの中であるのなら、ぼくはどんなに苦しもうとかまいません」
一八九七年一〇月六日——「H・M・L。来て下さい。愛しています」
一八九七年一〇月二二日——「H・M・L。例の郵便局に手紙送りました。返事はカピュシーヌ大通りの局まで。ひどく悲しい気分。とても愛しています。そしてありがとう。これまで以上に心を寄せあいましょう」（以上、ドミニク・ボナ　前掲書）
定期購読している以上、夫のアンリ・ド・レニエが「エコー・ド・パリ」の広告欄に目を通す可能性はなかったのだろうか？　第一、「H・M・L」などという、事情を少しでも知ったものなら「エレーヌ、マリ、ルイーズ」の頭文字であると気づくようなハンドル・ネームをなぜ使ったのか？　それとも、高尚なアンリ・ド・レニエはそんな下世話な広告欄には目もくれないのだろうか？

いずれにしても、大胆きわまりない連絡方法であることは確かである。しかも、大胆なのは、連絡方法だけではなかった。二人は、逢瀬を続けるにしたがって、次第に濃密な官能の世界に入りこんでいったのである。ルイスが兄への手紙で知らせたところによると、マリは奇跡的にも処女のままであり、ルイスが最初の男であったという。アンリ・ド・レニエとの二年間の結婚生活はフランス語でいう「白い結婚（マリアージュ・ブラン）」であったのだ。

淫らな「復讐」

では、アンリ・ド・レニエに男性の能力が欠けていたのだろうか？

これは想像だが、父親の借金のかたにレニエに「売られた」と思いこんだマリは、母親を恨む替わりに、「買った」男には絶対に体を許さないと全身を硬直させていたのではなかろうか？　そのため、心優しいレニエは、初夜の挫折以後、あえて夫婦関係を妻に迫るような強行策には出なかったのだろう。

もしかすると、マリは最初からルイスに処女を与えるつもりで、夫には体を拒み続けたのかもしれない。

この意味で、マリはまさに初志を貫徹したといえる。最愛の男であるルイスに身を任せたマリは、夫への復讐のひとつとして、恋人の要求するどんな大胆な性技にも積極的に応えようとしたらしい。
「彼女の体は恋人の編み出す最も淫らな、最も奇矯な、どのような姿勢にも応じた。彼は愛した。彼女の解かれた、長く青みを帯びた髪の下の、乳白色の肌を。その『牝猫《めす》のような、生ぬるいミルクのような』匂いを。大きな黒い瞳を」（同書）
そうした「復讐」のもうひとつはカメラマニアのルイスに向かって大胆なポーズをとることであった。ドミニク・ボナは、後に古書店に「流出」したルイス撮影の写真を手に入れたこともあって、かなり具体的にそのポーズを説明している。
「奇妙な背の低い肘掛け椅子に座ったマリー。もちろんヌード、帽子も脱いでいるが、髪は完璧に結われたままだ。彼女の肢体のしなやかさを余すところなく伝えるややこしい姿勢――ヨーガ行者のように股をひらき両足を肩の上にのせている。いたずらっぽいほほえみが彼女の小さな顔に輝きを添えているが、一方でカメラのレンズは闇に明るく輝く別のくちびるにピントを合わせている。
髪を解いたマリー。右腹を下にしどけなく寝そべり、狭い背中と長い脚、それに服を着たままではうかがい知れない肉付きのいい豊満な尻を写真家に見せている」（同書）
ルイスはよりよい写真を撮るためだろうか、カルノー大通りの家具付き部屋からマク・マオン大通りの少し大きな家具付き部屋に、さらにそこから、マルゼルブ大通りの自宅アパルトマンへと密会の場所を移してゆく。エロティシズムを高めるには背景も重要だと考えたからなのだろう。

しかし、考えてみれば、まだこの時点ではルイスはゾーラとマルゼルブ大通りの自宅で同棲していたのではないか？　ゾーラとマリが鉢合わせしてしまうことはなかったのだろうか？

じつは、ルイスをゾーラとシェアすることに我慢できないマリがゾーラと別れるようにルイスに要求したため、ルイスはゾーラとの別離に泣く泣く同意したのである。あいかわらずゾーラに強い魅力を感じていたので、ルイスに別れる気はなかったが、マリが絶対に「二股」を許さなかったのだ。

そのため、ゾーラは追われるようにマルゼルブ大通りのアパルトマンを出て、グランジュ＝バトリエール通りのアパルトマンに移り住んだが、すぐに一人居に耐え切れなくなり、アルジェリアに帰ると言い出した。

未練たらたらのルイスはマルセイユまでゾーラを送っていったが、いつもの優柔不断に囚われたのか、キャビンで最後の抱擁を交わしているうちに我慢できなくなってそのまま一緒にアルジェリアに向かいそうになった。だが、最後の最後で理性が働いて、断腸の思いで客船をあとにし、マルセイユの安宿にこもって一日中泣いて暮らした。一八九七年十二月二十九日のことだった。

翌日、パリに戻ったルイスをなんともショッキングな知らせが待っていた。マリが妊娠したというのである。結婚以来一度も夫と交わっていないのだから、ルイスの子であることは明らかだった。マリはもう完全に覚悟ができていた。夫から何を言われようと、世間から後ろ指を差されようとかまいはしない。愛するルイスの子を宿したのだから、後悔は微塵《みじん》もなく、むしろ晴れ晴れとした気持ちだった。夫への復讐をやり遂げたという充実感さえ感じていたにちがいない。

しかし、マリの口から懐妊を聞かされたルイスは激しく動転した。どう振る舞っていいかわからず、とりあえず、兄ジョルジュの意見を聞かねばならぬと自分に言い聞かせると、マリには一言も相談せず、マク・マオン大通りの家具付き部屋ばかりかマルゼルブ大通りの自宅も引き払い、正月そうそう兄のいるカイロに旅立ってしまったのである。

マリがルイスからの音信がないのを不審に思い、マク・マオン大通りの部屋を訪れると、ガランとした空間に一通の手紙が残されていた。

手紙にはルイスの独特の字で「君を深く愛している」「長く留守にするつもりはない」「手紙を書くから返事をくれ」「君の髪、君の唇、君の体が気の狂うほど好きだ」などという言葉が書き連ねられていたが、肝心のお腹の子についての言及は一言もなかった。

途方に暮れたマリは、手紙を握りしめたまま空のアパルトマンの中で呆然と立ちすくむほかはなかった。

いっぽう、ルイスはといえば、なんともお気軽な旅を続けていた。懐にはスペインを舞台にした新作小説（後に『女と人形』のタイトルで出版）を連載するという約束で「ル・ジュルナル」紙から前借りした三〇〇〇フランがあった。エジプト各地を旅して異国情緒を味わいながら、行く先々で娼婦を買う計画を立て、快楽の前味を楽しんでいたのである。実際、年下の親友ジャン・ド・ティナンに宛てた手紙には、「戦果発表」とばかり、旅先で買った若い娼婦との性交渉の細部がしたためられ、飽くなき探求心と絶倫ぶりが報告されていた。

その間、「放置」されたマリはどうしていたのだろうか？

突然姿を消してしまったルイスに連絡を取ろうとして、常日頃から二人の会話に登場していた親友のジャン・ド・ティナンのことを思いだし、彼のもとを訪れたらしい。ティナンはルイスの紹介でエレディア家の土曜会にも出入りしていたので、マリとしても声を掛けやすかったということもある。マリはティナンのもとにはルイスからの手紙が届いていると踏んで、居場所を聞き出そうとしたのだろう。

ティナン

では、ジャン・ド・ティナンとはそもそもどのような人物だったのだろうか？

『フランス文学辞典』（白水社）には次のように書かれている。

「Tinan, Jean de（1874–98）。世紀末に狂い咲いた短命のディレッタント。パリに生没。代表作『成功するつもり？』Penses-tu reussir?（1897）をはじめ、『恋愛不能覚え書き』Document sur l'impuissance d'aimer（1894）、『エミリエンヌ』Aimirienne（1899）などの諸作はすべてたばこの煙のたちのぼるキャバレー、バー、サーカス趣味であるが、バレスやジッドの初期の作品に一脈相通ずる洗練された知的なダンディスムはかなり注目を浴びた」


簡単にして要を得た記述であり、文学的位置付けではこれで十分であるが、エピソード的に多少補っておけば、以下のようになる。すなわち、骨董品や稀覯本の収集にうつつを抜かす貴族の父親と、社交界での派手な交際に熱中する母親というどちらも子供嫌いの両親の間に生まれたティナンは、祖母のもとで孤独な少年時代を送ったあと、早熟な才能を生かしてジャーナリズムに飛び込み、キャバレーや文学カフェ、サーカスなどの探訪記者として頭角をあらわし、独立芸術書房に出入りするうち、一八九四年の二月にルイスと知り合ったのである。完璧なダンディズムと人並み外れた女性への興味という点で相通ずるものがあった二人はすっかり意気投合し、まるで仲の良い兄弟のように、一緒にメゾン・クローズに遊んだり、自分の性的冒険を互いに報告しあうようになったのだ。

ルイスはティナンが温めていた処女作『成功するつもり？』の原稿に手を入れてやった

り、出版社への売り込みにも力を尽くした。おかげで、『成功するつもり？』は一定の評価を得て、ティナンは憧れのエレディアの土曜会にも顔を出すことができるようになったのである。

さて、話を一八九八年一月に戻すと、マリの突然の訪問を受けたジャン・ド・ティナンはおおいに驚いたものと思われる。というのも、ティナンはマリがルイスの愛人であることを知っていたからである。

もっともこの点において、伝記作者の意見は分かれている。ドミニク・ボナは、ティナンはルイスとマリがかつての恋人同士だったことは承知していたが、肉体的関係が出来たことまでは知らなかったと見ている。いっぽう、沓掛良彦はティナンがマリとの関係が出来てからルイスに手紙を出さなくなったことに鑑《かんが》みて、ティナンは二人の関係を知っていたと推測している。

いずれにしても、ひとつだけ明らかなことは、マリこそはティナンがひそかに憧れ、恋い焦がれていた「心の恋人」であったことである。あるいは、日夜、想像の中でマリを組み敷いていたのかもしれない。

そのマリが、突然、自宅アパルトマンを訪れてきたのだから、ティナンとしては狼狽せざるをえなかった。おまけに、二人きりになると、マリは明らかに誘惑するそぶりを示したのである。いったい、どう振る舞ったらいいのだろうか？

たしかに、ティナンはルイスに負けず劣らず放蕩者で素人《しろうと》の女性との経験も豊富だったし、人妻から誘われた経験もないではなかった。しかし、今度ばかりは勝手が違った。最大の恩人ルイスへの裏切りであり、もし裏切りが露見したら、公私ともに抹殺されてしまうことは火を見るよりも明らかだったからである。

つまり、マリの誘惑は、その代償が文学的な死刑宣告であるような究極の選択と映ったのである。だが、結局、ティナンは誘惑に負けた。マリはそれほどに蠱惑的《こわくてき》だったのである。

「ティナンにとって不幸だったことは、マリーがルイスに対する意趣返しとして、ほんの気晴らしのつもりでティナンを浮気の相手に選んだのに対して、ティナンの方は本気で彼女に恋してしまったことである。元来が憧れながらも高嶺《たかね》の花としてあきらめていた女性である。ひとたびマリーをその腕に抱いたティナンは、彼女の肉体の魅力に惹かれたばかりか、彼女の虜となってしまう。ティナンが狂おしいばかりのマリーへの思慕に苦しんでいたのに対して、マリーが彼から得たものは肉体の快楽だけであった。やがてルイスの帰国が迫ると、またお腹の中のルイスの子が成長してゆくにつれ、ひとときの恋の戯れの相手だったティナンは、用済みとなる」（沓掛良彦　前掲書）

このあとのことに関しては、年表風に事実だけを記しておこう。

一八九八年三月初め、マリに捨てられたティナンはその苦しみから逃れようと、友人のルベイにマリとの関係を告白する。

四月上旬、カイロでの快適な生活を満喫し、『女と人形』を書き上げたルイスは、マリとの一件などすっかり忘れたように上機嫌で帰国する。

五月上旬、まだマリがティナンと関係を結んだことは知らなかったにもかかわらずルイスはマリに対して決別の手紙を送る。兄ジョルジュから別れるように命じられていたからである。おそらくその直後、ルベイから、自分の留守中にマリとティナンが関係を持ったことを教えられて激怒、ティナンと絶交する。ティナンはそれがきっかけとなったのか、持病の慢性腎炎を悪化させる。

五月中旬、ルイスとマリは「エコー・ド・パリ」の広告欄を使って再び連絡を取り合うようになり、再会。やけぼっくいに火がつく。

八月上旬、病状の悪化したティナンはフォーブール・サン・トレノ通りのデュボワ病院に入院。

九月八日、マリはルイスとの子であるピエール・ド・レニエ（愛称ティグル）を実家で出産。その当夜、ルイスはエレディア家を突然訪問し、出産に立ち会う。洗礼に際してはルイスが代父をつとめた。

十一月十九日、ジャン・ド・ティナン、入院先のデュボワ病院で、ルイスとマリに看取られて死去。享年二四。死後、ルイスは遺稿を集めて『エミリエンヌ』というタイトルで出版。

さて、この間、ルイスとマリの関係はどのように修復されていったのだろうか？

じつは、これに先立つ十月末、なんとルイスはアンリ・ド・レニエとマリ夫妻とともにアムステルダムに旅行に出掛けていたのである。

三人の旅

一八九八年九月八日に、ピエール・ルイスとの愛の結晶であるピエール＝マリー＝アンリ＝ジョゼフ＝アンリ、通称ティグル（虎）を産み落としたマリ・ド・レニエはそれから一カ月余りしかたっていない十月の下旬、夫であるアンリ・ド・レニエを説得してピエール・ルイスと三人でアムステルダムに出発した。

表向きの理由は、レニエ夫妻ばかりかルイスもアムステルダム博物館で開催中のレンブラント展を見学したがっているということだった。あるいはコダックを所有しているルイスに撮影係を頼むというのが同行口実だったのかもしれない。

いずれにしろ、ひとつ明らかなことは、この奇妙なトリオでの旅行を主張し、レニエの承諾を強引にもぎ取ったのがマリだったことである。思うに、マリは夫がどこまで自分を愛しているのかその限界を、マゾヒストをいたぶるサディストのように知ろうとしたのではないだろうか？

　実際、旅行中のマリは大胆きわまりなかった。ルイスは兄にこんな手紙を送っている。「レニエが背を向けるたびに、ぼくたちは人前かまわず急いで口づけを交わした。こんな悪ふざけはあまり好きではなかったが、彼女はそれに子供じみた喜びを覚えていたようだ。でも、そのさまがあんまり可愛かったので、ぼくもなんだか嬉しかった。もっと大きな喜びはお預けのままだったけれど！」（ドミニク・ボナ　前掲書）

　マリとレニエが普通の夫婦だったら、たとえ夫がコキュにされていたとしても、夜の権利は夫の手に握られているのだから、間男たるルイスは二人が部屋に入るのを見送ったあと、一人部屋で悶々とするはずだったが、マリとレニエはあいかわらず「マリアージュ・ブラン」を続けていたのでルイスは嫉妬に身もだえする必要さえなかったのである。

　ドミニク・ボナはこの旅行中に三人の間で繰り広げられたブールヴァール演劇風の艶笑ドラマをこう描いている。

「この旅行中に見られた典型的な光景はこうだ——夕食をとりながら、マリーとルイスは、後者の表現によれば『テーブルの下でのひどくこみ入った会話』をしている。脚、膝、手、人目を忍ぶ愛撫《あいぶ》……。レニエがマリーにいう。『熱があるのかい？』『いいえ』『だって、頬が真っ赤だよ。気分でも悪いんじゃないか？』こうして演戯はつづく」（同書）

では、レニエは自分がいいようにコキュにされていることを世の多くの夫と同じように「知らなかった」のだろうか？　そんなはずはあるまい。十分に気づいたうえで、見て見ぬふりをしていたのである。もしかすると、マリにサディストの気質があったようにレニエにはマゾヒストの傾向があり、ザッヘル・マゾッホの『毛皮を着たヴィーナス』の主人公セヴェーリンがワンダとギリシャ人の痴態を目にして感じたような不思議な快楽を覚えていたのかもしれない。

ルイスへの縁談話

ところで、このトリオ旅行が行なわれる前から、ルイスには縁談が持ち上がっていた。ルイスが出入りしていたサロンの女主人オーギュスティーヌ・ビュルトー（筆名ジャック・ヴァンタードあるいはフミーナ）が、エレディア家とよく似た家庭環境のアルベール・ドトマ家の次女ジェルメーヌ・ドトマをルイスと妻合《めあ》わせようと画策していたからである。

アルベール・ドトマ家は芸術や文学を熱烈に愛する裕福なブルジョワで、ジョゼ＝マリア・ド・エレディアとも親しく、ともに三人の娘がいるということもあり、両家は家族ぐるみの付き合いを続けていたのである。ドトマ家の三人姉妹には、先妻の子でトゥールーズ＝ロートレックの肖像を残したことで知られるマクシム・ドトマという画家の兄がおり、ルイスはこのマクシム・ドトマとも親しい仲だったこともあって、ドトマ家にもエレディア家と同じように親しく出入りしていたのである。

ドトマ家の三人姉妹の長女であるヴァランティーヌは激しい恋愛の末、親の反対を押し切ってスペイン人画家イグナチオ・ズロアーガ・イ・ザバレタと結婚していたが、次女のジェルメーヌもまたこのスペイン人画家にひそかに恋していたので、姉に対しては嫉妬を感じていた。そのため、似たような境遇にあるエレディア家の三女ルイーズと無二の親友となった。

同い年の二人は、パリにいるときは毎日のように行き来して心の秘密を打ち明けあい、会えないときには手紙を交換するほどの仲になっていた。

そんな二人の親友の前に現われたのがピエール・ルイスだった。

ピエール・ルイスは、特別の美男子というわけではないが、恋に恋する乙女たちを引き付ける不思議な魅力があるらしく、ジェルメーヌとルイーズはアイドル・スターに憧れる追っかけのファンのように同時にルイスに夢中になった。あぶない男だという評判がかえって乙女たちの好奇心をかき立てたのかもしれない。

『ビリティスの歌』の作者であり、ロリコン趣味にも関心があるルイスとしてもこれが嬉しくないはずはない。そこで、ルイスはサービスのつもりか、執筆中の『パスティーユ』

とエロティックなコントの原稿を少女たちの前で朗読してやり、続きをせがまれると、原稿をそのまま渡してやったりした。

　こうした特恵《とっけい》待遇に少女たちは舞い上がったが、やがて、相手がライバルだと気づくと、激しく憎みあい始めた。

　こんな様子を遠くから観察していたのが、オーギュスティーヌ・ビュルトー、通称トッシュだった。トッシュはルイスもそろそろ身を固めたほうがいい年になったから、二人の娘から選ぶのだったら、ルイーズ・ド・エレディアではなく、ジェルメーヌ・ドトマのほうがいいと勧めた。ジェルメーヌには持参金があるが、ルイーズにはそれがないというのが理由だった。

　ルイスもすっかりその気になったが、ここで介入してきたのがジェルメーヌの兄のマクシム・ドトマである。マクシムは自身、社交界の遊び人だったこともあり、ルイスの芳しからぬ評判についてはよく知っていたので、ここはひとつ膝詰め談判でルイスに真意を問いただしてみようと考えたのである。

　ルイスは、マクシムに問われて、ジェルメーヌを愛しており、結婚も考えていると断言したが、しかし、プロポーズするとは確約しなかった。マリ・ド・エレディアのときと同じように、不決断のまま時に判断を委ねようとしたのである。

　そんな折も折、まるでルイスの決断を先送りさせるかのように、ゾーラがアルジェリアからパリに舞い戻ってきて、ルイスのアパルトマンに転がりこんだ。マクシムがこの件について問い詰めると、ルイスはゾーラとは昼夜すれ違いの生活をしているから二人はほとんど顔を合わせていないというような、世間では通らない言い訳をして、時間稼ぎを試みた。

ドミニク・ボナはゾーラを呼び戻したのはルイスで、彼女を結婚話の衝立《ついたて》にしようとしたのではないかと推測している。こうして、優柔不断という悪い癖がまた出て、ジェルメーヌとの縁談は進展を見ぬまま放置されたのである。

それを見て、俄然、張り切り出したのがルイーズ・ド・エレディアだった。持参金の有無により、親友にルイスを「横取り」されたと感じて激しく落ち込み、塞ぎ込んでいたのが、ジェルメーヌとの縁談が進展しないと知るや、元気を回復し、結婚の可能性を自らの力で手繰《たぐ》り寄せようとしたのである。

そんなルイーズに味方したのが母親のエレディア夫人だった。エレディア夫人は、恋煩いでやつれ果てた末娘から病の原因を聞き出すと、ルイスを婿に迎えるべく動きだした。次女のマリとルイスの縁談のときには、ルイスに財産がないという理由で反対し、借金の肩代わりを申し出たレニエを婿に選んだエレディア夫人だったが、そのルイスもいまやベストセラー作家、三女の婿としては申し分ない相手になっていた。悪い噂はもちろん耳に入っていたが、ルイーズの精神状態を見れば、贅沢なことはいっていられない。ルイスにその気があるなら積極的に話を進めようと考えたのである。

官能の二重奏――双子のような姉妹との戯れ

では、ルイーズの婿にルイスを迎えようと母親が策動するのを見て、マリはどう感じたのであろうか？

しかし、それには、マリとルイーズというよく似た姉妹の特殊な関係にまず光を当ててみなければならない。

マリとルイーズは、真っ白な肌と対照的な黒い髪、激情を秘めた黒い瞳といった外見だけでなく、性格もよく似た双生児のような姉妹だった。長女のエレーヌとは異なって二人とも社交嫌いで、理性よりも自分の感情に忠実という直情径行の気味があった。好きな人は徹底的に好きで、嫌いになると徹底的に嫌いになった。周囲への配慮とか、世間体といったことはいっさい気にせず、己の本能のままに突き進むことが多かった。

しかし、当然、違いもあった。

ルイーズの特徴は感情を抑えることができない点にあった。自分の思いどおりにことが運ばないと、怒り狂い、周囲の人間に当たり散らした。ようするに、甘やかされた我がままな末娘によくあるタイプだったのである。

これに対し、マリのほうは、レニエとの結婚に際して見せたように、いったんはその状況を受け入れたようなふりをしながら、結局は自分の意志を最後まで押し通すという、三人姉妹の次女にときとして見られる、秘められた激情の持ち主であった。

このように感情の処理の仕方は違っても、基本的には二人の姉妹は気質的によく似かよっていた。ときに反発しあうこともあったが相手が何を考えているかも想像がついたから、マリは、ルイスに恋する妹の気持ちがよくわかり、ルイーズをなんとかしてやりたいと思うようになったのである。ドミニク・ボナは想像力を逞しくして、マリとルイーズの会話をこんなふうに再現している。

「分かったわ、とマリーはいった。このような責苦にあっている妹が不憫《ふびん》でならなかったし、なんとしてもルイーズを慰めてやりたいと思った。そう、あなたはピエールと結婚すべきだわ、あなたが彼のことを愛し、彼もあなたを愛しているのがたしかなら……」

それでは、マリは最愛の愛人であるルイスを妹に譲って自分は身を引こうと思ったのか？

そんなはずはない。マリはルイスを深く愛しており、また自分に対して絶対の自信を持っていた。たとえルイスがルイーズと結婚しても、自分を諦めるなどとは初めから考えていなかったのである。ひとことでいえば、マリはルイスを妹に譲るのではなく、妹と共有することに同意したのである。

「彼女の思惑では、ピエールとルイーズの結婚は自分たちの関係を隠蔽する衝立の役割を果たしてくれるはずであった。それならどこで会おうと、家族同士のつきあいということですむ。二人の恋愛は一族の内部の事柄にとどまる。そしてマリーの顔は、ルイーズの幸福によって晴れやかに輝くであろう。たとえその幸福が、おのれの領土の上に獲得されたものであったとしても」（同書）

しかし、クリアーしなければいけない大きな問題があった。肝心のルイスに結婚を決意させるにはどうしたらいいのだろうか？

マリはここで、説得のための不思議な論法を思いついたのである。

それは自分たちは双子の姉妹のように似ているから、ルイーズを抱けば、必然的にルイスは自分を思い出さずにはいられず、類似と差異の発見から新しい官能に目覚めて、二人を同時に愛し、同時に幸せにしてくれるはずという論法である。

もちろん、マリはこうした表面的な理由以外に強い理由を持っていた。それは、自分とルイーズを比べれば、肉体的にも精神的にもはるかに自分のほうが上という自信から来るものだった。類似による欲望喚起は、必ず低次なものから高次なものへという移行を伴う。つまり、極論してしまえば、自分の劣化コピーにすぎないルイーズとルイスが結婚している限り、ルイスはそのオリジナルである自分からは絶対に離れられなくなると踏んだのだった。

こうしたマリの提案に、意外にも、ルイスは激しい好奇心を示したのである。その好奇心の有り様をドミニク・ボナはこう描いている。

「かくも背徳的なこの提案は、彼の人生の多様な選択においてのみならず、彼の書いた詩においてさえ見当たらないものだった。彼はそれに強く心をひかれ眩惑されたはずである。外見的には瓜ふたつの二人の姉妹と戯れ、二人の意外な隔たりや差異をたしかめ、肌の具合や香りを比較し、同じひとりの女性の——やはり変わらぬようでいて異なっている——ふたつのイメージのようにして、彼女らを一緒に並べて眺めること、それがマリーから提示された蜃気楼にほかならない。みだらで甘やかなマリー。その風変わりな夢想とファンタジーに満ちた心の動きをピエールは愛した」（同書）

だが、マリの提案におおいに好奇心を刺激され、ルイーズとの結婚に興味を示したものの、ルイスは決断を迫られると、またもや悪い癖をさらけ出した。ジェルメーヌ・ドトマとの縁談が完全に破談になってもおらず、またルイーズとの結婚に方針転換するわけでもない中途半端な状態のまま、一八九九年一月末になると、マリに連絡もしないで、二人の乙女の前から突如、姿を消し、アルジェリアに向かったのである。十二月に縁談を進めるための障害になるという理由でパリから立ち去らせたゾーラと再会したいがために。

音信不通になったルイスに先に愛想を尽かしたのは、ジェルメーヌ・ドトマだった。ルイスの不実を理由に家族から結婚の断念を強要されたジェルメーヌはついに破談に同意したのである。そのあげく、ジェルメーヌはエレディア家に現われ、ルイーズに向かって、ルイスはあんたに譲ってやる、しかし、それはあんたが勝ったことを意味しない、ライバルの棄権で転がりこんだ勝利なのだからそのつもりでいろ、と甲高い声でどなりまくった。

これに対してルイーズも負けじと言い返し、ジェルメーヌが帰った後には、わっと泣き崩れてベッドに臥《ふ》せった。

しかし、ここからが、直情径行の女ルイーズの真骨頂である。

数日たった一八九九年五月四日の夕刻、純白のデコルテ・ドレスに一本の花をあしらった大胆な出で立ちで、マルゼルブ大通りのルイスのアパルトマンに前触れもなく出掛けたのである。昼夜逆転の生活をしていたルイスは起きたばかりでガウンをまとったまま応対せざるをえなかった。

書斎のソファーにすわったルイーズは家族とピクニックに出掛けた帰りに寄ったと言い訳してから、実は折り入ってお願いがあると切り出した。

エレディア家は借金だらけで、自分には持参金がなく結婚もできないから、仕事を見つけて働かなければならない。ついては、自分を原稿処理の秘書として雇ってはもらえないか。自分はエレディアの娘として物書きの生活には慣れているのでこの点では有能だと思う、云々。

ルイスはその言葉をほとんど聞いていなかった。目の前に差し出された剝き出しの肩と乳房の膨らみ、それにマリと同じように大きく見開かれた黒い瞳を、ある種の感動をおぼえながら見つめていたからである。「類似と差異による欲望の喚起」というマリの言葉が頭の中をぐるぐると回った。

ルイスは突如、ルイーズとマリの肉体がどのように似ており、どのように異なっているのかを、実験科学者のように確かめたくなったのである。こうして、ルイーズとその姉のマリが仕掛けた罠にまんまと嵌《は》まってしまったのだ。

その晩、ルイスはルイーズに宛ててこんな手紙を書いた。

「今日、あなたはいとも率直にぼくに身をゆだねてくれました。すっかり信頼しきって、もはや疑うことのできない愛情をぼくに捧げて（……）。あなたはもうぼくの妻です。本当にありがとう。ぼくはいつでもあなたのものです」（同書）

さすがのルイスも処女と婚前交渉したということの重大さには気づいていたから、娘の様子からすべてを悟ったエレディア夫人が自ら出向いてきて、結婚の段取りを勝手に決めていくのを、呆然としながらも、黙って認めるほかはなかった。

こうして「事件」から一一日後の五月十五日には、エレディア夫人の口から、ルイスとルイーズとの婚約が発表されたのである。結婚式は六月二十四日に、マリと同じくサン・フィリップ・デュ・ルール教会で行なわれることとなった。

ルイスはビロード襟のフロックコートに薄紫色のネクタイ、それにグレーのズボンという、ダンディズムの塊のような装束、ルイーズは四年前にマリの被ったヴェールを被って式に臨んだ。参列者の目を引いたのはマリの少し悲しげな美しさだったが、その謎めいた表情から何かを読み取った者はひとりもいなかったようである。

新婚夫婦はホテル・ヴォルテールで初夜を過ごしたあと、モンテ・カルロとイタリアへ長い新婚旅行に出掛けた。パリに戻ったとき、ルイーズは本当に幸せそうだった。

だが、旅行から戻った直後に、ルイスはカルノー通りの家具付き部屋でマリと再び関係を結んでいたのである。

さながら、二重の不倫を犯すことで欲望がさらに燃え上がるのを互いに楽しむかのように。

ルイスにとって、楽しみはもうひとつ別にあった。それはマリがそそのかしたように、双生児のような姉妹の肉体の差異と類似をカメラのファインダー越しに確認することであった。事実、残された写真から判断する限り、コダックの対物レンズの前でルイスが要求する淫らな姿態を取っているマリとルイーズの肉体はほとんど区別がつかない。

この類似と差異の対照が生み出す官能の二重奏はルイスにとっても予想外の発見であった。

かくて、ルイスは無理強いされた新婚生活に思いがけずに馴染《なじ》んでいくのである。

不吉な前兆

世紀の変わり目である一九〇〇年は過去最大といわれた万国博覧会がパリで開催され、フランス中が幸福に酔いしれていた年だが、ダブル不倫という「禁断の愛」に生きるピエール・ルイスとマリ・ド・レニエにとっても最高の一年になるはずであった。

というのも、前年の秋に新婚旅行から帰国したルイスは、新妻のルイーズの若い肉体を賞味しながら、それを姉のマリのより完璧な肉体と比較して「女体研究」に明け暮れ、二人の秘部をフィルムに定着して二次元的快楽も得るという至福に浸っていたし、マリはマリで、妹ルイーズに家庭の幸福を与えると同時に、ルイスとともに快楽を徹底追求するという「夢」がかなったことで最高の瞬間を生きていると感じていたからである。

しかし、当たり前のことだが「最高の瞬間」は持続しない。写真には一瞬の幸福が永遠に捉えられているかもしれないが、現実のほうは日々鮮度を落とし、摩耗してゆくのである。

不吉な前兆はすでに前年に現われていた。

新婚旅行から戻ってしばらくバルザック通りのエレディア家に寄宿していたルイスとルイーズ夫妻は改装されたマルゼルブ大通りのアパルトマンに年末に移ったが、この新居で新婚夫妻はただちに大きな危機に直面する。手元にほとんど金がなくなっているのに気づ

1898年頃のマリ・ド・エレディア。
真っ白な肌に、黒い瞳と黒髪が官能的

いたのである。それどころか、莫大な借金があることが判明。毎日のように借金取りが新居に押し寄せてきたため、甘やかされて育った末っ子であるルイーズはどう処理していいかわからず途方に暮れた。しかし、より悲痛な思いをしていたのはエレディア夫人だった。最高の婿殿だと思っていたのが、どうしようもない穀潰《ごくつぶ》しの婿だとわかったからである。

しかし、ルイスは『アフロディテ』が空前のベストセラーとなり、『女と人形』もそれなりに売れた流行作家である。なにゆえに、日々の暮らしにも困るほどになったのか？ ひとつには、『アフロディテ』が大ベストセラーになったことが災いして、ダンディズムに凝ったり、高価な稀覯本《きこうぼん》の収集にのめり込んで、ルイスの浪費が限度を知らなくなったからである。

しかし、本当の貧困の理由はルイスの心にあった。結婚以来、ルイスは「書けない小説家」になってしまったのである。

書けない小説家

実際、家庭を構え、一家の主となったのだから、本来なら心身ともに充実してしかるべきはずである。ところが、結婚以来、ルイスは深刻な「執筆拒否症」に陥ったのである。

家計を支えるために小説を執筆するということ、つまり「食べるために書く」ことが激しい嫌悪感を引き起こし、その嫌悪感に打ちひしがれて、書こうとしてもペンが動かなくなってしまったのだ。

とりわけ、ルイスを打ちのめしたのは、半分だけ完成していた『ポゾール王の冒険』の原稿を渡しておいた日刊紙「ジュルナル」の編集長が、いつまでたっても後編に着手しないルイスに痺れを切らして一九〇〇年三月から連載を開始してしまったことだった。

日刊紙の連載だから原稿のストックはたちまち尽きる。そのため、ルイスは翌日掲載の分を、原稿取りの記者を待たせながらその日に書くはめになり、筆舌に尽くしがたい苦痛を味わうことになったのだ。ルイスは後に弟子となる小説家のクロード・ファレールにこう告白している。

「私は書くために書くのだ、私の楽しみのために、密かなよろこびのために書くのだ。……でも、もし私が金を稼ぐために書かねばならないとしたら、どうしたらいいのかわからない……私の書いたものを金に換えるということ、私の原稿用紙と、インクと、私の考えとを紙幣や為替に換えねばならないということは、常に私を疲弊させ、嫌悪感を抱かせ、麻痺させさえもしたのだ」（沓掛良彦　前掲書）

このように息も絶え絶えで『ポゾール王の冒険』の連載を終えたルイスは、夏のあいだ喘息の発作にも悩まされ、連載した『ポゾール王の冒険』を出版するために朱を入れることすらできないありさまだった。気分転換のために九月にルイーズとともにバルセロナに赴くが、そこで大きな悲劇に見舞われる。妊娠していたルイーズがホテルのベッドで流産し、危篤状態に陥ったのである。ルイスが必死に看病したおかげで、ルイーズは危ういところで一命を取り留め、一カ月後に夫妻はパリに戻ることができたが、しかし、これによってルイスが心を入れ替えて執筆に専念したのかというと、事態は逆の方向に向かった。執筆拒否症に看病疲れが加わって、ルイスの鬱症状はさらに進んだのである。

幸い、翌一九〇一年に出版された『ポゾール王の冒険』は好調な売れ行きを示し、初版の一万二〇〇〇部が四日で売り切れた。だが借金体質のルイスは印税を当て込んで稀覯本を買いあさっていたから、出版社から受け取った小切手は右から左に消え、おまけにこの年に兄夫妻を訪ねたエジプト旅行で負債が膨らんだため、夫妻は前よりもひどい貧乏暮らしを強いられることになる。

ルイーズは生活苦にやつれ果て、急速に老け込んでしまった。エレディア家も莫大な借金を抱えていたから、実家に頼ることもできない。窮状を見かねたルイスの年下の友人のジルベール・ド・ヴォワザンが二〇〇〇フランを用立ててくれたが、それも日々の生活費に消えていった。

ジルベール・ド・ヴォワザンは心配してルイス家を頻繁に訪ねたが、応対したのはルイーズだった。完全夜型のルイスは朝方、ルイーズと言葉を交わすだけで昼間は眠りについていたからだ。

ルイーズの訴えに耳を傾けるうちに、ジルベール・ド・ヴォワザンの心に恋愛感情が芽生えたのだ。ジルベール・ド・ヴォワザンにはホモセクシュアルな傾向があったが、貧困に苦しむ若い人妻を見ているうちに、同情は恋に変わったのである。その気持ちはルイーズにも伝わって二人の秘めたる恋は進行してゆく。

では、夫であるルイスはどうしていたのかというと、親友と妻との恋にまったく気づいていなかった。マリとの関係もすでに絶えて久しく、かつてはあれほどに絶倫だった男がいまでは性的関心そのものを失いつつあった。もちろん、ルイーズには指一本触れようともしなくなり、夫婦は完全なセックスレスに陥った。

しかも、夜型のルイスは夕方に起きて日の出とともに床につくという昼夜逆転の生活を送っていたから、ルイーズと生活のリズムが合わず、朝晩のわずかな時間に顔を合わせるだけで、同じ屋根の下に暮らしながら、夫婦は事実上の別居生活を送っていたのである。

やがて、マルゼルブ大通りのアパルトマンも維持できなくなったルイス夫妻は十六区の人里離れたアモー・ド・ブランヴィリエという通りにある一軒屋にその膨大な蔵書とともに移り住まざるをえなくなる。世間との没交渉はさらに進み、かつてのベストセラー作家の名前はいまや完全に忘れられ、アモー・ド・ブランヴィリエを訪ねてくるのはジルベール・ド・ヴォワザンくらいになってしまった。

しからば、書かない作家となり、セックスにも興味がなくなったルイスはいったい何に精神を集中していたのだろうか？

稀覯本の収集にのめり込むうちに、関心が写本と古文書に移り、反故《ほご》の山に埋もれながら、中世文学や、コルネイユ、モリエールなどの古典作家の研究に没頭していたのだが、じつは、こうした研究心がルイスの中の創造性を殺してしまったのである。真実の探求は美の探求とは両立せず、ルイスから詩的な想像力を奪ったのだ。

マリに宿った美神——ジェラール・ドゥヴィルの誕生

いっぽう、マリはというと、ルイスとは反対に、成熟とともに、セックスは食べ物と同じくらい肉体の必需品となりつつあった。ルイスがさまざまな性的技巧を凝らして肉体を開発してくれたおかげで、官能の泉からこんこんと水が湧いて出るようになっていた。あまりに激しくなってきたマリの欲求にルイスが応えられなくなったとき、二人の秘められた愛は終わりを告げた。一九〇一年十一月のことである。

この離別がきっかけになったのだろうか、美神は創造力を失ったルイスを離れてマリに宿ることになる。詩人・小説家ジェラール・ドゥヴィル Gerard d'Houville の誕生である。

ジェラール・ドゥヴィルはジョルジュ・サンドと同じように男性の名前だが、このペン・ネームはジョゼ＝マリア・ド・エレディアの母方の先祖である貴族ジラール・ドゥヴィルGirard d'Ouvilleに由来していた。ポンパドゥール夫人を代母に持つジラール・ドゥヴィルは商船の船長の娘との結婚を親に反対され、貴族の称号を捨ててアンティル諸島に渡った冒険家だった。マリはこのロマンティックな先祖に自分を投影して、ジラールをジェラールに、またドゥヴィルに発音されないHを加えてペン・ネームをつくったのである。

ジェラール・ドゥヴィルの詩は父親のエレディアと夫のレニエの売り込みもあって「ルヴュ・デ・ドゥ・モンド（両世界評論）」を始めとする総合誌や文芸誌のページを飾ったが、その名前が人々の話題にのぼるようになったのはルイスとの別離から二年後の一九〇三年に上梓《じょうし》された『移り気な女』だった。というのも、知っている人が読めばすぐにそれとわかる「鍵小説」、つまりモデル小説だったからである。

『移り気な女』は、ヴァランタン・ド・ヴェローヴル（ピエール・ルイス）とミシェル・ド・ネルジー（ジャン・ド・ティナン）という二人の恋人の間を揺れ動く人妻ジレット（マリ）の微妙な心を描いた心理小説である。登場人物の容姿はカムフラージュされているものの、三人の関係性はそのままだったから、読者はすぐに完全な「私小説」であると察しをつけ、興味津々で読んだ。

ルイスは激怒した。二人だけの秘密と思っていたものが白日のもとに晒され、人々の好奇心の餌食となったからである。このころにはルイスはアモー・ド・ブランヴィリエの隠者となって久しく、世間から忘れられかけていたが、この小説で久々にピエール・ルイスという名前が人々の口の端にのぼったのだ。一方、小説を読んだルイーズは初めて夫と姉の関係を知り、激しく問い詰めたが、これに対してマリはこう答えただけだった。

「もうそんなことは石で出来た古代のプリアポスと同じくらい、私にとってはどうでもいいことだわ」

しからば、もう一方の当事者であった夫のレニエの反応はどうだったのだろうか？

「ラ・ヴィ・ウルーズ」誌が、本の宣伝広告用に息子のティグルを抱いたマリの写真を撮りたいと申し込んできたとき、レニエは本が多く売れるように撮影を引き受けるよう勧めたのである。よく出来た旦那というほかない。

ところで、「ラ・ヴィ・ウルーズ」誌に載ったマリとティグルの写真を見た関係者は思わず声を挙げた。というのも、五歳になったティグルはレニエに似ていないのは勿論のこと、ルイスにも似ていなかったからである。黒い縮《ちぢ》れ気味の髪は母親譲りだったが、全体の顔立ちはむしろジャン・ド・ティナンを髣髴とさせた。ジャン・ド・ティナンとの遺伝的関係はやがてティグルが成長するにつれて、その行動において明らかになってくる。

「その官能性、いずれはっきりと形をとって現れる性的傾向、女性へのオブセッションは、おそらくルイスのものである。ただしティグルが快楽を追い求めるのは、ピエールのような審美家としてよりも、むしろ道楽者としてだ。

　そこにもまた、ジャン・ド・ティナンの遺伝子が見出せる。ティグルも、ジャンと同様、孤独を忌み嫌うだろう。彼と同じく夜行型人間となったティグルは、バー、キャバレー、カジノなどの深夜の盛り場を飽きもせずさまよい歩きながら、やがて遊び仲間を見つけ、街の遊び女や売春婦、女優の卵といった女たちの尻を追いかけまわすようになる。そしてジャンと全く同じように、この体力を消耗させるうたかたのような夜の仕事のせいで、へとへとに疲れきり、次第に健康を損ねていくのである」（ドミニク・ボナ　前掲書）

　あるいは、マリが『移り気な女』でルイスとジャン・ド・ティナンとの三角関係（レニエを含めれば四角関係）を描いたのは、ティグルはルイスとジャン・ド・ティナンの両方を父親としていると明かしたかったのかもしれない。

　いずれにしろ、マリはこの小説を皮切りに、『奴隷女』（一九〇五年）、『愛する時』（一九〇八年）、『誘惑者』（一九一四年）、『若い娘』（一九一六年）と矢継ぎ早に小説を発表してゆき、一九二〇年代にはコレットと並ぶ女流作家となるのである。息子のティグルも母親にならって後に文筆家となったが、新聞の社交欄や盛り場情報を提供するジャーナリストどまりで、母親とは異なって後代に残る作品はついに書けずに終わった。彼もまた、あまりに激しすぎるマリの炎に焼き尽くされてしまった一人なのである。

　このようにマリの情熱は一時期は創作に向かったが、ティグルが成長し、子育ても一段落すると、「移り気な女」が再び彼女の中に蘇ってくる。

「女は、下品な男を愛してしまうもの」——劇作家、ベルンスタンとの恋

相手は「ブルーヴァール演劇の王」と謳われたアンリ・ベルンスタンだった。

アンリ・ベルンスタンはマリよりも一歳年下の一八七六年生まれ。裕福なユダヤ系の実業家の家庭に育ち、アントワーヌの自由劇場で初演された処女作『市場』の成功によりブールヴァール演劇に進出、パリ社交界を巧みに描いた通俗劇で人気を博して二十世紀のモリエールと呼ばれるほどになった。反ユダヤ主義者からは、脱走兵という前歴のために非難を浴びたが、ベル・エポック期には、むしろ、そうした騒動が追い風となって並ぶ者のない人気作家となっていた。

ベルンスタンは派手で粗野、容貌魁偉《ようぼうかいい》といっていい顔立ちで、服装は成り金趣味丸だしというように、レニエのような洗練された文人とはおよそ正反対の野人だったが、本能そのもののような生命力は不思議に女性をひきつけずにはいなかった。洗練された女はいつでもバッド・ボーイに強く惹かれるものなのである。

一九一〇年、ジャンヌ・ミュルフェルド夫人のサロンで引き合わされた二人はたちまち恋に落ちた。ベルンスタンはマリを「ミキ」と呼び、マリはベルンスタンを「ピキ」と呼

んだが、このマリの新しい恋は、彼女の周囲に大きな波紋を投げかけることになる。というのも、父親のエレディアも、夫のレニエも、愛人だったルイスも、みな強固な反ユダヤ主義者で、ドレーフュス事件に際しては「反ドレーフュス」派として団結していた。エレディアは一九〇三年に死去し、ルイスとも一九〇一年に別れたから、「周囲」といっても、反ユダヤ主義者は、夫のレニエと母のエレディア夫人くらいしかいなかったが、とにかくマリがベルンスタンに好感を抱いているのを知ると、みな眉をひそめたのである。

しかし、マリは周囲が反対だということを知るとその反発から、元「脱走兵」であるこのユダヤ人劇作家との恋にのめり込んでいったのである。二人の恋人はまるで世間と対決するかのようにこれ見よがしに社交界に連れ立って姿を現わした。

「レニエ夫妻の噂がいたるところで流れた。夫婦の破綻の危機がこれほど差し迫ったことはなかった。ピエール・ルイスにしてやれなかったことをマリーはあえてアンリ・ベルンスタンのためにしようとしていた。生まれてはじめて数々の中傷に立ち向かいながら、彼女は毅然たる態度で自分の恋を誇示してみせた。パリの、二人が姿を現すサロンにおいて、アンリとミキは新たなカップルとしてふるまった。（中略）彼らのあいだには愛情と共犯意識のうえに、セックスがあった。マリーと離ればなれになると、ベルンスタンが彼女に書く。『あいかわらずぼくは、いささか茫然と途方に暮れている。この世で（来世においても）いちばん素晴らしいものを奪われた男のようにね。それは可愛いミキのお尻だ』」

（同書）

だが、こうしたこれ見よがしの恋によくあるように、関係はある日、突然、終わりを告げた。後に、ある青年に「どうしてベルンスタンのような男を愛することができたのですか？」と質問されて、マリはこう答えたという。

「女というのは、下品な男を愛してしまうものだということをご存知ないのかしら？」

究極のバッド・ボーイ、ダヌンツィオ

マリのバッド・ボーイ好みはベルンスタンだけでは終わらなかった。ベルンスタンとの恋が終焉に向かうのと入れ違うように、もう一人のバッド・ボーイ、究極のバッド・ボーイであるダヌンツィオという詩人が恋人の座に収まったのである。

といっても、最初にダヌンツィオに夢中になったのは夫のレニエのほうだった。

ダヌンツィオは一九一〇年以来、借金取りから逃れるため、フランス・ランド地方の保養地アルカションにほど近いル・ムルローという村のサン・ドミニック荘に滞在していた。

マリは、一九一二年にアルカションを夫と息子とともに訪れたが、それはこの地に転地療養していたルイーズを励ますためだった。ルイーズはジルベール・ド・ヴォワザンとの

再婚に向けて、ピエール・ルイスと離婚調停中だったが、結核が悪化し、ベッドを離れられない状態になっていたのだ。

　そんなとき、かねてよりダヌンツィオの愛読者だったレニエが近くにいるこのイタリアの大詩人に面会してみたいと言い出し、夫婦でサン・ドミニック荘を訪れたのである。

　ダヌンツィオはというと、やせぎすの、鼻も口も大きい、むしろ醜いといっていい小男だったが、自意識と自己愛の塊で、そこからくる独特のダンディズムが強烈なセックス・アピールをつくり出していたのである。

　ダヌンツィオとマリは一目見るなり、互いに夢中になった。ダヌンツィオは芝居っ気たっぷりに詩を添えた白いカーネーションを、ついで赤いカーネーションをマリのもとに送り届け、大迎な愛の言葉でマリを絶賛した。

「そんな彼にマリーの心は動かされた。ガブリエーレは彼女の穏やかでこぢんまりした生活に、バロック的といっていいような想像力の饗宴をもたらしたのである。驚異にめをくらまされた彼女は、やすやすとブチェンタウレ号の船上の人となった」(同書)

　ダヌンツィオの攻撃は直截的で強引だった。マリはベルンスタンと別れて以来、肉体のうずきを感じていたのでいともたやすくダヌンツィオの攻勢に屈した。

　しかし、ダヌンツィオとの関係は長続きしなかった。マリを征服して自己愛を充足させたダヌンツィオは新たな快楽の対象を求めてパリに旅立ち、ロシア・バレーの名花イダ・

ルビンシュタインを口説き落とそうとつとめたが、そのうちに第一次世界大戦が始まり、さらなる栄光を求めて戦いの最前線へと向かったからである。

ベル・エポックの名花

四年四カ月に及んだ第一次大戦が一九一八年十一月に終わり、世界が再び平和に向かって歩み出したとき、マリはすでに四〇の坂を越えていた。だが、ベル・エポックの爛熟した肉体と独特のエレガンスは周囲に集まっていた若い詩人たちをますます魅惑するようになったのである。

レニエの弟子と称し、マリをミューズと仰ぐエドモン・ジャルー、ジャン＝ルイ・ヴォードワイエ、エミール・アンリオという三人の若き詩人たちである。

たとえば、エドモン・ジャルー。

「アンリの弟子にして、かつマリーに恋する男でもある彼にとって、前者はその文体と奥ゆかしい立居振舞いを、詩作の上でも人生においてもその完璧な自己統御を見習うべき師匠にほかならなかった。後者は崇拝すべき愛人であったが、その作家としての才能も心から称賛してやまなかった。彼の愛情は両者の区別なく注がれ、過剰な熱意や情念によって、どちらか一方を排除するようなことはなかった。またアンリとマリーも、おのずからなる了解のうちに、同じように彼を愛していた。夫の方は、その忠誠、つきあいの楽しさ、育ちのよさ、高い教養、洗練された趣味ゆえに、そして妻のほうはそれに加うるに、ちょっぴり彼の男性的魅力と優しさにひかれて」（同書）

こうした関係はジャン＝ルイ・ヴォードワイエ、エミール・アンリオもほぼ同じだった。その結果、レニエ夫妻は、三人を息子のように愛し、固い連帯で結ばれたのである。この不思議な多角関係をドミニク・ボナは次のように要約している。

「マリーは三人にとって影の女王であった。しかし、彼らとの関係においては、つねに分別がたちまさり、本当の意味ではアンリを欺くようなことはなかった。それというのも、この三人の作家たちは、彼女の夫をつねに範として仰いだ結果、しまいには彼のコピーになってしまったからだ。彼らの腕につかまって、イタリアや、プロヴァンスや、あるいはリュクサンブール公園を散歩しながら、そのときどきに彼女が見出していたのは、いささか若返りはしているが、ようするにアンリ自身の姿なのだ。そのことをアンリ・ド・レニエは得意に思っていい。このかんマリコットは、ひたすら夫の分身を相手に、羽をのばしていたにすぎないのだから」

こうして華やかな一九二〇年代三〇年代は、若い恋人たちとの付き合いで過ぎてゆき、マリは女流小説家として、また女としても円熟味を増したが、スペイン戦争、第二次世界大戦、ナチ・ドイツによるフランス占領、パリ解放、アルジェリア戦争などの激動の時代に入ると、このベル・エポックの名花はしだいに忘れられていった。

そしてマリは、夫のアンリ・ド・レニエ（一九三六年没）よりも、またピエール・ルイス（一九二五年没）、ベルンスタン（一九五三年没）、ダヌンツィオ（一九三八年没）、エドモン・ジャルー（一九四九年没）、エミール・アンリオ（一九六一年没）といった愛人たちよりも、また息子のティグル（一九四三年没）よりも長く生きた後、一九六三年の一月、身を包んでいた毛布にガス・ストーヴの火が燃え移り、その火傷がもとで二月六日に息を引き取った。享年八七。あまたいた愛人たちの中でただ一人彼女よりも長生きしたジャン＝ルイ・ヴォードワイエが葬列に加わったか否かは不明である。というのも、彼もまたこの年の五月に死去したからである。

アカデミー・フランセーズ会員を父に持ち、アカデミー・フランセーズ会員を夫とし、また、同じくレニエの引きでアカデミー・フランセーズ会員となった三人の若き詩人を愛人にしたこの絶世の美女が本当に愛したのは誰だったのだろうか？　いうまでもなく、アカデミー・フランセーズ会員となることもなく、アモー・ド・ブランヴィリエの陋屋《ろうおく》で孤独のうちに野垂れ死んだピエール・ルイスただ一人だったに違いない。

この意味では、恋多き最強の女であるマリも最初の恋に殉じた純情可憐な乙女だったのである。

第五章

ガラ

GALA

シュールレアリスムの三巨頭を手に入れた女

この連載で「最強の女」として取りあげてきた女性は、ルイーズ・ド・ヴィルモランにしろリー・ミラーにしろルー・ザロメにしろ、マリ・ド・エレディアにしろみな「表現者」であった。つまり、詩や小説、あるいは写真という手段で自己表現の欲望を満たすことができた女性ばかりだったのである。

また、人の好みによるかもしれないが、客観的に見てもみな美人であった。

ところが、ここにひとつの例外がある。

書いたり写真を撮ったり、描いたりすることはほとんどなく、また美人とはかならずしも言い難かったにもかかわらず、陥落させた男のレベルからいったら、上記四人に劣らぬ大物ぞろい。なにしろ、ポール・エリュアール、マックス・エルンスト、サルバドー

©SIPA PRESS/amanaimages

Paul Éluard

©ZUMAPRESS.com/amanaimages

Max Ernst

ル・ダリというのだから、シュールレアリスムの三巨頭を手に入れたことになる。しかも、エリュアール、ダリとは正式に結婚しているし、男たちはみな、ミューズとして彼女を崇拝し、繰り返し作品に描いている。自分では何ひとつ表現しなかったにもかかわらず、「表現された」頻度でいったら、上記四人をはるかに凌《しの》いでいる。やはり、これは「最強の女」の列伝に加えないわけにはいかないのである。

その名をガラという。

そう、ダリがオブセッションのように執拗に描いたあのガラである。

©The Granger Collection/amanaimages

Salvador Dalí

文学少女、エレーナ

ガラは一八九四年八月二十六日、帝政ロシアのタタール州の首都カザンに生まれた。本名はエレーナ・ディアコノワ。カザンは現在、ロシア連邦タタールスタン共和国の首都としてロシアで九番目に大きい都市である。十五世紀にキプチャク・ハーン国のタタール人が築いたカザン・ハーン国が起源なので、住民の五〇パーセント以上がタタール人である。あるいは、このタタール人の血がガラの中に何パーセントかは流れていて、あのエキゾチックな風貌をかたちづくっているのかもしれない。

父親は農務省の官吏だったイワン・ディアコノワだが、ガラが一一歳のときに亡くなったため、母親のアントニーナはエレーナを含む四人の子供を連れてモスクワのユダヤ系の弁護士であるディミトリー＝イリイチ・ゴンベルクと再婚し、モスクワに移住した。

エレーナはこの義父に実父よりもはるかに馴染んだ。義父もエレーナを愛した。そのため、エレーナの本当の父親はディミトリー＝イリイチ・ゴンベルクだったのではないかと疑う研究者もいるほどだ。事実、エレーナは義父の名を取り入れてエレーナ＝ディミトリエヴナ・ディアコノワと名乗ることになる。

いずれにしろ、ディミトリー＝イリイチ・ゴンベルクはユダヤ系の弁護士という職業柄、自由主義の裕福なブルジョワだったので、一家はモスクワの八階建ての新築の建物の最上階に住み、快適な暮らしを送ることができた。エレーナは妹のリディアとともに私立の女子校に通った。

エレーナは成績優秀で、学校で習うロシア語、ドイツ語のほか、住み込みのスイス人メイドからフランス語も教えられていたので三カ国語を自由に話すことができた。学校では女流詩人マリーナ・ツヴェターエワの妹アナスタシアと無二の親友となった。ドストエフスキーを熱愛する読書好きの文学少女だったが、なぜか表現には向かおうとしなかった。この傾向は一生、変わらない。

エレーナに大きな転機が訪れるのは一八歳のときのこと。結核に罹患《りかん》していることが判明し、医師の勧めでスイスはダヴォス近郊の村クラヴァデルにあるサナトリウムに入ったのである。標高約一五〇〇メートルのダヴォス近郊にはサナトリウムが何カ所もあったが、クラヴァデルのそれは高度の治療設備と素晴らしい賄《まかな》いでヨーロッパ中に知られ、各地から患者が集まってきていた。義父は裕福でエレーナには甘かったから、ダヴォス行きの費用はすべて負担してくれたが、付き添い人をつけるほどの余裕はなかったため、エレーナはたった一人でモスクワからダヴォスまで一〇〇〇キロ以上の距離を旅しなければならなかった。

クラヴァデルのサナトリウムはトーマス・マンの『魔の山』の舞台になったことからもわかるように、ドイツ語圏からの入院患者が多く、ロシア語圏、英語圏の患者はそれぞれ四分の一程度。公用語はドイツ語だったが、エレーナはドイツ語を完璧に話せたのでとくに問題はなかった。いずれにしろ、第一次世界大戦前の古き良き時代の高級サナトリウムだから、ヨーロッパ中から治療を受けにきている患者たちはコスモポリタンな富裕階級が多く、ドイツ語かフランス語は話せたのである。

エレーナはこのクラヴァデルのサナトリウムでは、エレーナではなくガラと名乗った。ガラはウクライナ地方によくあるガリーナの短縮形ガリヤGaliaから母親がiを取り去って娘に与えたセカンド・ネームだが、ロシア人にはほとんどない奇妙な名前で、ロシアでこれを名乗っていたら笑いものにされたかもしれない。

ところが、エレーナはサナトリウムに入るに当たって、ロシアでは皆無に近いこのユニークな名前を敢えて名乗ることにしたのである。自分こそ世界のどこを探しても存在していないたった一人の女であるという思いからであった。

だから、サナトリウムに入院している数少ないフランス人であるウージェーヌ・グランデルという一七歳の少年と一九一三年の一月に出会ったときには、エレーナはもうガラとなっており、将来ポール・エリュアールと名乗ることになる少年詩人の前に、東洋系がミックスした独特の容貌とともに、このエキゾチックな名前の響きで「出現」したのである。

ポール・エリュアール

ウージェーヌ・グランデル少年には母親のジャンヌ＝マリーが付き添っていた。といっても、少年はサナトリウムに多かった上流階級の人間ではない。いまでは移民の町となっているパリ北郊の労働者の町サン＝ドニの不動産屋の一人息子として一八九五年十二月十四日に生まれた。父のクレマン・グランデルの先祖はフェカンの仕立て屋で祖父の代にサン＝ドニに出て圧延工となったが、クレマン・グランデルは会計士の見習いとなり、一九〇〇年に不動産屋として独立、工場を探していた企業のために工業団地を開発しておおいに儲け、その地位を確固たるものにした。二八歳のとき、アパルトマンの隣にいた孤児のグリゼット（縫製女工）のジャンヌ＝マリーと知り合って結婚。住まいをパリ十区のオルドネール通りに移して階級（クラス）をひとつ上に上げ、息子の教育のためにもパリのブルジョワになろうとしていた。

とはいえ、ウージェーヌを公立小学校に入れたことからも明らかなように、文化的な面でも階級上昇を遂げようという野心は持っていなかったようである。というのも、この時代においては、教育コースは階級によって決まっており、民衆階級およびプチブル階級の子供はまず公立の小学校に入学し、その延長である高等小学校でブルヴェ（中等教育修了資格）を取ると学業はそこで終わりとなったのに対し、中流以上の階級の子供は、家庭教師あるいは私塾で初等教育を済ませたあと国立のリセあるいは公立・私立のコレージュという七年制の中等教育機関に進んでバカロレア（大学入学資格）を取ってから大学に進学するというコースを歩む決まりになっていたからである。

つまり、クレマン・グランデルは、商人には学歴はいらないという民衆階級の意識に忠実であり、息子に高等小学校でブルヴェを修得させたらどこかに修業に出して、そのあとで自分の不動産業を継がせる心づもりでいたのだ。

ウージェーヌも父親の定めたこのコースにとくに反発も示さなかった。そういうものだと思っていたのである。だが、一九一二年にブルヴェを修得したあたりから、息子は父親の敷いたレールから徐々に逸脱しはじめる。というのも学校でヴィクトル・ユゴーを学んだことから、詩の美しさに目覚め、ユゴーを崇拝するうち、詩人になりたいというひそかな野望を抱くようになっていたからである。

だが、息子に家業の不動産屋を継がせたいという父親の願いも、詩人になりたいという息子の願いもともに儚《はかな》く消えるようなアクシデントが起こる。ブルヴェ修得直後の一九一二年八月、ウージェーヌは結核を発症し、喀血《かっけつ》したのである。父親はたとえ入院費が高額であろうと、なんとしても一人息子の命を救いたいと思い、療養の地としてクラヴァデルのサナトリウムを選ぶと、母親とともにダヴォスに出発させたのである。

サナトリウムの恋

一般に、恋というものは、ダンテとベアトリーチェのように街で偶然すれ違っただけで生まれることはほとんどない。同一空間に一定期間、男女が「閉じ込められる」という条件が整って初めて、双方のあいだに恋心が生まれるのである。

この意味で、男女混淆《だんじょこんこう》のサナトリウムというのは、堀辰雄《ほりたつお》の小説に見られるように、これ以上はないというほど恋の発生にぴったりの環境であった。なぜなら、サナトリウムでは規則正しい生活をしながら、実質的には「何もしない」で一日を過ごすのが義務であり、あとは自室で読書するか、夢想に更けるしかない。つまり、気晴らしがない状況に置かれるから、人生とは何かと考えて哲学的になるか、さもなければ、毎日、食堂で顔を合わせる異性に恋をしてしまうことになるのである。

しかも、クラヴァデルのサナトリウムで初めて会ったとき、ウージェーヌは一七歳、ガラは一八歳という「発情期」にあったから、よほど反りが合わない限り、この「閉じられた空間」で、恋が生まれないはずはなかったのである。

とはいえ、会話を交わしてみると、お互いの環境があまりに違うことがわかってきた。

ガラの一族は自由主義の裕福なブルジョワジーだから、文学、芸術、歴史、哲学などの教養は空気の一部であり、意識しなくても、体に吸収されてひとつの価値観をつくっていた。サナトリウムを出ることができたら、ガラはモスクワの女子大に進学するつもりでいた。

いっぽう、ウージェーヌはというと、一族に大学はおろかリセやコレージュに進んだものもいない。彼が初めてのブルヴェ修得者なのだ。詩を書き始めたといっても、よもや本当に詩人になれるなどとは思っていない。父の跡を継いで不動産屋になるという選択肢に嫌悪を感じてはいなかったのだ。

だから、ウージェーヌの目にはガラは恐ろしいまでに深い教養を湛《たた》えた大人の女に見えた。おまけに、そのロシア訛《なま》りのフランス語のアクセントも、彫りの深い顔の奥に潜むアジア的な瞳も、素晴らしく魅力的に思えたのである。

視線の交錯から始まった恋の戯れは、やがて、手紙の交換に発展し、約束された場所での会話へと繋《つな》がっていく。唯一許された自由行動は、図書館での閲覧とダヴォスの町に降りていって書店で本を買うことくらいだが、そのたびに二人はお互いが共通の強い絆で結ばれていることを確認しあうようになる。ウージェーヌはヴィクトル・ユゴー、ガラはドストエフスキーが愛読書だったが、しばらく探りを入れあううちに、ともにボードレールの熱烈なファンだということがわかり、絆はいっそう強くなる。

ウージェーヌはある日、ひそかに書き溜めた詩を思い切ってガラに読んできかせた。ガラはフランス語の細かいニュアンスまではわからなかったが、ウージェーヌの詩の音韻的な美しさに的確に反応した。これこそがウージェーヌが心の底から待ち望んでいたものなのだ。それればかりではない。ガラはウージェーヌの詩に凡庸な詩句があるとちゃんとそれを指摘してみせたし、感嘆すべき箇所があれば、心の底から感動した。ガラはウージェーヌのミューズであると同時に、詩の最初の読者であり、最高の批評家だったのである。

一般に、詩人や芸術家というものは、自分が完全に理解されたと感じた瞬間、そして相手が女性であれば、一気に恋に落ちるものなのだが、ウージェーヌも例外ではなかった。気がついたときには、ガラがいなければ生きていけないほどに恋していたのである。

では、ガラはどうだったのだろう？　これがよくわからない。たぶん、ウージェーヌほどではないが、彼女もまた恋していたことはまちがいない。ただ、ボードレールが『火《か》箭《せん》』で言っているように、恋の度合いは男女でかならず異なり、より冷静なほうがより熱いほうをリードしているのである。ガラは常に、より冷めた側にいた。これが「最強の女」たる者の必要条件なのである。

とくに、恋したウージェーヌが当然のように肉体の接触を求めてくると、冷静さの違いは歴然としてくる。ガラは接触は許し、キスも許すが、最後の一線だけは絶対に譲らない。そのため、ウージェーヌの欲望はますます燃えあがる。

もう、こうなったら、取り得る手段はひとつしかない。結婚である。

しかし、なんとしたことかウージェーヌはまだ一七歳。しかも、やっとブルヴェを取ったばかりで一度も職業に就いたことさえない。だが、そんなことは障害とはならない。結婚さえ許してもらえたなら、生活の手段を得るなどいくらでも可能なはずだ。

ウージェーヌにとって困難だったのは父母を説得することだった。とりわけ、母が大きな障壁として立ち塞がった。なぜなら、ジャンヌ＝マリー・グランデルにとって、ガラだけは絶対に息子の嫁として迎えたくない女だったからである。

ロシア女

ジャンヌ＝マリーにとって、ロシア女だということが、まず気にくわない。

ジャンヌ＝マリーはダヴォスに来るまでは一度も外国に旅したことなどなかったし、サン＝ドニで外国人を間近に見たこともなかった。当時はまだサン＝ドニは地方からやってきた貧しいフランス人労働者の町であって、移民の町ではなかったのである。息子のガールフレンドが外国人というだけで激しいアレルギー反応を示すのも無理からぬことであった。

しかも、イギリス人やドイツ人ならまだしもロシア人というのだからお笑い草だ。ロシアとは何かひどく野蛮で粗野な国、ナポレオン戦役のときにナポレオンを追ってモンマルトルの丘を駆け上がったあの獰猛《どうもう》なコサック兵の国ではないか。

おまけに、ガラはロシア正教徒だった。もちろん、ジャンヌ＝マリーがロシア正教を知っているわけではいささかもない。しかし、知らないということが、かえって、とてつもない異端の宗教という印象を与え、嫌悪感をそそったのである。

悪いことはまだまだあった。ガラは一八歳の娘なのに、たった一人でこのサナトリウムに来たということだ。家族は何も言わなかったのか？　ガラが、家族について、出自について語らないことがジャンヌ＝マリーの疑惑を余計にかきたてたのである。

しかし、致命的だったのは、ガラには、女性であれば当然、身につけていなければならない掃除・洗濯・炊事への興味が完全に欠けている点だった。好きなことといったら本を読むことだけ。最悪ではないか！　こんな嫁をもらったら息子は不幸になるだけだ！

とはいえ、ジャンヌ＝マリーとて、自分がまったく理解のない女だとは思っていない。その反対である。息子が好きならば、かなりのことは我慢しようと覚悟している。だが、ガラだけはダメだ。なぜなら、息子に及ぼしている影響が強すぎて、結婚したら何もかも彼女の言いなりになってしまうからだ。ドミニク・ボナは『ガラ　炎のエロス』で、ジャンヌ＝マリーの心理をこう描写している。

「彼女はひしひしと感じている、息子がじぶんには耳を貸さず、あいかわらずいっそう《ロシア女》の風変わりな影響をうけていることを、そこで彼女は圧力を加え、批判し、叱りつけ、腹を立てる。ついには、こうしたドラマの最終局面として、彼女は嫉妬し、すねるのだった。

いまや息子のなかに彼女のライバルがいる。ところで、彼は一人息子で、彼女の生活の中心だ。その誕生以来、時間と愛情を彼女は息子に注いできた。独占欲のつよい母である彼女は、今、息子が突然はなれてゆくのを感じている。まるで魔法にかけられたかのように、ガラの輝きに惹かれてじぶんのもとを去ろうとしているのを」（岩切《いわきり》正一郎《しょういちろう》訳　筑摩書房）

これほどまでに反対していたにもかかわらず、敗北を覚悟したのか、それとも何か考えるところがあったのか、一九一三年六月、ジャンヌ＝マリーは突然、クラヴァデルのサナトリウムを去ることになる。

残された二人は自由を満喫する。そして、ついに危険な領域にまで踏み込んでしまう。「彼らの愛撫はしだいに大胆になり、《婚約者たち》はある日、手紙に語られるとおり《けがれたこと》をする。けれども禁断の園に踏み込みはしなかった」（同書）

クラヴァデルでは、結局、コイトスにまでは至らなかったようである。

だが、詩を介しての精神の結合はますます緊密になる。二人は離れられなくなる。

ガラと会ってからほぼ一年後の一九一三年十二月、ウージェーヌは、単純に『第一詩集』と名付けた処女詩集を出版する。いうまでもなく、収録されたほとんどの詩はガラとの愛を歌ったものだったが、署名はポール＝ウージェーヌ・グランデル。まだポール・エリュアールにはなっていない。しかし、同じ十二月に出た文芸雑誌「新作レビュー」では、寄稿した「聖女たち」という詩にポール＝エリュアール・グランデルと署名した。エリュアールという名は、母方の祖母マリー・ウージェーヌの旧姓から取ったものである。

明けて一九一四年二月には『役立たず者の会話』という第二詩集が刊行される。詩集の序文を書いたのはガラだった。率直な書き方で詩集を推薦しているが、そのテクストに添えられた署名は《Reine de Paleuglnn》と綴られていた。この奇妙な名前の読解について研究者の意見は分かれるが、二人の熱愛のアナグラムだということだけは確かである。

一九一四年七月、恋人たちは完治を宣言される。灼熱の恋が生きる力を呼び覚まし、病原菌への抵抗力を強めたのかもしれない。

しかし、二人にとって、それは死刑宣告に等しいものだった。恋を発生させた閉鎖空間であるサナトリウムを去らなければならないからである。

こうしてウージェーヌはパリへ、ガラはモスクワへと戻っていく。当然、ともに両親を説得して結婚にこぎつけると固く誓ってはいたが、普通の状況だったら、去る者は日々に疎《うと》しの原理で、最愛の恋人たちもやがて互いに相手を忘れていき、最後は、良き青春の思い出としてサナトリウムの日々を回想するくらいになっていたかもしれない。

だが、一九一四年は普通の年ではなかった。二人がようやく故郷に戻るか戻らないかのときに、第一次世界大戦が勃発したからである。

第一次世界大戦と燃え盛る愛

第一次世界大戦の勃発で、フランスとロシアに引き裂かれたポール・エリュアールとガラの恋の炎は、戦争という逆風に煽《あお》られてますます燃え盛り、二人は毎日、手紙をやりとりして熱烈に愛を語り合うようになった。どうやら、ポール・エリュアールもガラも「愛」の総量が常人とは違っており、いくら愛を吐き出しても尽きることがなかったようである。

だが、戦争は確実に二人の運命に暗い影を投げかけていた。

エリュアールは兵役年齢の一九歳に達すると徴兵検査を受けたが、結核の病歴があったことから補助兵員に配属された。後方部隊勤務となったが、それでも肉体的には苛酷だったらしく、肺炎にかかり、ジャンティ病院、ブロカ病院、コシャン病院を転々として過ごした。グランデル夫人は最愛の息子が前線に送られないのを喜んだが、息子の心がロシアにあることを知ると顔を曇らせ、父親のクレマン・グランデルも息子がガラと結婚したいと言い出すと猛反対した。

ところが、それまで柔順だった息子はこの点だけはどうしても譲ろうとはしなかった。まず母親を味方に引き入れ、ついで召集されて陸軍食糧事務所にいる父に宛てて甘えるような手紙を書いて婚約者をパリに呼び寄せたいと訴えた。

いっぽう、ガラはというと、家族との戦いにポールよりも一足先に勝利し、一九一五年十一月にフランス行きの許可を取り付けると、故国に戻るスイス人メイドのジュスティーヌとともにモスクワをあとにしていた。ロシアはドイツともトルコとも交戦中だったから、残されたルートはひとつしかない。まずフィンランドのヘルシンキまで行き、そこからストックホルムに回って、船でロンドンに行ってからサザンプトンで英仏海峡を渡り、ディエップから鉄路でパリへという遠回りのコースである。だが、どんな困難もガラを諦めさせることはなかった。

こうして、一九一六年の夏、ガラはついに半年間の旅を終え、北駅のプラットフォームに降り立った。出迎えたのはグランデル夫人だった。というのも、このとき、エリュアールはアルジクールの陸軍病院で戦死者の家族に戦死通知を出す任務についていて、外出許可をもらえなかったからである。

そのため、ガラはグランデル夫人に導かれてパリ十八区オルドネ通り三番地のアパルトマンに旅装を解くことになる。そこはモスクワのブルジョワ弁護士の豪華なアパルトマンとは比べ物にならない質素な庶民の住居だった。トイレは共同で、浴室はなく、体は洗面器に水を汲んで洗い、エリュアールが残していった狭いベッドに寝るという生活である。

しかし、ガラにとって、そうした物質的な違和感は何ほどのものでもなかった。乗り越えるべきはエリュアールの家族との相克だったからである。

とりわけ、エリュアールの父クレマン・グランデルは息子の不在中に突如現われたこの婚約者をどう扱っていいかわからず、いたって素っ気ない態度を示した。来てしまった以上は追い返すわけにはいかないが、しかし、結婚を認めることはできないのだから、このまま居座られても困るというのである。これに対し、息子に説得されてガラの味方になっていたグランデル夫人は未来の嫁と折り合いをつけるべく懸命の努力をした。ガラは強い訛りながら一応フランス語は話せたが、読み書き、とりわけ綴りはデタラメだったから、外国人のためのフランス語市民講座に通わせ、夜はディクテーションの手伝いをしてやった。

しかし、そのうちに、グランデル夫人はガラという女が別の惑星の住人であることを悟ることになる。息子の嫁になるかもしれないのだから、掃除・洗濯・炊事の手伝いくらいしてもよさそうなのに、そのような「下賤な仕事」には手も触れようとはしなかった。ガラがしていたのは、エリュアールの部屋に籠もって一日中読書することだった。たまに外出しても、香水やおしゃれ小物を見て歩くくらいしかしない。つまり、生活は下々《しもじも》の者(エリュアールの両親)に任せて、自分はエリュアールの恋人でいるための努力を続けるというのがガラの生活信条なのである。

「彼女は彼にブラン・ド・コティを買うと手紙を書く。(中略)『わたしはとても淫らですから、香水が大好きです』言い訳として、それを使うのはポールがそばにいるときだけだと主張する。(中略)爪の先まで女であるガラは、じぶんのために、美しくなることの、従って、表面的なことがらにお金を使うことの特権を要求する。(中略)『信じてね。みんなあなたの気に入ってもらうためなの』」(同書)

だから、エリュアール抜きで、未来の嫁と姑《しゅうとめ》がひとつ屋根の下で共同生活をしても、二人の間はますます齟齬《そご》をきたすばかりで、溝はいっこうに埋まらなかった。しばらくして、ようやく一週間の外出許可をもらったエリュアールがオルドネ通りのアパルトマンに戻ってきた。

このとき三年ぶりに再会した恋人が抱き合ううちに一線を越えたのか、それとも禁欲を貫いたのかはわからない。しかし、確実に言えることは、これをきっかけにエリュアールの両親がついに覚悟を決めざるをえなくなったことである。この年の十二月十四日にエリュアールが当時成年とされた二一歳に達し、披露宴も抜きで結婚すると宣言したからだ。両親はこれに従うほかなかった。

エリュアールとの結婚、出産

かくて、一九一七年二月二十一日、若い二人は十八区区役所でウージェーヌ＝エミール・ポール・グランデルとガラ・ディアコノワと署名し、サン・ドニ・ド・ラ・シャペル教会で結婚の祝福を受けた。列席していたのはエリュアールの両親と新郎新婦の証人として駆り出された親戚・友人の四人のみ。外泊許可は三日だけだったので、エリュアールはホテルでハネムーンを過ごすとすぐに連隊に復帰したが、この連隊というのは、いままでと違って第二十二歩兵連隊という最前線の部隊だったから、ガラと両親の心配は尽きなかった。エリュアールはガラへの愛が強まるのと同時に愛国心に駆られて前線を志願していたのである。

だが、病み上がりの体に冬の塹壕《ざんごう》は厳しすぎたらしく、肋膜炎《ろくまくえん》を発症してふたたびアミアンの病院に送られた。ガラが駆けつけると、エリュアールは二〇日間の外出許可をもらい、アルマニャック地方で事実上のハネムーンを満喫する。以後も病院と前線を行ったり来たりする生活で、一九一七年七月からは主計下士官として後方勤務を命じられる。ガラはこの知らせに大喜びする。というのもお腹にすでに子供がいたからである。出産予定は翌年の春だった。

この間、ロシアでは二月革命が起こり、ニコライ二世退位を受けて成立したケレンスキー内閣も十月革命で瓦解し、レーニンのボリシェヴィキが政権を奪取していた。ボリシェヴィキはドイツとブレスト・リトフスク条約を結んで戦争を終結させ、国内の反革命軍との戦いに全力を注ぐことになる。

だから、妊娠中のガラが家族の安否を案じて心を痛めていたのかと思うが、実際にはそうではなかったらしい。ガラはひたすらエリュアールのことを考えるだけでモスクワに残してきた家族のことには心を向けなかったのである。それどころか、お腹の中の子供のことすらあまり考えてはいなかったようだ。というのも、ガラの頭の中にあったのはただエリュアールのことだけ、厳密にいえばエリュアールと結びついた自分のことだけだったからである。

ガラが残した一五通の恋愛書簡を通読したドミニク・ボナはこんな感想をしたためている。

「ガラを活気づけているのは情熱であり、情熱こそがガラの存在に意味を与えている。この情熱がなければ、彼女のくり返し言うように、人生は生きるに値しない。『私にはなにもない、でも愛がある』……」（以下、同書）

このテクストだけを読むと、ガラというのは純粋に愛に生きる女なのだと思うかもしれないが、さらに深く分析すると、もうひとつ別の側面が浮かび上がってくる。

「ガラは愛するときに強いが、また愛されていると知っているときにも強い。彼女は相互の愛がなければうまくやっていけない。（中略）愛の関係において、ガラは行動の自由を全く求めていない。逆に彼女の望み、熱烈な願いとは、それは相互に浸透しあって生きることだ」

ドミニク・ボナが早目に下した結論はこうである。

「愛する男を征服すること、けっしてほんとうには獲得されない征服、彼女にとって人生のその時の作品である征服」

一九一八年五月十日、エリュアールとガラの間に、「兵士の休暇の賜物」である女の子が生まれ、セシルと名付けられた。セシル誕生のおかげでエリュアールはパリに近いマント＝ガンクールの陸軍倉庫兵站《へいたん》部員として勤務することとなり、親子は頻繁に会うことができるようになった。しかし、授乳期間が終わると、ガラはプレ＝エ＝リュにいるエリュアールの祖母にセシルを預けてしまう。赤ん坊がいるとエリュアールに愛を集中することが難しいという理由である。自分の胎内から出たとたん、ガラはセシルのことをほとんど忘れてしまったかのようだ。

エリュアールもまたガラとの愛に熱中し、その幸せを詩として吐き出していた。ガラはこれらの愛の詩を『平和のための詩』と題した詩集にまとめさせ、アポリネールやジャン・ポーランなど影響力のありそうな詩人や批評家に送らせる。ほとんど反響はなかったが、「フランス理想主義手帖」と「三つの薔薇」という雑誌が一、二篇を採用してくれた。

総合プロデューサー、ガラの誕生

一九一八年十一月九日、ドイツ皇帝ヴィルヘルム二世が退位し、その二日後の十一月十一日にコンピエーニュの森の鉄道車両の中で休戦協定が調印され、四年以上に及んだ第一次世界大戦が終わった。

といっても、エリュアールがそのまま動員解除となったわけではない。講和条約の締結に手間取ったこともあり、戦闘が停止されたあとも多くの兵士は原隊に留め置かれたのである。実際、どの文献に当たっても、第一次世界大戦の「戦後」は、一九一九年の半ば以後、さらにいえば一九二〇年に始まるとしている。それはこのような事情によるのである。

一九一九年五月にようやく復員したエリュアールを待っていたのは、父親の経営する不動産屋の仕事だった。戦争が終わり、将兵が復員するとベビーブームになるのはいつの時代も同じこと。差し当たって最も必要になるのは住居だから、不動産屋、それもクレマン・グランデルのような土地開発を得意とする不動産業者にとって、最高の時代が到来したことになる。グランデル家の生活水準は、戦後、急激に上がっていった。

エリュアールは若大将として、事務所で建設用地の図面に目を通し、上下水道やガスなどの引き込みに区役所や市役所と交渉しなければならない。エリュアールにとってそんな味気無い仕事の唯一の慰めは、郊外のオーベルヴィリエの新開地の通りに愛する詩人の名前を与えることだった。労働者の町であるオーベルヴィリエやサン＝ドニに、シャルル・ボードレール通り、ポール・ヴェルレーヌ通り、アルチュール・ランボー通り、アルフレッド・ジャリ通り、それにロートレアモン通り（以上、オーベルヴィリエ）、アポリネール通り、ネルヴァル通り（以上、サン＝ドニ）など、詩人の名前を冠した通りがやけに多いのは、開発した区画の通りに名前を与えることを市から許された「不動産屋エリュアール」

がここぞとばかりに自分好みの命名を行なったからである。ちなみに、現在、オーベルヴィリエのこれらの詩人通りの一隅には、アレ・ポール・エリュアールという名前の小道がある。

いっぽう、ガラは建物の五階に与えられた新婚夫妻のアパルトマンで退屈していた。赤ん坊と一緒に夫の留守を守るという専業主婦の生活になんの喜びも見出せないタイプの女だったからである。

だが、これが不思議な点だが、ガラは、だからといって何かを創造したいとは決して思わなかった。無数の本を読み、絵画や彫刻も大好きだが、一度たりとも詩や小説を書こうとしたり、油絵やデッサンを試みようと思ったことはない。ガラは表現者ではまったくないのだ。

では、ガラはいったい何をしたかったのか？　詩人や芸術家を愛すること、彼らから愛されること、そして、その愛を媒介にして彼らを偉大なるクリエーションに向かわせること、ひとことでいえば、ガラは「クリエーターのクリエーター」になりたかったのである。

幸い、この「クリエーターのクリエーター」の鑑識眼は確かだった。エリュアールの初期の詩の中に天才を見出して自信を与え、それを詩集に纏《まと》めるように励まし、詩集が出来上がったら、これを影響力のありそうな詩人や批評家に送り届けさせたのはガラだった。

ガラこそは詩人エリュアールの総合プロデューサーだったのである。

しかも、嬉しいことに、「クリエーターのクリエーター」「詩人の総合プロデューサー」たるガラの努力はすでに報いられつつあった。というのも、『平和のための詩』を贈呈したジャン・ポーランから返事が届き、一九一九年二月に創刊したばかりの「リテラテュール」に掲載を検討していると言ってきてくれたのだ。エリュアールはジャン・ポーランが編纂《へんさん》したマダガスカルの民俗詩集『レ・アン＝テニス・メリナス』の愛読者であり、常々彼の美的審美眼には敬服していたので、とうとう、本当の詩人になることができると喜んだ。

エリュアールの歓喜はもちろんガラの歓喜でもあった。

最愛の夫の名前がジャン・ポーラン主宰の文芸誌「リテラテュール」に載ったら、もう新鋭詩人としての地位は保証されたに等しかったからだ。

しかし、エリュアールにとって大きかったのは、ジャン・ポーランを介して、「リテラテュール」の同人である三人の詩人たちと知り合いになれたことだった。

詩人三銃士　ブルトン、スーポー、アラゴンに出会う

三銃士を自認するその三人の詩人たちとの出会いは、エリュアールが除隊になる前の一

九一九年三月半ばに、パリのパンテオン横の「ホテル・デ・グラン・ゾム（偉人ホテル）」で行なわれた。エリュアールは軍服を着たまま、彼らの待つこのホテルの一室のドアをノックしたのである。

三人の詩人とは、アンドレ・ブルトン（一八九六年二月生まれ）、フィリップ・スーポー（一八九七年八月生まれ）、ルイ・アラゴン（一八九七年十月生まれ）のことだった。エリュアールは一八九五年十二月生まれだから、ブルトンとは同学年、スーポーとアラゴンは二学年下だった。ほぼ完璧に同世代の若者同士だったのである。

家庭環境はというと、ブルトンはエリュアールとよく似ていた。父親は地方出身の元憲兵《ジャンダルム》（ただし、フランス語のジャンダルムというのは日本の地方の駐在所の警官に相当）で、その後、会社の会計係に転じた下層中産階級の人間である。ブルトンはパリの下町である十九区のパンタンで育った。母の実家には読み書きのできた者はいなかった。エリュアールと同じような出自だったのである。ただ、ブルトンの家では、エリュアールの家庭と違って上昇志向が強かったのか、ブルトンは小学校からリセに進んでバカロレアに合格し、パリ大学の医学部に入学した。第一次世界大戦が始まると、看護兵となり、野戦病院を転々として戦争の悲惨さをいやというほど味わった。エリュアールと出会ったとき、ブルトンは「ホテル・デ・グラン・ゾム」を月極めで借りて、近くのヴァル・ド・グラース陸軍病院に精神科の研修医として通っていたのである。

このヴァル・ド・グラースの精神科病棟で同じく研修医をしていたのがルイ・アラゴンだった。ルイ・アラゴンはお屋敷町のヌイイーで下宿屋を営む母と姉と暮らしていた。つまり、生まれたのは上流階級の街だが、出自はやはり下層中産階級だったのである。ただ、その割に、ヌイイーでも最良の学寮コレージュ・サン・ピエールで学び、リセ・カルノーに転じてバカロレアに合格するというエリート・コースを歩んでいた。自分でも下宿屋のどこにそんな金があるのかわからなかったが、じつは、資金は名付け親で時々遊びにくる警視総監ルイ・アンドリューから出ていたのである。なぜなら、ルイ・アンドリューこそはルイ・アラゴンの実の父親であり、アラゴンが姉だと思っていた女性が本当の母親で、母と信じていたのは祖母だったのである。

アラゴンはこのことを召集を受けたその日に母（祖母）から教えられたのだが、まだ友人たちにも一言も話してはいなかった。

いっぽう、フィリップ・スーポーはフランス最大の自動車会社ルノー兄弟社と縁続きの大ブルジョワであり、七歳のときに父を亡くしてからは、母とともにチュイルリ公園を見下ろすリヴァリ通りの広壮なアパルトマンに住んでいた。名門校リセ・コンドルセに学び、バカロレア取得後、パリ大学法学部に入学したが、法律の勉強にはさっぱり興味を抱けず、詩に熱中していた。そんなとき、サン・ジェルマン・デ・プレのカフェ・ド・フロールで、アポリネールによってブルトンに引き合わされたのである。二人はたちまち意気投合した。スーポーは第一次世界大戦では機甲兵団に配属されたが、肺を病んで、エリュアールと同じく病院と後方部隊を行き来しているうちに休戦となった。

三人の詩人が新しい文学を生み出そうと意欲に燃えていたとき、たまたま、スーポーが成人に達して父親の遺産を相続したので、これを元手に文芸雑誌を創刊しようということになった。しかし、自分たちのような無名の詩人だけでは雑誌は売れない。ここは先輩の有名詩人の援助を仰ぐべきだ。そう考えた彼らはまず、ポール・ヴァレリーに雑誌のタイトルを依頼した。ヴァレリーは、反語的な意味で「リテラテュール（文学）」はどうかと提案した。その心は、文学という偽の外見への嫌悪と詩への熱烈な愛で結ばれた同志という意味である。ブルトンたちはこの説明をよしとした。かくてタイトルは決まった。あとは、彼らが師匠と仰ぐアポリネールに寄稿を依頼し、雑誌の発行・編集人としてすでに文壇で地歩を築いていたジャン・ポーランをかつぎ出すだけだ。

こうして、「リテラテュール」の「三銃士」が誕生したのだが、三銃士だから、当然のようにこれにダルタニャンが加わって「四銃士」にならなければならない。

そう感じていたときに、タイミングよく「ホテル・デ・グラン・ゾム」に『動物とその人間、人間とその動物』という自筆の詩集をもって現われたのがエリュアールだったというわけである。

では、三銃士による面接の結果はどうだったのだろう？

試験官、受験生とも大満足の結果であった。ブルトン、スーポー、アラゴンはエリュアールの『動物とその人間、人間とその動物』に熱狂し、全員一致でその中の「牝牛」を「リテラテュール」第三号に掲載することに決めた。もちろん、エリュアールも満面の笑みで「ホテル・デ・グラン・ゾム」をあとにした。

かくて、ダルタニャンが加わって、三銃士はめでたく四銃士と変身を遂げたのである。では、ガラは夫の銃士隊への参加をどう見ていたのだろうか？

オデオン通りの書店「本の友の会」

三銃士アンドレ・ブルトン、ルイ・アラゴン、フィリップ・スーポーに、ダルタニャンとしてポール・エリュアールが加わって四銃士となった「リテラテュール」の若き詩人たちは、まだシュールレアリストにはなっていなかった。しかし、すでに十分シュールレアリストではあったから、互いに毎日、顔を合わせるたびごとに、新しい発見があり、驚異の世界が一瞬ごとに眼前に開けてくるのを感じていた。

週末や夜に四人で集まってカルティエ・ラタンやモンパルナス、サン＝ジェルマン＝デプレやセーヌの河岸を歩き回ると、それまで見慣れていた風景がまったく違うものに見えてきたのである。いわば「前段階シュルレアリスト」である彼らにとって、世界は現実でありながら「現実を超えた（シュルレアルな）」なにものかになりつつあったのだ。
そんな彼らに大きな刺激をもたらしたのが、アドリエンヌ・モニエという女性が一九一五年十一月十五日にオデオン通り七番地に開いた「本の友の会」という書店だった。アドリエンヌ・モニエは「アナール」という週刊誌の記者をやっていた関係で詩人のポール・フォールと親しかったので、彼が主宰していた「ヴェール・エ・プローズ（詩と散文）」のバック・ナンバーが六六七六冊残っているという話を聞くと、金を工面してこれを買い取り、店に並べた。すると、まるで花に誘われたミツバチのように若い詩人たちが続々と集まってきたのである。
「当時P・C・N（物理・化学・博物学修了証書。医学部準備課程）を準備していた若いルイ・アラゴンが『テスト氏との一夜』を発見したのは、その木箱に詰められていた第四号によってであった。私にそのテキストのことを話したのも彼だった。私自身が読む暇を見出すまえのことだった。アンドレ・ブルトンとフィリップ・スーポーも買いにきた」（アドリエンヌ・モニエ『オデオン通り』岩崎力《いわさきつとむ》訳　河出書房新社）
ブルトンは、スーポーやアラゴンと知り合う前からモニエの店の常連で、アポリネールを熱烈に賛美する文学青年だったが、モニエはブルトンが「リテラテュール」を発刊すると、その販売元となって、客に定期購読を熱心に勧めた。「本の友の会」は、ジョイスの『ユリシーズ』誕生の地であったばかりかシュールレアリスム揺籃《ようらん》の地でもあったのだ。

それを象徴するのが『マルドロールの歌』発見のエピソードである。

発見された、ロートレアモン卿の『マルドロールの歌』

あるとき、モニエは、一八六九年に自費で印刷されたまま残金未払いのため出版社の倉庫に眠っていた無名の詩人ロートレアモン伯爵（本名イジドール・デュカス）の散文詩集『マルドロールの歌』をゾッキ本として仕入れて店に並べておいた。それが店をのぞいたスーポーによって偶然、発見され、「ミシンとこうもり傘の手術台の上での出会い」的な衝撃波が発生したのである。衝撃波はオデオン通りから、まずブルトンとアラゴンに、そしてエリュアールにも伝わり、彼らをひとしなみに興奮させたのである。

「マルドロール、ロートレアモン、彼ら皆にとってそれは魔法の文句、まじないの文句だ。たちどころに夢の扉を開いてくれる。マルドロール、ロートレアモンそれは運命に願いをかけ、あまりにも賢明すぎるじぶんたちの生活の境界線をふっとばすための鍵になる。みんなして、パリの歩道で、ガス灯の明かりに顔をつき合わせ、彼らは硫黄《いおう》の臭いのする第五の歌の忠告を瞑想する。エリュアールはそれを夜ガラに朗唱するだろう」（ドミニク・ボナ　前掲書）

エリュアールが愛するものはガラも愛する。よって、ガラもまた『マルドロールの歌』

に熱中するが、しかし、そのためにかえってガラは現実との落差に苦しむことになる。エリュアールは不動産屋の事務仕事が終われば、ブルトンらと会いにカフェに出掛けることができたが、妻であり母であるガラには窮屈な家庭を抜け出してパリの街に出ることは簡単ではなかったからである。

だが、妻を熱愛するエリュアールにとって、ガラの憂鬱は自分の憂鬱である。そこで、ときにはガラをつれて仲間たちの待つカフェやレストランに出掛けることになるが、しかし、ガラは三銃士たちには好かれなかった。三銃士たちはエリュアールがなぜガラを熱愛しているのかわからなかったのである。第一、ガラがいると座が白けて盛り上がらない。三銃士の中で一番ガラを毛嫌いしたのはスーポーで、ガラをワラジ虫とさえ呼んだが、ブルトンもアラゴンもガラを煙たがっている点では同じだった。シュルレアリストというのは本質的にホモ・ソーシャルな存在であり、男同士の固い絆で結ばれた連帯の輪の中に女性が入りこんでくることを歓迎しなかったのである。

この状況は、一九二〇年一月に「リテラテュール」の四銃士の前にトリスタン・ツァラが姿をあらわしたあとも基本的には変わらなかった。

ダダイストたち

第一次世界大戦中にルーマニアから中立国スイスのチューリッヒに移住したトリスタン・ツァラはカフェ・ヴォルテールでフーゴー・バルやハンス・アルプらとともに既成の価値観を根こそぎにする総合芸術運動ダダを開始したが、そのニュースはパリのブルトンたちの耳にも届いていた。ツァラは前々からパリに来るようブルトンらに慫慂《しょうよう》されていたが、腰が重く、チューリッヒに居座っていた。しかし、この年、ついに決心して、パリはリヨン駅に到着したのであるが、手違いから誰も出迎えに来ておらず、知り合いの画家フランシス・ピカビアが用意した恋人の家に身を落ち着けるほかはなかった。

ツァラ到着の知らせを受けたブルトンらは喜び勇んで駆けつけるが、ツァラは「ダダの大魔王」という触れ込みの割には、風采の上がらない男でブルトンたちをひどくがっかりさせた。おまけに、ツァラの話すフランス語はひどい訛《なま》りがあり、ほとんど理解できなかった。失望は完璧だったのである。

しかし、ツァラがパリの水に慣れ、ダダ運動を活発に展開していくにつれ、ブルトンたちもそのアヴァンギャルドなパフォーマンスに引き込まれ、一緒にダダイスムを実践してゆく。ツァラがパリに到着したときにはモンテ・カルロに避寒に出掛けて不在だったポール・エリュアール夫妻も躊躇せずにこのダダ・パフォーマンスに参加する。

一九二〇年、パリ・ウーヴル座で催されたブルトン&スーポー原作の『お恵みを』というコメディで夫妻は二人して女ホームレスを演じる。しかし、ガラが「女優」となったのはこれ一度だけで、以後、ダダのパフォーマンスには加わることはない。ガラの自己顕示欲はこうしたところでは発揮できない類いのものなのだ。

ところで、ブルトンら、後のシュールレアリスト、この時点のダダイストたちの周りには少なからぬ女性詩人や女性画家たちがいた。とりあえず、彼女たちを女ダダイストと一括しておこう。この女ダダイストたちは自分表現によってドーダすることを生きがいにしていた。また、男たちに交じって議論し、一歩も引かない論陣を張って、その論理の鋭さでドーダする女たちもいた。たとえば、ブルトンの恋人であるシモーヌ・カーンなどはそうした女ダダイストの典型で、ブルトンはシモーヌのそうしたところに惚れこんだのであるが、ガラにはこの種の男勝りの芸術家、男勝りの論争家という側面はまったくなかった。

「ガラにはこうした考えをあやつるだけの才能がない。なによりも彼女の知性は別のかたちをしている。直観的で、論理といえば愛か気紛れのそれしか知らない。彼女は理路整然と分別することがない。彼女の力は、分析もせずに、批判などさらにすることもなく、男の運命を信仰することとなのだ」(同書)

ところで、ダダイストないしはシュールレアリストは、かなり複雑な相関図を描いても描き切れないほどの男女関係が有名だが、エリュアールとガラはこうした自由恋愛に心惹かれることはなかったのだろうか？

エリュアールはかなり危なくなっていた。というのも、ブルトンの恋人シモーヌ・カーンの従姉妹ドゥニーズ・レヴィにひそかに恋していたからだ。いっぽう、ガラはどうだろう？　さしあたり、安泰だった。なぜなら、ダダイスト＝シュールレアリストの間でガラはまったくモテなかったからである。にもかかわらず、ガラはエリュアールに、三銃士たちが冷淡なのは、本当は自分に気があるからだ、と言い張っていた。そして、エリュアールは妻が友人たちに恋されていると思うと、不思議なことに嫉妬よりも、ある種の快楽を覚えるようになっていたのである。

これは危険きわまりない兆候だった。やがて、エリュアールのこうしたひそかな願望は別のかたちで実現することになるのである。

ドイツ人画家マックス・エルンスト

一九二一年の夏、チロルでヴァカンスを過ごしていたエリュアールとガラは、ヴァカンスを延長し、十一月にケルンを拠点として活動しているドイツ人画家マックス・エルンストを訪れる。この年の五月、ダダイストたちはエルンストのコラージュ作品を集めた展覧会を同志のイルサンが経営するオ・サン・パレイユ書店で開催し、大きなスキャンダルを引き起こしたが、肝心のエルンストはドイツ官憲に足止めされてパリに来ることができなかった。そこで、各人、ヴァカンスを利用してケルンのエルンストに会いにいくことにしていたのである。

十一月四日、カイザー・ヴィルヘルム・リンク十四番地のエルンストのアトリエを訪れたエリュアール夫妻は、予想していたのとは異なる金髪の美丈夫《びじょうふ》を見出し、おおいに驚くことになる。というのも、パリのダダイストたちは、いずれもいわゆる文学青年であり、ひ弱な少年が大人になったような連中だったのに対し、エルンストは筋骨隆々、しかも青い目に金髪というスポーツマンのような体形の好青年であったからである。

マックス・エルンストには同じように金髪碧眼《へきがん》のルイーゼという美術館の学芸員の妻と一歳になる息子ウルリッヒがいた。夫妻とも裕福なブルジョワの子供だったが、「飢える自由」を自らの意思で選んだため、いまは双方の実家とも縁を切り、生活はルイーゼが学芸員の給料で支えていた。

エリュアールとエルンストは一目見たとたんに互いに強い共感で結ばれることとなった。容姿も性格も気質も正反対だったが、その対照性が逆に二人を磁石の陽極と陰極のように結びつけたのである。

しかし、人間以上にエリュアールが魅了されたのはエルンストの油彩だった。パリの個展にはコラージュ作品しか展示されていなかったので、エルンストは絵が描けないのではないかという噂さえ流れていた。エリュアールもエルンストの天才を確信していたわけではない。ところが、カイザー・ヴィルヘルム・リンクのアトリエで『セレベスの象』というエルンストの油彩を目にしたとたん、エリュアールは自分が探し求めていた絵画はこれだと確信したのである。

エリュアールは「愛の詩人」と後に呼ばれることになるが、そのインスピレーションの多くは絵画的なものに負うている。エリュアールは絵画の中にポエジーを発見し、それを言葉に移し替えるタイプの造形的な詩人の一人なのである。

だが、長い間、エリュアールはダダの理想とする画家に出会っていないと感じていた。たしかに、オザンファン、キリコ、ピカビア、マルセル・デュシャンなどの作品はダダイストたちの「周辺」には位置するだろう。だが、ダダイスムそのものではない。ダダイスムの求める絵画はもっと別なものとしてあるはずなのだ。

そう感じていたときに出会ったのが『セレベスの象』だったというわけだ。

「今しがた発見したばかりの画家の絵に眼差しをなげるや、本能的に、ポール・エリュアールはマックス・エルンストに対して大いなる賛嘆の念、同時代の誰にたいしてもおぼえたことのない感情を抱く。エルンストの仕事は、留保つきでブルトンがしているほかは誰もその真価を認めていない。エリュアールはその彼に天才を見出す。『セレベスの象』と

いう絵がイーゼルの上で乾いている。彼は見ただけでくらくらし、その絵を買うことになる」(同書)

エリュアールはエルンストの天才を認めると同時に、エルンストの人間性がますます好きになる。兄弟のいない一人っ子だったエリュアールは、やがてエルンストを心の兄弟と思い込みさえする。

いっぽう、エルンストはというと、事実上、初めてあらわれた賛美者が本物の詩人であることに強い自負心を感じた。人間というのは傲慢《ごうまん》なもので、同じ褒めてもらうのでも、芸術がわかっている人間に褒めてもらいたいものなのだ。もちろん、それだけではない。エルンストもまたエリュアールに対して弟に対するような兄弟愛《フラテルニテ》を感じていたのである。

このように二組のカップルのうち男同士は、互いに相手の中にアルテル・エゴを見出し、文字通り、「刎頸《ふんけい》の友」となったのだが、では女同士はどうだったのだろうか?

これがまったくダメだったのである。

すべての原因はガラにあった。ガラは自分以外の女が好きではないタイプの女で、そもそも女友達というものをまったく必要としていなかった。ルイーゼのことが好きとか嫌いとかいうのではなく、ただ無関心だったのである。

だから、男は男同士、女は女同士というような配慮はいっさいなされず、ガラの顔は会話する二人の男の方を常に向いていた。なぜかといえば、ガラはエリュアールが賛美する対象を絶対的に賛美していたからである。

といっても、それは主体性のない模倣、追随というのではなかった。むしろ、エリュアールとガラは一卵性双生児のように好みが似ていたのだ。そのため、好きになるときには同時に同じ人間を好きになってしまうのである。

「ポールとマックスは一緒に詩を書く。一緒に、ガラも交えて、エリュアールの次の詩集『反復』の挿し絵となる十一点のエルンストのコラージュを選ぶ。マックスはガラスの上に詩人の肖像を描く。(中略)彼はガラも描いた。胸をはだけた姿で、グワッシュをコラージュがひきたてる。彼女からインスピレーションを受けたもので、『惑乱わが妹』というのだ」(同書)

ガラがなぜ「妹」なのかといえば、「弟」であるエリュアールの妻であり、義理の妹ということになるからだ。その「妹」が「惑乱」を呼ぶというのだから、これは穏やかではない。

トリオリスム

穏やかでない関係は翌一九二二年の復活祭の休暇に二人の友が妻を伴ってスキー場のタレンツ・バイ・イムストで再会したときに、歴然としたものになる。タレンツ・バイ・イムストにはツァラやアルプなど他のダダイストも合流していた。

最初、エルンスト夫妻はアパルトマンに住み、エリュアールとガラは湖畔に家を借り、トリスタン・ツァラとハンス・アルプはそれぞれのパートナーとともにホテルに滞在した。ところが数日後、エルンストはアパルトマンに妻子を残してエリュアールとガラのいる借家に転がりこんだのである。

やがて、ツァラやアルプは、ガラとエルンストが仲むつまじく寄り添いながら山道に入っていくのを目撃することになる。

では、エリュアールはどうしていたのだろうか？

なんとも奇妙なことに、妻と親友が熱愛しているのを寛容な態度で黙認していたのである。

というのも、ガラは夫にいっさい隠し立てはせず、自分がエルンストに恋していることをはっきりと打ち明けており、エリュアールもそれを了承していたからだ。

「ポール・エリュアールは、まっ先に気づくはずの情事の入口でガラを引き留めようとは一度もしたことがない、たとえ苦しむはめになるとしても。『君たちにはわからないだろう、ロシア人を女房にもつ男がどんなものか！』と彼は言うのだ。そしてマシュー・ジョゼフソンに、浮気されて不幸な夫の痛みよりもさらに深くこみいった痛みを打ち明ける、『ぼくはガラよりもマックス・エルンストのほうをずっと愛しているんだよ』」（同書）

ふーむ、と大きくうなずかざるをえない言葉である。

といっても、それは男の友情は恋愛を超えるという類いの神話ではない。

では、精神分析医が診断するように、エルンストに対するエリュアールの同性愛のあらわれなのだろうか？　ドミニク・ボナはそう考えているようである。

「ガラはふたりの男に争われているのではない。エルンストとエリュアールは素晴らしく理解し合っていて、ライバルではない。彼女は友情の証し、お互いのやりとり、共通の妻なのだ。彼女を通じて彼らは愛し合っている」（同書）

そうだろうか？

思うに、エリュアールが本当に愛しているのはやはりガラなのだ。ガラを熱愛しているがゆえに、エリュアールはガラが親友のエルンストに抱かれることを許すのだ。というよりも、エリュアールは想像の中で、自分に抱かれているよりも興奮しているガラを眺めることでさらなる興奮を、そして強い愛を感じているのである。

しかし、それは、自分以外の任意の男に妻や愛人が抱かれているのを見て興奮するというわゆる3Pプレイの「夫」のエゴイスティックな心理ではない。

とはいえ、この3P、フランス語でいうところのトリオリスムというのはエリュアールにとって重要なキーワードである。なぜなら、エリュアールは、①自分は身を引いてガラとエルンストのもとを去る、②エルンストに諦めてもらってガラと二人だけになる、という二つの選択を突き付けられたら、まちがいなくどちらも拒否しただろうから。エリュアールにとって最上の選択は、③現状のままトリオリスムを続ける、というものなのである。

その証拠に、復活祭の休暇が終わってガラとともにパリに去らねばならなくなったとき、エリュアールは、ドイツに足止めされているエルンストに自分のパスポートを渡し、パリに来るために偽造を勧めたからである。自分のものは紛失したとして再発行を願い出るから構わないと言って。

こうして、パリで、トリオリスムの第二幕が切って落とされるのである。

三人世帯

マックス・エルンストがエリュアールのパスポートを使って非合法にフランス入りしている間、エリュアール夫妻はパリ近郊のサン＝ブリス＝ス＝フォレという村に引っ越していた。二人の結核が悪化するのを恐れた父クレマン・グランデルが瀟洒《しょうしゃ》な一軒家を見つけてくれたのだ。

エルンストはこの一軒家に転がり込んだのである。

三人の日常生活は、つぎの通り。

朝、エリュアールはパリ十区にある父の不動産事務所に出勤するため家を出る。すると、そのときから、ガラとエルンストの夫婦生活が始まる。夕方、エリュアールが帰宅すると、夫婦の組み合わせはエリュアールとガラに戻る。夕食は娘のセシルを交えて四人で取る。エルンストは身分証明書がないので一歩も外に出られなかったが、ジャン・ポーランの斡旋でようやくジャン・パリ名義の身分証明書を手に入れる。そして、それを使って、パリのブルターニュ通りにある町工場に就職し、ガラス研磨工として生活費を稼ぐことになるが、三人世帯はそのまま維持される。

夕方、それぞれ、仕事が終わると、エリュアールとエルンストはダダイストたちがたむろするパサージュ・ド・ロペラのカフェ・セルタで落ち合い、アペリティフで乾杯する。あたらしくグループに加わったピエール・ナヴィル、ロベール・デスノス、ルネ・クルヴェルなどとともに、ブルトンが決めたその日の議題について議論する。

いっぽう、ガラはというと、セシルをマダム・グランデルに預け、買い物がない時にはカフェ・セルタにやってきてエリュアールとエルンストのあいだに座り、詩人たちの議論に耳を傾けるが、自分は決して発言しない。

初期の四銃士のなかで、ガラのことを嫌っているブルトンとスーポーは三人世帯に批判的だが、エリュアールと一番仲のいいアラゴンは同情的だった。というのも、深夜、二人だけで飲み歩くうちに、アラゴンはエリュアールの深い悲しみを知ったからである。

「あいかわらずマックス・エルンストを愛し、あいかわらずガラを愛してはいるが、ふたりのあいだで居心地が悪いのだ。マックスとガラは愛しすぎていないか。我が家の屋根の下で除け者にされている感じがする」（同書）

エリュアールはエルンストがガラの待つ「自宅」に帰った後、ひとりパリに残り、アラゴンらと飲み歩く。詩が書けなくなり、書いたとしても憂愁の強い作品となる。

これに対し、ガラの愛で支えられたエルンストは創作活動が全開になる。次々に傑作が生み出され、それの多くはダダイストのパトロンである有名なデザイナー、ジャック・ドゥーセに買い上げられる。

この間、父クレマン・グランデルの不動産の商売はバブル景気に乗ってますます繁盛し、モンモランシーの森のなかに大邸宅を購入すると、近くのオボンヌに二〇〇〇坪の土地付き邸宅を買って息子夫婦に与える。

かくて、三人世帯は人目を気にすることなく生活できるようになったわけだが、しかし、だからといって、エリュアールの憂愁が晴れるわけではない。

というのも、オボンヌの屋敷を才能の開花と愛情の享楽のために使えたのは、エリュアールではなく、エルンストだったからである。つまり、屋敷とガラをエルンストと自分で共有し、ともに創作活動を続けていくというエリュアールの夢ははかなく消え、ガラも屋敷もみんなエルンストに取られてしまったのである。

「彼は侵略されるがままになっていて、じぶんを守ろうともしない。（中略）苦しみが、一緒にやろうという情熱をとうに押し流してしまったのだが、それでもあいかわらず彼のことを血を分けた兄弟だと思っている」（同書）

だが、結局、理性は感情に勝つことはできない。一九二四年三月二十四日、ついに感情が最終的勝利を収める。エリュアールは、ダダの仲間たちにも、そして、もちろんガラとエルンストにも知らせることなく、突然、蒸発したのである。ただ、父にだけは大金を無断で持ち出したことを詫びる手紙を書き、自分が遠い国に旅立つことを知らせておいた。そして、警察にも届けず、私立探偵を雇って自分を探さないように父に懇願し、最後にガラとセシルの面倒を見てくれるように書き添えた。

ダダの仲間たちは大いに驚いたが、後に、エリュアールが『死なざるゆえに死ぬ』と題した詩集の校了ゲラを出奔《しゅっぽん》前日に出版社に渡していたことを知り、エリュアールがランボーに倣《なら》って、愛情関係のもつれを清算するために旅立ったことを理解した。

では、肝心のガラとエルンストはどうしたのか？

当然のように、おおいにうろたえた。彼らが好き勝手な暮らしができていたのは、エリュアールの愛情と寛容があったためであり、それがなくなれば、まったく生活能力のない文無しカップルでしかなくなってしまうからである。エリュアールの両親は最愛の息子をこのような状態に追い込んだのはガラとエルンストだと思っていたので、屋敷の明け渡しこそ要求しなかったが、生活費を渡すことはしなかった。

そこで、カップルは自活の道を探らざるをえなくなったが、外国人である二人には親しい友人というものがいなかった。知り合いはダダ仲間だけだが、彼らはほぼ全員、ガラを嫌っていた。むしろ、エリュアールを蒸発にまで追い込んだ張本人としてガラを激しく恨んでいた。だから、エリュアールの出奔後、ガラに連絡を取って、援助の手を差し伸べるような酔狂な真似をする者は一人もいなかったのである。

しかし、ガラは逞しかった。ロシア人の女性画家ソニア・ドローネイが同郷の女友達と組んで自作マフラーを売って生活費を稼いだのに倣って、エルンストの作ったネクタイやスカーフを売ろうと考え、これを実行に移すことにしたのだ。

だが、商売に乗り出す前に、エリュアールから手紙が届く。マルセイユから出帆する前に、あとに残してきたガラとセシルのために、自分のコレクションを売却して生活費に充《あ》てるよう、委任状を書くといってきたのである。それどころか、ガラに対して、売却益で父親から持ち出した金を清算したら、セシルをグランデル夫人に預けて自分のいる旅先に来るようにという指示さえしたためられていた。

エリュアールはすべてを捨てたつもりで出奔しながら、結局のところ、どうしてもガラを諦めることができなかったのである。ガラへの愛はそれほどに強かったのだ。

ガラは他に選択肢がないので夫の指示に従った。そして、エリュアールの立ち寄り先であるサイゴンで落ち合うことにして、マルセイユから出帆した。

それでは、エルンストはどうしたのだろうか？

なんと、ガラと一緒に船に乗り、サイゴンにやって来たのである。旅費は自作をパトロンであるデュッセルドルフの女実業家に売ってこしらえたが、ガラとはカップルとして乗船し、旅を続けてきたのである。

シュールレアリスム宣言

こうして、四カ月の別離のあと三人は再会を果たした。だが、一度、割れてしまった壺は接着剤で接《つ》ぎ合わせてももとの壺には戻らなかった。エルンストは一人旅を続け、エリュアールとガラはパリに戻ったのである。

エリュアールは六カ月の不在のあと、ダダイストの仲間に、なにごともなかったように復帰する。エリュアールはランボーのように文学と決別したのかと思っていた仲間たちは、彼がガラと一緒に戻ってきたと知っていささか落胆するが、みんなエリュアールが好きなのでことさらに仲間はずれにはしない。だが、ガラはダメだ。エリュアールを不幸にしたのはガラだと思っていたからである。

その結果、復帰後のエリュアールはまるで気楽な独身者のように振る舞うことになる。

すなわち、オボンヌの自宅に帰らず、アラゴンやルネ・クルヴェルらと飲み歩き、娼婦の館でそのまま泊まるような生活を続ける。元の鞘《さや》に収まったとはいえ、ガラとの仲は以前とは明らかに違っていたのだ。

では、ガラはどうだったのだろうか？

「トリオで暮らした長い脱線のあとに無傷のままいられるものではない。夫婦の祭壇上でしおらしく犠牲になったという感情は、彼女をべつの女に変えた。胸のうちに苦渋と欲求不満とがあり、それを今度は彼女のほうが逃れようとして、気分転換のために思いつきの小旅行に出かけるのだ。とりあえず表向きは愛の結びつきを保ちながら、おのおのじぶんの自由と新しい快楽を信じること、それがエリュアール夫妻の当時の空しい計画だった」(同書)

ところで、エリュアールがパリから姿を消していた六カ月の間に、ダダの仲間たちに大きな亀裂が入っていた。ツァラとピカビアらの旧ダダ党が抜けたのを機にブルトンはグループの純化を図り、自らシュールレアリストと名乗り、ダダへの決別を告げていたのである。エリュアールは当然のようにブルトンらと袖を連ね、シュールレアリストの党派に加わる。一九二四年にブルトンが出版した『シュールレアリスム宣言』はこうした新しい仲間たちを糾合《きゅうごう》するための党綱領であった。

数カ月後、エルンストがサイゴンからパリに戻ってくる。ガラとの仲は切れたままだったが、エリュアールとの友情は復活する。その結実が、エリュアールが詩を書き、エルンストが絵を描いた詩集『沈黙の欠如の中に』である。そこでエリュアールが歌い、エルンストが描いているのは、明らかにガラだった。ガラは二人の男を翻弄したあげくに、彼らに最高傑作のひとつを創らせたのである。

だが、さながら、これで総括が済んだかのように、エルンストは新しい恋を見出す。画廊で出会ったマリー・ベルト・オランシュという二〇歳の娘と恋に落ち、一九二七年に結婚する。

脆くも挫折する三人プレイ

いっぽう、エリュアールはというと、一夜限りの放蕩を続けながらも、ガラの呪縛から逃れられないでいた。エリュアールの心にあったのは相変わらずガラ一人だったのである。

しかし、どうやら、ガラのほうはそうではなかったようである。ガラはエリュアールと一緒にいながら、何かが起きるのをひたすら待っていたのだ。

ひとつの転機となったのは、一九二七年五月にクレマン・グランデルが五七歳で逝去したことだった。これにより、一人息子のエリュアールは一〇〇万フランの遺産を相続することになり、生活のために働く必要がなくなったのである。もちろん、ガラも一切の生活の必要から解放され、好きなようにヨーロッパ中を旅行して歩けるようになったわけだが、しかし、ここで思わぬアクシデントが起きる。夜の不規則な放蕩生活のためかエリュアールが結核を再発し、サナトリウム生活を余儀なくされたのだ。

もっとも、ガラがけなげにエリュアールに付き添ってサナトリウムに滞在していたわけではない。十数年ぶりでロシアに帰国したかと思うとスイス旅行に出かけたりと、遺産相続した夫の寛大さを十分に利用して、準独身生活を満喫していたのである。

「彼女はサイゴンから官能と力といままでにない欲望をたずさえて帰ってきた。結婚生活ではもはや花ひらかない女なのだ。マックスとの情事でポールと彼女との間にある何かが壊れたのだった。大切な絆、たぶん単純に誠実さの習いしったものが」（同書）

こうした、ある意味、フランス式夫婦生活の典型のような生活を送りながらも、エリュアールはガラを常に激しく欲望していた。彼のエロティシズムは、エルンストとの三人世帯の経験を通して、いつしか、ガラなしには発動しないようなシステムになってしまっていたのである。

サナトリウムを退院した一九二九年の夏、エリュアールは静養先のカンヌで彼の熱烈なファンである若き詩人アンドレ・ガヤールをガラに紹介し、ガラがガヤールに興味を持つように仕向ける。しかも、今度は長い間夢見ていた三人プレイをついに実践したのである。

だから、ガヤールが、ガラとエリュアールを結びつけるこの接着剤としての役割に同意していたなら、また、ガラがガヤールに飽きなければ、エリュアールが思い描いた三人世帯はより理想的な形で実現したかもしれない。

だが、現実はそうは運ばなかったのである。

というのも、一九二九年十二月十六日、ガヤールはマルセイユのルドンヌの崖から転落して死亡したからである。ガヤールの友人のブレーズ・サンドラルスは自殺ではないかと疑ったが、真相は不明である。明らかなのは、エリュアールが描いていた理想の三人世帯は脆《もろ》くも挫折したということである。

サルバドール・ダリ

それから数カ月後、ふたたびチャンスが訪れる。パリのダンスホール・タバランでエリュアールはベルギーの詩人で画商のカミーユ・ゲマンから一人の若いスペイン人画家を紹介され、その画家から、夏にカタロニアのカダケスにあるアトリエを見に来ないかと誘われたのである。

エリュアールはこの出会いに何か感じるものがあったのか、ガラを熱心にスペイン旅行に誘った。自分たちだけではない。カミーユ・ゲマン夫妻も来るし、ベルギーのシュールレアリスムの画家であるルネ・マグリットも夫人同伴で夏をそこで過ごすはずだから、退屈することはない、と。

だが、スペインの灼熱の夏を恐れるガラはなかなか同意しなかった。そこで、エリュアールはスペインの物価の安さを持ち出して説得にかかったので、ガラも折れた。

こうして、一九三〇年の夏、エリュアール夫妻はスペインに旅立ったのである。

カダケスの広場のカフェでエリュアール一行と落ち合ったスペイン人画家はサルバドール・ダリという名前だった。画商のゲマンは、超絶技法のテクニックで摩訶《まか》不思議な絵を次々に描き上げるダリにすっかりほれ込んでいたが、当人は極端にシャイな人物でほとんどしゃべらなかった。そのため、一行はどう振る舞っていいかわからず、途方に暮れた。なかでも旅の疲れで不機嫌だったガラは何でこんなところまでこんな男に会いに来なければならないのかと露骨にいやな顔をして見せた。実際、ガラはダリのことを感じの悪い男だと思っていたのである。

ところが、ダリはまさにそうした不機嫌そうにいらだちを見せているガラに一目惚れをしてしまったのである。

ガラと知り合ったとき、一九〇四年生まれのサルバドール・ダリは二五歳。ポマードでベッタリとなでつけた黒髪とランランと異様に光る黒目が特徴的な青年だった。流行とは無関係なぴったりとした背広の上下に胸飾り付きの白い絹シャツだから、さながらアルゼンチン・タンゴのダンサーのようだったが、会話はオタクによくあるような一方通行で、自分で自分のユーモアをおもしろがり、何かの拍子に「クックッ」と笑いだすと、ストップのきかない馬鹿笑いが始まり、しばしば居合わせた者の顰蹙《ひんしゅく》を買った。つまり、内気さをカバーするために時々、妙にアグレッシブになり、対面者を無視するという、ある種のオタク特有の奇矯さを持つアブナイ感じの男だったのである。

これに対し、父親は内陸部のフィゲーラスで公証人をしている土地の名士だった。母親は裕福な商人の娘でユダヤ系だったとダリは証言している。最初に生まれた息子が七歳で早世したこともあり、両親はその九カ月後に生まれたダリを極端に甘やかした。そのため、ダリは協調性に欠ける我がままで内弁慶な子供に育った。ダリ一六歳のときに最愛の母親が癌で死ぬと、父親はその妹（ダリが思慕していた叔母）と再婚した。ダリは二人から二重に裏切られたと感じ、父親の定めたレールから逸脱することになる。あるとき、画家になると宣言すると、もう誰の忠告も聞かず、ついにリスボンの美術学校への進学を勝ち取ったのである。

リスボンではカタロニアの学生寮に入ったが、ここで後にスペインを代表することになる詩人と映画監督と親友になる。詩人とはフェデリコ・ガルシア・ロルカ。映画監督とはルイス・ブニュエルである。

ロルカは同性愛的な傾向があったので、ダリは危うく誘惑されそうになったが、すんでのところで踏みとどまった、と自伝では語っている。ブニュエルとは肝胆相照らす仲となり、彼の処女作『アンダルシアの犬』の制作にも協力した。

地中海に臨むカダケスには父親の別荘があり、毎年、夏には一家はこの港町で過ごしていた。一家の中でもダリは特別にカダケスの風景を愛し、別荘の離れのアトリエで買い手のつきそうもない奇妙な絵画の制作に熱中していたのである。

ダリの才能に最初に夢中になったのは、エルンストのときと同様、エリュアールのほうだった。エリュアールはカダケスのアトリエでダリの油彩を見たとたんに天才だと見抜いた。油彩はパンツの中に糞便をもらした男がイナゴの大群に襲われるという絵だったが、エリュアールはこれに『悼《かな》しい遊戯』というタイトルを与えたのである。

いっぽう、ガラはというと、エルンストの場合とは反対に、ダリ自身にはまったく魅力を感じなかったし、その絵画にもほとんど反応しなかった。より正確にはまったくわからなかったというのが正しい。ガラは、夫のエリュアールや仲間のブルトンらが推し進めていたシュールレアリスムというものに無関心だったのである。

「利害に聡く、貪欲で、これ以上なく烈《はげ》しい野心を抱いている、とのちに人々が言うことになる彼女は、いつの日かサルバドール・ダリは金持ちで有名になるだろう、という確信などこれっぽっちも持っていない。彼の栄光を当て込むのは、ポーカーやバカラの賭博者が賭け金を張るのと同じ気持ちだ。というのも、一九二九年におけるダリの栄光といったら、大胆な賭け、未来に架けられた夢、でたら儲けもののサイコロの一振りでしかないのだ」（同書）

「永遠の女」をガラの中に見たダリ

これに対し、ダリは一目見た瞬間からガラに夢中になっていた。では、ガラの何がダリを強く魅了したのか？

普通の男だったらゲンナリしてしまうはずのガラのいかめしい顔と頑丈な背中、そして、それと比べると繊細ともいえる胴のくびれ、女盛りを迎えて大きく膨らんだ尻、どのパーツもダリの偏愛の対象となった。ひとことで言えば、ダリは若くして身罷《みまか》った母親に代わる存在、大地母神のように母にして恋人である「永遠の女」をガラの中に見たのである。おまけに、ダリは子供のころに大好きだった少女ガルーシカの面影をガラに認めた。ガラは蘇ったガルーシカ（ガルーシカレディビーバ）だったのである。

といっても、二五歳になっても童貞で、生身の女性に触れることを極度に恐れていたダリにとって、自分のほうから積極的に言い寄るなどめっそうもないことだった。

では、どのようにしてダリはガラと深い関係になることができたのだろうか？　今度もまたエリュアールがガラの背中を押したのである。

エリュアールは、ガラに向かって、『悼しい遊戯』の汚れたパンツの男はダリの糞便愛好、とくに変態の中の変態である糞食症を表象しているのではないか、そのことをひとつダリに直接聞いて確かめてくれないかと言い、二人きりで話すように仕向けたのである。

かくて、ガラは「いやいやながら」、この変人青年と海辺を散歩し、とりとめのない会話を続けるはめになったが、そのうちに、なぜか一緒にいるのが楽しくなり、ダリの手を取り、「ねえ坊や、わたしたちもう離れられないんじゃない?」と呟《つぶや》いたのである。

ところで、ガラが男の心の中に入りこんでいく手口は、ダリが相手でも、若き日のポール・エリュアールのときと基本的に同じだった。

「彼女は男にしゃべらせておく、そして男のつくる彼女のイメージの後ろに姿を消し、彼の開陳する真実に同意するのだ。(中略)[ダリは]最初の瞬間に、じぶんは永遠の大文字の《女》を前にしているのだと彼は確信する。ずっとまえから彼へと運命づけられている女。まぎれもない直感のひたぶるな働きによって、わが人生の女である、と彼は見抜いたのだった。(中略)その熱い石炭のように輝く黒い目は、彼女のことばかり見て、まるで彼女をふつうでない存在、どこか知らない彼方を映している、空からおちてきた女神ででもあるかのように、じっと観察しているのだ。サルバドール・ダリの眼差しのなかには幻惑と、賛嘆と恐れとがある」(同書)

おそらく、男としての魅力をあまりダリに感じなかったガラは、しかし、それとは別種の感情、すなわち自己愛の深い充足を覚えていたにちがいない。そして、これを愛の代わりとしたのだ。ガラは愛するよりも愛されることを好むタイプの女であるばかりか、女神として男から崇拝されなければ気が済まない類いの女なのである。

「彼は彼女しか目に入らない、その彼女は讃えられることが好きなのだ。跪《ひざまず》いた男の眩しそうな眼差しによってこうした価値を与えられてみると、彼をまえにして、彼女はじぶんが存在しているのを、じぶんが至高の者だということを感じる。ガラ、この不安な女は、じぶんにたいして安心しておく必要が、たえず新たにされる不変の讃美をあいての目のなかに読みとっておく必要がつねにある。ダリは最初から讃美者で愛に狂っている。彼を征服する必要はなかった」（同書）

かくて、カダケスの一夜以来、ガラとダリは「離れられない」仲になったのである。

では、「夫」であるポール・エリュアールは「妻」のガラとダリとの関係をどう考えていたのだろうか？

どうやら、最初のうちは、3Pプレイの取り替えのきくザ・サード・パーソンくらいにしか見做していなかったようだ。その特異な才能は認めていたものの、ダリが男としての魅力に欠けていたため、まさかガラの心の中で大きな空間を占めるようになるとは思わず、二人が親密にしているにもかかわらず、一足先にヴァカンスを切り上げてパリに帰ってしまったのである。

なぜ、ガラがエリュアールに同行しないで済んだのかといえば、カダケスまで連れてきた夫妻の一人娘セシルがパラチフスに罹《かか》り、看病のために残らなければならないと言い張ったからである。だが、実際は、娘のことなどいささかも考えていなかったガラはエリュアールが立ち去るやいなや、散歩してくると言ってホテルを抜け出し、浜辺でダリと逢瀬を重ねていたのである。

それから二カ月後、カミーユ・ゲマン画廊で開かれる展覧会のためにパリにやって来たダリを迎えると、ガラはヴェルニサージュ（内覧会のパーティー）も待たずに一緒に二週間姿を消す。唐突な逃避行はダリを応援しようと集まってきたブルトンらのシュールレアリストを憤慨させた。もともと、シュールレアリストたちはみんなガラが大嫌いだから、ガラへの非難はやがてダリへの低評価へと発展する。

運悪く、ダリが生活費を全面的に依存していた父親がガラとの関係を知って激怒し、別れないのなら送金を打ち切ると告げてきた。ダリはまったく聞く耳を持たず、ガラといることを選んだため、カップルはパリで一文なしで放置されることとなる。

極貧生活

こうなると、ガラは俄然、底力を発揮する。

敵だらけのパリを去ってマルセイユのホテルに二カ月籠もり、ダリに『見えない男』を制作させ、カダケスに戻ると、村外れのポルト・リガトに小さな一軒家を見つけ、アトリエへの改築を地元の大工に依頼した。それが済むと、ダリを連れてパリに舞い戻り、改築資金の工面に奔走する。そのとき、献身的にガラに協力したのはまたもやエリュアールだった。エリュアールはガラと住むことを夢見て愛情こめて内装したベクレル通りのアパルトマンをガラとダリに明け渡し、自分はブランシュ通りの単身者用のステュディオ（ワンルーム）に引っ越したのである。

それでは、ガラとダリはどうしていたのだろうか？

パリが怖くて怖くてしかたがないダリは恐怖と不安を紛らすため一日中アパルトマンに籠もって制作に熱中し、ガラは世話女房よろしくそのケアに追われていたのである。

「絵は彼の避難所なのだ。ガラは、敵意にみちた通りを歩くためにすがる松葉杖なのだ、彼はけっしてひとりきりで道に出ることはない。（中略）ガラのほうでもはっきりと選択した。（中略）これからはじぶんの子供でもある一人の男をかたわらにおいておくのだ、面倒を見なければならない男、身も心も捧げるつもりの男」（同書）

しかし、そうはいっても、ガラ自身に生活の算段があるわけではない。長い間、エリュアールの父のクレマン・グランデルからの援助に頼り、彼の死後は残された遺産をエリュアールと二人で浪費してきたにすぎないガラにとって、金を稼ぐ手段はひとつしかなかった。ダリに描かせた小品やデッサンをパリの画廊に買ってもらうことだった。ガラは進んでこの仕事を買って出た。エルンストとの共同生活でエリュアールが失踪したときには、エルンストの手先が器用だったからネクタイやスカーフを造らせることができたが、ダリは絵を描くことだけが取り柄だったので、これしか方法がなかったのである。

とはいえ、いかにシュールレアリスムが市民権を得つつあった時代とはいえ、ダリの絵に買い手がそう簡単につくはずはなかった。ガラが足を棒にして画廊巡りをしても得られる金は微々たるもので、カップルは数カ月、極貧生活を強いられることになる。

ガラは、後年、大富豪となって豪邸を構えたあとも、異常なほど金銭にこだわり、ダリの絵の市場価格を競り上げようと、貪欲なマネージャーぶりを発揮して、人々の顰蹙を買うことになるが、それは、このときの貧困への恐怖が原体験としてあったからにほかならない。

だが、カップルがパリで極貧生活に耐えた甲斐はあった。シュールレアリスム最大のパトロンであったノアイユ子爵がダリに対して、大作を描いてほしいと言って二九〇〇〇フランという大金を渡してくれたのである。

こうして一九三〇年の春、ガラとダリは改装なったポルト・リガトのわが家に辿りつくことができたのである。

エリュアールからの猥雑な手紙

しからば、ガラがダリと同棲を始めてから、エリュアールはどうしていたのかというと、これが、毎日のように、ガラに熱烈なラブレターを送り続けていたのである。

すなわち、目の前からガラが消え、別の男の腕の中に飛び込んだ瞬間から、エリュアールの欲望に火がついたようなのだ。ダリと一緒に暮らすガラのもとへ毎日のように次のような猥褻《わいせつ》きわまりない手紙を書いていた。

「君の手が、君の唇が、君の性器が、僕の性器を放さないでほしい。通りで、映画館で、窓を開けはなったままで、おたがいのものをさすりあおう。今朝は、君のことを思って極上のオナニーをした。だが、僕の想像力は疲れを知らない。すべての場所に、すべてのなかに、すべての上に、君が見えている。死ぬほど愛している」（中条省平《ちゅうじょうしょうへい》『恋愛書簡術　古今東西の文豪に学ぶテクニック講座』中央公論新社）

こういうのを何と評したらいいのだろう。遠隔性3P欲動とでも命名しておこうか？　いずれにしても、常人には理解しかねるエリュアールとガラの関係である。

では、エリュアールはこうした猥褻レターを書きながらオナニーに明け暮れていたかといえば、実際には、毎日のように、詩人のルネ・シャールとともに街に繰り出し、ガールハントに精を出していたのだ。そして、後に妻となるニュッシュと出会ったのである。ガラが去ってから数カ月後の一九三〇年五月二十日のことだった。

この日、ギャルリ・ラファイエット前の雑踏を詩人のルネ・シャールとともに女を物色しながら歩いていたエリュアールは黒目がちな娘と視線が合い、カフェに誘った。娘は運ばれてきたクロワッサンをガツガツと頬ばり、数日間、何も食べていないと告白する。それどころか、仕事もなければ宿もないと言って、身の上話を語り出したのである。

ニュッシュの本名はマリア・ベンツ。二三歳だった。その名が示す通り、ドイツ系のアルザス人である。ミュルーズで軽業師をしていた両親のもとで空中ブランコの曲芸師となったが、演劇への情熱止みがたく、女優を志して上京。しかし、女優の卵の生活は苦しく、衣食住のすべてに事欠いたから、金がなくなると、一夜のねぐらを求めて売春にも手を染めていたらしい。

エリュアールはニュッシュの容姿と身の上話に魅了され、アパルトマンに連れて帰った。そして、そのまま同棲を始めたのだが、それでも、しばらくはガラの幻影から逃れられないままでいた。というよりも、エルンストのときと同様、生活が苦しくなれば、消費しか能のないガラは白旗を上げてエリュアールのところに戻ってくるだろうと思い、ニュッシュとの恋にも真剣にはならなかったのである。
だが、今回は違った。エリュアールの予想とは異なり、ガラはついに戻ってはこなかったのである。

大天才ダリの誕生

ガラとダリはカダケスのポルト・リガトに引き籠ったが、永遠にそこにとどまったままでいたわけではない。冬になると毎年、パリにやってきたのだ。ひとつは、ピレネーから吹き下ろす寒風のため暖房装置のないアトリエ別荘にいられなくなったからである。もうひとつは、夏のあいだにダリが描きためた絵画をパリで売りさばく必要があったためであった。

幸い、パリにはダリの絵に興味をもつ金持ちのパトロンが現われつつあった。ホアン・ミロを介してノアイユ子爵夫妻に紹介され、社交界に入り込むことができたのである。この社交界でガラは意外な才能を発揮する。ただし、巧みな会話術で社交界人士の心をとらえたというのではない。ガラはシャネル・スーツに身をくるむようになったとはいえ、相変わらず寡黙なロシア女のままである。才能が発揮されたのは、ダリをその絵画と同じくらい風変わりで、ほとんど狂っていると人々に思い込ませる巧みな演出家、プロデューサーとしてである。
ダリは天才的な名優によくあるように極端な臆病者で、自分の殻のなかに閉じこもっていたいと願うウルトラ・オタクだった。人前に出るのが怖くて仕方なかったのだが、ガラという演出家に暗示をかけられると、たちまち大胆な演技者に変身することができ、常識はずれの大天才ダリを演ずることが可能になったのである。ガラがいなかったら、ダリは腹話術師を失った人形のようになってしまったのである。
「どのディナーにもガラはサルバドールに付き添ってゆく。外出の恐怖と、臆病と、思春期からの怯えと、あまりにも厳然とした非社交性とを彼が打ち破る助けとなっているのだ。(中略)彼女が彼にもたらす自信、液体のように彼に流れ込む自信は、ダリに翼の生えたような生気をあたえる。(中略)彼がおどけて、たとえば、じぶんはガラスや木を食べるのだと主張するときも、彼女はほほえみすら浮かべようとしない。彼女は肯定も否定もしない、その全存在は彼と連動しており、彼がなにを言おうと、なにをしようと、彼女はその下半身であり、彼に溶接され、ボルトで繋がれ、彼と一心同体なのだ」(ドミニク・ボナ　前掲書)
こうしてガラからダリに流れ込んだ自信の流体は、やがて、ダリの周りに強力なパトロン・ネットワークを形成させる。ノアイユ夫妻を介して知り合ったフォシニー=リュサンジュ大公がダリに落ち着いて制作できる環境を保証するために、今風に言えばクラウド・

ファンディング、つまり一人二五〇〇フランを払い込むことでダリの新作を手に入れる権利を持つ「黄道十二宮」というクラブを作り、後援を買って出てくれたのである。おかげで、ダリとガラは貧困から解放され、パリで十分に羽を伸ばして社交生活に明け暮れることができるようになった。

シュールレアリスト裁判

一九三二年七月にガラはエリュアールの完全な同意のもと、離婚訴訟を起こし、離婚を勝ち取っていた。離婚に際し、エリュアールは大切なコレクションを売り払い、オボンヌの屋敷も手放して、その売却益の一部を慰謝料としてガラに手渡す。ガラへの愛は絶対的なものだったのである。セシルの親権はエリュアールが得たが、それは娘にまったく関心のないガラにとって望むところだった。

エリュアールとの離婚がきっかけになったわけではないが、このころから、ダリに対するシュールレアリストの批判が強くなる。ダリは言葉の正しい意味で正真正銘のシュールレアリストだったが、ガラの戦略で社交界に出入りするようになるにつれ、シュールレアリストのグループからは遠ざかる。とりわけ、ブルトンがアラゴンとエリュアールを誘って共産党に入党し、政治への傾斜を強めてからは、ダリとの距離は決定的になった。なぜなら、骨の髄まで個人主義者であるダリは共産党の集団主義と平等主義には断固反対であると堂々と言明していたからである。ガラはもちろんダリの強い、唯一の味方となる。ダリが共産党嫌いを通り越して、なんとヒトラーを賛美しだしても、ガラはダリを擁護しつづける。ときには、もとの伴侶であるエリュアールにダリを庇《かば》うように働きかける。しかし、エリュアールの努力も空しく、ダリはシュールレアリスト裁判にかけられ、ファシスト分子として有罪を宣告されて除名される。エリュアールは裁判を欠席したが、ガラの元恋人のエルンストはダリの有罪に一票を投じた。一九三四年二月五日のことだった。

こうして政治の渦に巻き込まれたダリは後に自伝の中でこう弁明するだろう。

「私の周りでは世論というハイエナが唸りたて、私がひと声発するのを待ち望んでいた。ヒトラー主義者かスターリン主義者かと。ちがうのだ、何度でも言うが、ちがうのだ。私はダリ主義者なのであり、ダリ主義者以外のなにものでもなかった」(同書)

至言である。ただし、ダリはダリ主義者であり、ダリ主義党の党首であったが、実質的権力はその第一書記であるガラがしっかり握っており、ガラなしではダリ主義党はなりたたなかったのである。

パリのスペイン領事館で出した結婚届

いずれにしろ、シュールレアリストとの訣別《けつべつ》が踏ん切りとなったのか、ガラは、実務家であるエリュアールの勧めに従ってダリとの結婚に向かって動き出す。もしダリが死んでしまったら、ダリの作品はすべて家族の所有に帰して、ガラには何ひとつ残らないとエリュアールに言われたためである。

一方、エリュアールも同じ理屈にしたがってニュッシュと結婚する。父親の残してくれた莫大な遺産はガラとの離婚で慰謝料を気前よく渡してしまったために、だいぶ目減りしていたが、生活を切り詰めれば働かなくとも金利で生活できたのである。

だから、時代がこのまま推移すれば、ガラとエリュアールの元夫婦はそれぞれよき伴侶を得て、遠く離れていても友情の固い絆で結ばれたまま齢を重ねていくことができただろう。

だが、風雲急を告げる時代状況はそれを許さなかった。一九三二年に政権を握ったヒトラー・ドイツと大粛清によって独裁体制を確立したスターリン・ロシアが英仏の民主主義国家を間に挟んで対立をつづけ、ヨーロッパを動乱のるつぼに投げ込んだからである。

一九三四年十月、スペインではアナーキストと独立主義者がカタロニア政府の独立を宣言し、スペイン内乱へのきっかけをつくる。ダリとガラは唯一の財産である作品を梱包すると大急ぎでフランスに逃げ込んで、パリのスペイン領事館で結婚届を提出する。

臆病なダリはもちろんガラも恐怖に怯えていた。ただし、ガラはせっかく手に入れた安楽な暮らしが失われることに激しい恐怖を感じていたのである。スペイン領事館に提出した結婚届はその安楽を保証してくれる唯一の証書だったのである。

至高のエゴイズムとスペイン内乱

やがて、パリに落ち着いたダリは代表作のひとつとなる「内乱の予感」を描く。
事実、スペインはモロッコで反乱を起こしたフランコ将軍と共和国政府との間で内戦となり、これにドイツとソ連が介入して代理戦争に発展する。英仏は不介入を決め込んだため、知識人たちは国際義勇軍を組織して共和国政府を支援したが、政治には無関心のダリとガラは我関せずを決め込んだ。とりわけ、ガラの進歩派への軽蔑は徹底していた。
「どんなものであれ革命に敵意をおぼえているガラは、個人的な運命しか信じていないのだ、ダリのように、エリュアールとは、反対に、彼女にはひとつの政治理念しかない。至高のエゴイズムに奉仕する政治」(同書)
一九三〇年代後半の疾風怒濤の時代にあって、多くの芸術家たちの才能が政治に浪費されたのに対し、ダリとガラの至高のエゴイズムは大きく花開き、ダリは次々と傑作を生みだすと同時に、スキャンダラスな言動とパフォーマンスでジャーナリズムの注目を浴び続けたが、その陰には、ミューズ兼モデル、妻兼女中、マネージャー兼報道官として幾重にもダリを支えるガラがいた。

臆病で傷つきやすい少年のままであるダリにとって、ガラは子供が片時も離すことのできない縫いぐるみのクマのような存在であった。ダリ少年はガラというそのお守りのおかげで社交界に顔を出し、大言壮語し、派手なパフォーマンスで大衆を煙に巻くことができたが、ガラがいなければ、たちまちもとの臆病なオタクに逆戻りしてしまうのだった。

では、ガラはひたすら自分を無にしてダリのためにだけ生きていたのだろうか？　その反対である。ガラはたしかにダリのすべてを愛していたが、ラ・ロシュフーコーが自己愛についていったように、ダリのすべてを自分のために愛していたのである。

そうした究極のエゴイズムが遺憾なく発揮されたのは、シュールレアリストの中で、エリュアールを除くと唯一ダリ夫妻の友人だったルネ・クルヴェルが結核を病み、絶望のあまりアパルトマンで自殺したという知らせを受け取ったときのことだった。細菌感染の恐怖に友情が勝って、最後の別れに駆けつけようと階段を駆け下りるダリに向かってガラは大声でこう言い放ったのである。

「さわっちゃだめよ！」

いっぽう、ひたすら愛の詩人であるエリュアールはスペイン内戦激化とともに煩悶していた。内戦が進行する過程で、アラゴンが与《くみ》するスターリニスト陣営とブルトンが肩入れするトロツキスト陣営がカタロニアで衝突し、左翼内部の対立が激化したため、どちらにつくか選択を迫られたからである。ブルトンと袖をつらねて共産党を離党していたエリュアールは、この時期に友情を深めていたピカソが共産党に入党したこともあって、再び共産党に接近する。ナチスのゲルニカ爆撃に抗議してピカソが「ゲルニカ」を制作すると、エリュアールも反戦詩を書き上げる。

一九三九年九月一日、ドイツがポーランドに侵攻し、第二次世界大戦が開始された。エリュアールは中尉として動員され、前線の経理部で任務に就く。

ダリとガラは戦争に怯え、開戦後、ただちに南仏に避難する。一九四〇年六月、ドイツ軍がパリに入城したという知らせを受けると、二人は絵画を梱包してリスボンに向かい、真っ先に亡命者の群れに身を投じて船上の人となり、八月十六日にニューヨークの港に着く。二人がアメリカに旅立ったことを知ったエリュアールは十月七日付の手紙でこう書いて祝福する。

「君たちは幸福にならなければならない。いつの日にかぼくらは再会しよう」

新天地アメリカ

ニューヨークの港に接岸した亡命者たちはみな意気消沈していたが、ガラにしっかりと手を握ってもらっていたダリだけは元気いっぱいだった。敏腕マネージャーの指導よろしきを得て、新しい世界に乗り出そうとしていたのである。

アメリカでは、ダリ夫妻は、大西洋航路のエクスカンピオン号に同乗してきた大富豪のアメリカ人女性カレックス・クロスビーの所有するヴァージニア州の大邸宅ハンプトン・マナーに滞在することができた。この大邸宅にはクロスビーの知人である女性作家のアナイス・ニンも仮寓《かぐう》しており、鋭い観察眼で世にも不思議なカップルの生態を日記に書き留めていた。

「ダリの脆弱さ、その子供じみた、怯えた、ふらふらした感じが彼女をはっとさせる。すぐに彼女は夫婦におけるガラの影響力に気づく。サルバドールはしょっちゅう目で妻をうかがっている。その彼女は彼のためにこまごまと配慮して、彼のまわりに巧妙な城壁を組みあげてゆく。ハンプトン・マナーでは、客のだれも、女主人でさえも、アナイス・ニンがガラの〈組織する力〉と呼ぶものを予想していなかった。ガラに特徴的なこのやり方は、それが大きかろうと小さかろうと、世界の中心はサルバドール・ダリという人間のなかに存在するということを始終みんなに思いおこさせることになる」（同書）

こうした犬と主人のような関係はアメリカという新天地において、さらに強固なものとなる。というのも、いつまでたっても英語を覚えることのできないダリとは異なり、ガラは天性の語学力を発揮してたちまちのうちに英語をマスターしたからだ。ロシア訛りのアクセントだとはいえ、ガラはすぐに完璧に意思疎通ができるようになり、そのために保護者であるダリへの支配をより強いものにすることができたのである。

金銭が第一原理であるアメリカという精神風土もまた二人の関係をほとんどグロテスクなまでに純化させることとなる。頼るものとしては、つまり日々の生活費を稼ぎだすための方策としては自分たちの才能しかないという亡命先のサバイバル環境にあって、ガラはダリを説得した。いわく、絵を描くのは金のためである、自分たちが異国の地で野垂れ死にしないためにはできる限り多くの金を稼ぎ蓄財に励まなければならない、と。やがて、その確信はガラにあって妄執と変わる。すなわち、いくらダリの作品でドルを稼ぎ出しても、もうこれでいいという限度がなくなってしまったのである。

その結果、ダリは、顧客の注文に応じて「ダリ的なもの」をライン生産するダリ工場と化す。しかもそれは絵画に限定されたことではなかった。プライベート・ライフを除くダリの生活のすべてがドルを生み出す工場となること、それがガラの究極の夢となったのである。

かくて、ダリは、「突飛なシュールレアリスム芸術家ダリ」のイメージを欲するマスコミが要求するあらゆる場所に現われる「タレント・ダリ」となることを余儀なくされ、しだいにそれが実像と区別がつかなくなっていくのである。

　こうして、ガラはついに「ダリという作品」を作り出すクリエーターへと変身をとげたのである。

エリュアール『詩と真実　一九四二年』

　ダリとガラが亡命先のアメリカでセレブとなり、豪華絢爛たる生活を送っていたそのころ、ポール・エリュアールとニュッシュ夫妻はナチ占領下のパリで暗く惨めな毎日を過ごしていた。食糧や石炭の欠乏もひどかったが、それ以上にエリュアールを苦悶させたのは、独ソ不可侵条約の締結以来、ナチには抵抗しないよう説き続けるフランス共産党の煮え切らない態度だった。スターリンが独ソ不可侵条約を遵守《じゅんしゅ》しているため、フランス共産党は支持者たちに隠忍自重を呼びかけていたのだ。共産党シンパだったエリュアールもひたすら暗い時代を耐え、沈黙を守るしかなかった。

　愁眉《しゅうび》を開いたのは、一九四一年六月にヒトラーが不可侵条約を破棄してソ連領内に攻め込んでからのことである。エリュアールは翌年、非合法の共産党に再入党し、レジスタンスの合言葉となる「自由」を含む詩集『詩と真実　一九四二年』を出版する。

「ぼくの生徒の日のノートの上に
ぼくの学校机と樹々の上に
砂の上に　雪の上に
ぼくは書く　おまえの名を
読まれた　全ての頁の上に
書かれてない　全ての頁の上に
石　血　紙あるいは灰に
ぼくは書く　おまえの名を

（中略）

そしてただ一つの語の力をかりて
ぼくはもう一度人生を始める
ぼくは生まれた　おまえを知るために
おまえを名づけるために
自由（リベルテ）　と」（安東次男《あんどうつぐお》　訳）

エリュアールは最初、この詩をニュッシュのために書いたという。ところが、最後の最後になって、「自由」という言葉がペン先からほとばしり出たのである。
『詩と真実　一九四二年』はわずか一〇〇部印刷されただけだったが、またたくまにレジスタンス参加者の間で書き写され、ついには反ナチの人たちに共有される意思表明（マニフェスト）となる。

エリュアールは旧友アラゴンとともに全国作家委員会を組織し、非合法出版の組織化に取り組むが、当然ながらゲシュタポに付け狙われ、ニュッシュとともに隠れ家を転々とする日々を送ることになる。

だが、こうしたレジスタンスの生活にも終わりがやってくる。一九四四年六月六日、いわゆるDデイに、連合軍がノルマンディー海岸に上陸したのだ。八月二十六日には、自由フランス軍のルクレール将軍率いる戦車部隊がシャンゼリゼに凱旋し、パリは解放された。

対独協力者（コラボ）狩りが続く中、エリュアールはニューヨークのガラの連絡先を突き止め、往復書簡を再開する。エリュアールは一九四五年三月十八日付けの手紙でガラに書き送る。

「こちらでの生活はたいへん厳しく、大勢の人が病に倒れています……わが家には火の気がありません……例年になく寒いです」「ほとんどいつも恐怖が目の前にありました。ぼくたちは力の限りをつくして希望し、絶望し、怒り、闘い、そして年老いました。ぼくにはもう、うまく笑うことができません」（ドミニク・ボナ　前掲書　以下、引用は同書）

しかし、食糧難の続く戦後の辛い日々にあってもエリュアールはガラへの愛を語り続ける。

「過去はみな遠い、君をのぞいては、というのも、君はいつだってぼくのなかにいるはずなのだから、可愛いガラ……」

エリュアールの記憶の中では、ガラは永遠に若く、美しく、一九歳の新妻のままなのだ。いまではガラとの間に生まれた娘セシルも結婚し、離婚し、再婚しているというのに。セシルはガラからまったく愛されずに育ったせいか、愛に飢え、そのため、恋愛では失敗を繰り返していたようだ。さすがのエリュアールも娘に対するガラの冷淡な態度をそれとなくとがめるような手紙を送ることもあった。

「セシルは君を郷愁のように愛しています」「あの子は、長い年月ひとりぼっちだった」「わりと気丈な子なのに、君のことを口にするといつも泣いているんだ」

とはいえ、戦後、エリュアールにも明るい未来が開けたように思える瞬間もあった。ゲシュタポの弾圧に屈しなかったレジスタンスの神話が人々の間に浸透するにつれ、エリュアールの詩集はベストセラーとなり、世界中のファンに親しまれるようになる。エリュアールはガラに率直に書いている。

「ぼくの本はたいへん売れ行きがいい、注文に追いつかないほどです」「解放以来、詩で悪くない小遣い稼ぎをしています。こんなにもうかるとは思ってもいなかった」

エリュアールの最後の手紙

だが、明るい陽光が差し込んできたと思ったのもつかの間、大きな悲劇がエリュアールを襲う。一九四六年十一月二十八日、オルドネール通りの旧宅でグランデル夫人の看病に当たっていたニュッシュが脳溢血《のういっけつ》に見舞われ、そのまま帰らぬ人となったのである。

悲しみから立ち直れないでいるエリュアールに代わってセシルが母のガラに手紙を書き送る。

「どうしてあげればいいのか分からないんです……どうすれば笑顔を取り戻してくれるのでしょうか……」

普通の母親だったら、実の娘からこう訴えられたらすぐにでも帰国して元の夫を励ましてやりたいと思うだろう。だが、ガラはちがった。普通の母親ではないから、娘の訴えにも通り一遍の返事を返しただけで、孫が生まれたという知らせに心を動かすこともなかった。

いっぽう、エリュアールはというと、ニュッシュを失った悲しみから立ち上がれないいままでいた。「ぼくのガラ、こんな調子ですみません。あまりに打撃が大きすぎました。ぼくの人生は空虚です」「ニュッシュの墓だけがぼくに残された彼女のすべてです」

だがそんな悲しみの中、ガラに宛てた一九四八年二月二十一日付けの最後の手紙においいてさえ、エリュアールはガラへの愛を語るのを忘れてはいない。

「可愛いガローチカ、なんて君に会いたいんだろう！」

最後までエリュアールはガラを深く愛し続けたのである。

冷たい炎

フランスに留まってレジスタンスに加わったエリュアールとアラゴンを別にすると、ブルトン、マックス・エルンスト、イヴ・タンギー、フェルナン・レジェなど、シュールレアリストの多くはアメリカに亡命し、さえない流謫《るたく》の日々を送っていた。とくにブルトンはほとんど英語を解さず、アメリカの社交界や美術界とも付き合わず、亡命したシュールレアリストたちをグリニッジ・ヴィレッジの自宅アパルトマンに集めて、あたかもパリでの生活の延長のようにしようと試みていた。それもあって、シュールレアリスムの輪はアメリカでは大きく広がらず、生活も苦しいままだった。

では、無一文に等しいブルトン夫妻を援助していたのは誰かというと、これがエルンストだった。エルンストはグッゲンハイム財閥の娘ペギー・グッゲンハイムと結婚したために金回りがよく、ブルトンに援助の手を差し伸べることができたのだ。

しかし、だからといって流謫の生活がバラ色に変わるというわけではなく、ブルトン自身にも思うに任せない鬱屈がたまっていた。それは当然、夫婦関係にも影響を及ぼすことになる。ブルトンよりも英語を解した妻のジェルメーヌは夫のもとを去り、ブルトンは離婚に同意する。エルンストもドロテア・タニングという新しい恋人ができたためペギー・グッゲンハイムと別れてしまう。

このように、亡命したシュールレアリストたちはアメリカ滞在中に離婚に追い込まれるケースが少なくなかったが、ダリとガラだけは例外で、世にも稀な強固な絆で結ばれていた。なぜなら、ダリにとってガラは妻であり、ミューズであり、母である以上に、生命の根源、エネルギーの源だったからである。ドミニク・ボナは次のように書いている。

「彼女にはなにか神秘的なところとおびき寄せるところがある。美しくもなければ魅力的でもないのに、興味をかきたて、そこにいるだけで事件となる。ダリは忠実にその本性にひそむ磁力を描きだしている。ガラの磁力とは、それが絵を貫通し、みるたびに鑑賞者へ伝わるのである。エネルギーと意志とが感じられるこの人の中心には炎がある。けれどもこの炎は奇妙だ。ガラの炎は冷たい」

そう、ガラの炎はダリにだけは燃え盛る生命の炎と映るのだが、ダリ以外の人間には冷たい炎としか感じられない。なぜなら、それは金銭の冷たさを持った炎だからである。

「ダリはダリのままでいる、どんな疑いをも越えた芸術家でいるのだ。彼は生きるために描くというよりはずっと、描くために生きている。夫婦のうち、深く物質主義的なのはガラのほうなのだ。成功へむかうダリの狂熱的な疾走において、彼女こそはその真の原因になっている。編集者、ジャーナリスト、広告業者、彼のスタイルの愛好者、といった顧客の要求をみたすためにせっせと仕事しているのは、彼女がそれを望むからであり、彼女が尻をたたくからであり、彼女みずから注文を出し、契約をきびしく検討しているからなのだ。マネージャーの厳しさでもって、彼女はつねにもっと多くを求める」

では、こんな苛斂誅求《かれんちゅうきゅう》なマネージャーに搾取されているダリはその軛《くびき》から脱しようとは思わなかったのだろうか？

なんと、ダリは常々、「私はガラに支配されることを熱烈に好んでいる」と公言し、事実、その通りにこの金銭神の奴隷となって嬉々として働いていたのである。まさにマゾヒズムの極みである。

しかし、それにしても謎は残る。ガラはなにゆえにかくも貪欲に蓄財に励んでいたのだろうか、という疑問である。

「ガラの人格の底には、鎮めることのできない不安がある。二重底の不安だ。（中略）じっさいにはいたって健康に恵まれているのだが、つねに体調をくずすことを恐れている。移動するときにはトランクいっぱいの薬をもち歩き、足繁く医者に通い、黴菌《ばいきん》を恐れてしょっちゅう手を洗っている。この病的な恐れは、年とともにますます強くなり、サルバドール・ダリにもうつるのだが、そこには貧乏にたいする大きな恐れがともなっている。ガラはいつも、不足することが怖い。裕福になっても安心するどころか、逆に、いつか貧しくなる、貧乏に逆戻りするのではないかという強迫観念が強まってしまう。貧乏になるとは、医者にかかるお金がもうなくなってしまうということなのだ」

なるほど、一文なしになって誰からも見向きもされなくなり、病気になっても医者にもかかれないという不安がガラをして極端な吝嗇《りんしょく》へと駆り立てたのである。たしかに、ガラは、エリュアールがエルンストの三人所帯に耐え切れずに出奔《しゅっぽん》したとき、また、エリュアールの家を飛び出してパリでダリと同棲を始めたころ、いずれもシュールレアリスト仲間から助けてもらえずに孤立無援の闘いを余儀なくされたことがある。おそらくそのときに、ガラは貧困というものがもたらす恐怖と不安をいやというほど味わったにちがいない。そして、そのときのトラウマが心の奥深く居座り、蓄財すればするだけ失うものへの不安が大きくなっていったのだ。

ガラ　欲望のはけ口

ところで、普通の夫婦だったら、異常な蓄財欲に駆られた妻が夫を駆り立てて奴隷のように酷使したなら、夫はどこかで音を上げて逐電を試みるだろうが、まことに幸いなことに、先に指摘したようにダリはマゾの塊だったから、締め上げられれば締め上げられるだけうれしくて創作に励んだのである。この意味では、捩《ねじ》くれた関係にあるとはいえ、ガラは紛れもないダリのミューズであったのだ。

では、ダリのほとんどの絵の中でモデルをつとめていたガラは性的にはいかにして欲望を満たしていたのか？　というのも、SM関係というものは、Mは常に欲望の充足を得るが、Sはサーヴィスにこれつとめるだけで自らの欲望を満たすことはできないというのが定理だからである。

おまけに、ダリは精神的なマゾヒストではあっても、肉体的にはむしろ窃視症《せっししょう》のオナニストであった。つまり、ガラの裸体を覗きながら自らを慰めるのが最高の欲望充足であり、肉体的接触はできるならこれを避けたいというのが本音であったのだ。

「彼は自分の性的なかたむきを隠さない。自分は覗きをする者だと定義し、ガラよりほかの女の体にさわりたいという欲望を感じたことはないのだと説明し、なによりも、視線とマスターベーションの快楽をたのしむのだと明言する。（中略）ダリによれば、見ることと想像することだけがエロティックな機能なのだ」

いっぽう、ガラはというと、こちらは極め付きの変態であるダリがファンタスムを充足する手助けには協力を惜しまないが、しかし、だからといって自分の肉体の要求を抑圧するということはなかったのである。

ガラが欲求を満たすために選ぼうとした若者の一人に、かつての恋人マックス・エルンストの息子のジミー・エルンスト（ウルリッヒ）がいた。父とともにアメリカに亡命していたジミーはさるレセプションでダリ夫妻と知り合った。翌日、一緒にショッピングに行かないかと誘われて、ジミーが待ち合わせの場に赴くと、ガラが一人でやってきた。ダリは体調が優れないので来れなかったのだという。

ロシア風ティー・サロンで休憩したとき、ジミーはガラがしきりに膝や太ももやふくらはぎを擦りつけてくるのに気づく。果たせるかな、帰り際、ガラは一緒にホテルまで来てくれないかと誘った。ダリはもう眠っているからというのだ。ジミーは挨拶《あいさつ》もそこそこに辞去したが、しばらくして、別のレセプション会場でガラに再会した。ガラはつかつかと歩みより、「なにさ、糞ったれ」と露骨な言葉でジミーをののしったのである。

同じような証言はまだたくさんある。ダリ作品の熱烈な収集家であるレイノルズ・モースは一九四二年にダリのアトリエを訪ねたが、そのときガラはエロティックなデッサンをたくさん見せてから、おもむろに誘いをかけてきた。ガラは一八九四年生まれだから、このとき四八歳。肉体の疼きはより激しくなっていたのだろう。

ダリの家、卵の夢

一九四八年七月、戦後の秩序がようやく落ち着いたと判断したダリとガラはアメリカを去ってスペインに戻る決心をする。スペインはフランコ政権下だから、心ある芸術家は亡命を続けたが、熱烈な王党派でありフランコ支持者であるダリ夫妻にとって強圧政治はなんら帰国の妨げにはならなかったのである。

戦後、航路を復活させたトランザトランティク（大西洋横断汽船）でル・アーヴルに降り立った夫妻は、パリのポール・エリュアールにも娘のセシルにも会おうとせずに、まっすぐにキャデラックでポルト・リガトに向かう。

ポルト・リガトで、夫妻はアトリエに使っていたあばら家を改装・増築してシュールレアリスムそのもののような「ダリの家」をつくりあげるが、その象徴となったのはダリが「ガラの卵」と呼んでいた卵形のサロンである。装飾としては白くて丸い大きな暖炉と壁に張られた円形の鏡、それに壁際に配されたベンチがあるだけでほかにはなにもない。

「ガラは、ひとりの時はこの卵形の部屋にいるのがいちばん多い。ここに来て読書し、夢み、縫い物をし、手紙を書く……さらに階段をのぼると……迷宮の最上部、ふたつの巨大な麦の粒と、エスカルゴの殻を調度にもつ、サフラン色の椅子のあるサロンをみおろして、ダリ夫妻の寝室が、ロフトのような案配で宙に浮き、鏡をつかって海をみつめている。（中略）それは絶対的なきょうだいの結合の夢、卵といっしょになりたい卵の夢。愛しあうために生まれながら結ばれることのできないふたりの存在がみる不可能な結合、近親相姦の結合の夢なのだ」

©topfoto/amanaimages

卵のオブジェに囲まれた「ダリの家」で過ごすガラとダリ

世にも不思議な最強カップル

こうして、自分たちのファンタスムを象徴したようなインテリアの家に身をおちつけたダリとガラは世にも不思議な「最強のカップル」として戦後の世界を生き抜いていく。

そんなとき、エリュアールの死の知らせがポルト・リガトにもたらされる。一九五二年十一月十八日、狭心症の発作に見舞われてポール・エリュアールは突然、世を去ったのである。享年五十六。一年半前にドミニック・ルモールという若い娘と結婚したばかりだった。共産党や左派勢力が強い時代だったので、葬儀はペール・ラシェーズ墓地で盛大に行なわれ、全左翼人が葬儀に参列した。

エリュアールの死後、セシルはポルト・リガトまで出掛けてガラを訪ねたが、その鼻先でドアは閉じられた。ガラはセシルの母であるよりもダリの妻であることを断固として選択していたのである。

一九五〇年代を通じてガラはマネージャーとして敏腕をふるい、より激しく蓄財に励むが、一九六〇年代に入って、シュールレアリスム再評価の機運が高まると、逆に差配の情熱を失う。若者文化の隆盛でポルト・リガト詣でをするダリ信者が増え、「儲からない客」ばかりが次々に訪れてきたかららしい。あいかわらず、金銭を溜め込むことは大好きだが、あまりにも巨大になりすぎた「ダリ商会」の管理は彼女一人の手には余るようになった。

そこで、ガラは敏腕のイギリス人秘書とフランス人カメラマンを雇ってマネージメントと雑務を任せる。スタッフはどんどん増えてゆき、ダリ・ファミリーを形成する。現代のスーパー・スターを囲むいわゆる「プレスリー・ギャング」や「マイケル・ジャクソン・ギャング」の走りである。

「彼らの愛は巨怪であり、銀行預金も巨怪、実り多いふたりの結びつきの特徴も巨怪だ。栄光の上昇率もまた巨怪である。このあまりにも求めすぎた栄光のために、ついには、かつてあれほど愛し合っていたこのカップルが、神話にふさわしい怪物的な夫婦になったのだった」

かくて、このモンスター・カップルは、世界を驚かせ、呆れさせ、楽しませながら、三〇年間にわたって世界の美術市場に君臨し続けたが、一九八二年にガラが動脈硬化からくるケガが原因で六月十日に息を引き取ると、ダリは完全に生きる気力を失い、さながら羊水の中に眠る胎児のようにポルト・リガトの「ダリ城」に引き籠って七年間生きたあと、一九八九年一月二十三日に永眠した。

エリュアール、エルンスト、ダリという二十世紀を代表する詩人や芸術家に熱烈に愛され、「最強の女」のグラン・プリに輝いたガラ。

だが、その本当の魅力はいったいどこにあったのか？

これこそは、どうしても解きあかすことのできない「二十世紀最大の謎」のひとつなのではなかろうか？

（完）

本書は、祥伝社Ｗｅｂマガジン『コフレ』にて
２０１４年９月から２０１７年６月まで連載した
同名作品を加筆修正のうえ、書籍化したものです

最強の女

ニーチェ、サン＝テグジュペリ、ダリ…天才たちを虜《とりこ》にした５人の女神《ミューズ》

平成29年10月10日　初版第１刷発行

著者
鹿島 茂

発行者
辻 浩明

発行所
祥伝社

〒101-8701 東京都千代田区神田神保町3-3
03（3265）2081（販売部）
03（3265）1084（編集部）
03（3265）3622（業務部）

ブックデザイン
佐藤亜沙美（サトウサンカイ）

印刷
堀内印刷

製本
ナショナル製本

ISBN978-4-396-61619-9　C0095 Printed in Japan

祥伝社のホームページ・http://www.shodensha.co.jp/